WHOLELINESS

WHOLELINESS by Carmen Harra
Copyright ⓒ 2011 by Carmen Harra
All rights reserved.
Originally published in 2011 by Hay House Inc. USA
Korean translation rights ⓒ 2012 jiwasarang
Korean translation rights are arranged with Hay House UK Ltd. through Amo Agency Korea.
Tune into Hay House broadcasting at : www.hayhouseradio.com

이 책의 한국어판 저작권은 아모 에이전시를 통해 저작권자와 독점 계약한 知와 사랑에 있습니다. 신저작권법에 의해 한국 내에서 보호를 받는 저작물이므로 무단 전재와 무단 복제를 금합니다.

|일러두기|

'그/그녀'와 같은 어색한 표현을 피하기 위해 가능한 한 남녀를 가리키는 대명사는 다른 형태의 대명사로 대체했습니다. 하지만 이 책에서 이야기하는 모든 내용은 남성과 여성 모두에게 해당합니다(원서의 편집자 주).

일체감이 주는 행복
나를 치유하는 신성한 연결고리

초판인쇄 · 2012. 1. 5.
초판발행 · 2012. 1. 15.
지은이 · 카르멘 하라
옮긴이 · 이덕임
펴낸이 · 김광우
편   집 · 권나명
표지디자인 · 김보경
본문디자인 · 이은하
영   업 · 권순민, 허진선
펴낸곳 · 知와 사랑

서울시 영등포구 당산동 3가 558-3 더파크365빌딩 908호
전화 (02)335-2964
팩시밀리 (02)335-2965
등록번호 제10-1708호
등록일 1999. 6. 15.
ISBN 978-89-89007-55-5 (03180)

값 16,000원
www.jiwasarang.co.kr

일체감이 주는 행복
나를 치유하는 신성한 연결고리

카르멘 하라 지음　이덕임 옮김

知와 사랑

차례

일체감이란 무엇인가 • 9
이 책을 읽는 이들에게 • 11
머리말 • 23

1부 치유의 시간

1장 인간에 대한 새로운 경험의 탄생 • 39
2장 두려움에서 가능성으로 • 63
3장 움켜쥔 자아 풀어주기 • 85

2부 신성한 연결고리

4장 일체감과 눈에 보이는 세계 • 109
5장 일체감과 보이지 않는 세계 • 125
6장 일체감과 업 • 143
7장 일체감과 몸, 마음 그리고 정신 • 167

3부 새로운 시각

8장 새로운 시각으로 보는 시대 • 199
9장 종교와 과학, 영성에 대한 새로운 시각 • 227

4부 이 세상에 일체감을 구현하기 위한 실천들

10장 일체감과 열린 사고 • 251
11장 일체감 그리고 타인과의 관계 • 269

후기: 우리는 어디로 가는가 • 289
감사의 말 • 301
옮긴이의 말 • 302

나를 지켜주는 세 천사
남편 버질
어머니 산다와
아버지 빅토르에게
이 책을 바칩니다.

일체감이란 무엇인가

일체감Wholeness (명) 존재하는 모든 것들이 하나가 되며 신과 더불어서 조화를 이루는 가운데 치유되는 조건, 상태, 특징을 말함. '건강, 무사함, 총체성'을 의미하는 옛 영어 hal에서 유래(또한 hal은 '신성한, 신적인 혹은 정신적으로 순수한'이란 의미의 holy의 어원이기도 하다).

우리의 마음이 개별성이라는 환상을 창조해낼 때 우리는 우주 자체의 본성이 일체감임을 망각한다.

일체감은 인간이 느끼는 모든 고통의 해독제다. 하지만 인간의 영혼이 몸을 빌려서 존재하는 한 아주 잠깐씩만 경험할 수 있을 뿐이다. 하지만 영혼이 몸에서 분리되어 본래의 의식으로 돌아오는 순간, 우리는 일체감이라는 자연 상태로 돌아가게 된다.

인간이라는 존재로서 우리는 자신과 타인, 지구와 우주, 과거와 현재와 미래 간의 신성한 연결고리를 자각하고 소중히 여길 때 비로소 일체감을 경험할 수 있다. 개별성이라는 환상을 깨닫고 마음이 만들어낸 헛것을 끊어낼 때, 우리는 진정한 본성을 기억해내고 자신이 혼자가 아니며 모두가 서로 연결되어 있다는 사실을 가슴 깊이 느끼게 된다. 또한 우리는 그 자체로 전체이고 완전하며 이 우주는 조화로운 상태라는 사실을, 일체감을 이루기 위해서는 어둠도 빛과 함께 존재해야만 한다는 사실을 깨닫게 된다. 또한 우리의 본성은 건강함을 즐기고 완벽한 조화를 경험하며 우주의 기운에 흠뻑 빠지고 싶어하지만, 한편으로는 스스로가 신성한 힘의 개별적이면서도 멋진 발현이라는 것을 자각한다.

우리에게는 일체감을 구현하여 다른 이들도 편안함과 기쁨 그리고 신성한 연결고리를 느낄 수 있도록 도와주어야 할 의무도 있다. 그러자면 이 지구상에서 건강과 조화 그리고 협력을 실천해야만 한다.

일체감의 힘을 믿고 가능한 한 그것을 자주 구현하기로 마음먹었다면, 당신은 조화와 균형을 잃어버린 이 세계를 치유하는 데 핵심적인 역할을 떠맡은 것이다. 일체감에 대한 인간의 능력을 믿는다면, 아무리 힘들고 변화시킬 수 없는 상황이 닥쳐도 마음의 평정을 잃지 않고 경외하는 마음으로 우리 존재의 신비로움과 복잡성을 받아들일 수 있다. 긍정적 태도와 창의성 그리고 희망은 개별성이라는 환상을 물리치고 일체감을 깨닫게 해준다.

인간의 의식이 진화해가는 시점에서 일체감이야말로 우리 세계가 간절히 필요로 하는 치료제나 다름없다.

이 책을 읽는 이들에게

　눈을 감으면 내 눈앞에는 넓고 기름진 시골 할머니 집 정원이 떠오른다. 정원 한쪽에서는 여름의 토마토가 토실하게 익어가고 있다. 할머니는 허리를 굽혀 굵고 잘 익은 토마토를 따시고, 그 옆에서 닭 몇 마리가 종종걸음을 치고 있다. 집 안에서는 여동생이 식탁에 앉아 방금 캔 감자의 껍질을 칼로 벗기고 있다. '몇 시간 후면 가족들이 돌아올 거야.' 나는 미소를 지으며 생각했다. 그러고는 가족들의 저녁 식사 준비로 분주한 할머니를 돕기 위해 정원을 가로질러 갔다.

　잠시 후 우리 가족은 나무 식탁에 둘러앉아, 수백 년 동안 무수한 가족들과 친구들이 그래왔듯이 단출한 저녁 식사를 나누었다. 마음껏 웃고 떠들며 신선하게 요리한 음식을 먹었다. 또한 소중한 사람과 함께 있는 즐거움을 누리고 앞으로 험한 인생의 파고 속에서도 언제나 함께하리라 확인받는 것, 그것이 우리가 바라는 전부였다. 우리는 떠들썩한 가운데서도 따뜻함을 잃지 않고 서로 농담을 해가며 대화를 나누었다. 소란스러운 도시에서 멀리 떨어진 시골의 작은 집에 살았지만, 아무도 그 흔한 텔레비전 하나 없다고 불평하지 않았다. 가혹한 사회주의 정권 시절이라 물자는 턱없이 부족했다. 슈퍼마켓에 가면 텅 빈 금속 진열대에 자신의 얼굴만 비쳤지만, 그래도 누구 하나 불평하지 않았다. 그저 잔을 높이 들어 올려 크고 작은 목소리로 "가족을 위해!"라고 축배를 들면서 소박하고 평화로운 가정의 분위기에 젖어 행복할 따름이었다.

물질적 부를 기준으로 보면 우리는 정말로 가난했다. 집에 수도도 없었고, 나와 여동생은 몇 되지도 않은 인형을 애지중지했다. 모자라는 장난감은 숲 속에서 찾으며 무한한 상상력으로 채웠다. 가난했지만 우리는 어떤 상황에서도 서로를 격려할 수 있는 가족이 있어서 풍족하게 느꼈다. 아주 어린 시절부터 나는 무엇이 진정으로 중요한지 알았던 것이다.

어린 시절에도 나는 훌륭한 가수가 되어 언젠가 텔레비전에 나올 것이라고 확신했다. 천식에 걸려 일 년 동안 병원 신세를 지기도 했지만, 나는 노래 경연 대회에 나가 힘 있는 목소리로 번번이 우승을 거머쥐었다. 그리고 10대에 들어서면서 노래로 명성을 얻었다. 스물일곱 살이 되었을 때 나는 이미 앨범을 12장이나 낸 가수가 되었고, 온 나라에서 나를 모르는 사람이 없을 정도로 유명해졌다. 나는 가수 생활 덕에 가족들을 경제적으로 도울 수 있었다. 가족들이 언제나 나를 든든히 받쳐주었듯이, 나 또한 경제적 부담을 기쁘게 어깨에 지고 나갔다.

루마니아를 떠나 미국으로 이민 가기로 했을 때, 나는 언제 다시 가족들을 볼지 모른다는 생각에 울었다. 서구 세계로 가기 위해 모국을 등지기로 했으니, 나중에 돌아간다 해도 고국이 날 환영해줄 리 없었다. 철의 장막이 나와 가족들을 막고 서 있었다. 하지만 운 좋게도 미국에 도착하자마자 곧 남편을 만날 수 있었다. 더욱 운이 좋았던 것은 남편 또한 식구가 많은 데다 그들 모두가 정이 넘쳤다는 사실이다. 가족들은 서로가 필요로 할 때 항상 함께했고, 특별한 날을 같이 축하해주었으며, 어려울 때는 위로가 되어주었다. 고국에 남기고 온 내 가족들과 똑같았다.

남편과 나 또한 곧 가정을 꾸리고 세 딸을 낳아 길렀다. 하지만 나는 지금 부모님뿐 아니라 남편까지 여의게 되었다. 남편 버질이 최근에 폐암으로 세상을 떠났기 때문이다. 소중한 사람들이 떠나고 나서야 가족이 하나였을 때 내가 얼마나 큰 힘을 얻었던가를 비로소 깨달았다. 다른 가족들처럼 우리도 다투기야 했지만 물질적 풍요가 우리를 행복하게 해주리라고는 믿지 않았고, 언제나 서로를 용서하고 화해했다. 우리는 서로에게 힘과 회복의 근원이 되었다. 슬프거나 두려울 때면 이야기를 들어주고 힘을 북돋아주었으며, 삶의 아름다움 속으로, 기쁨과 긍정 속으로 돌아올 수 있도록 부드럽게 이끌어주었다.

내 어릴 적 나무 식탁에 놓여 있던 맛있는 음식은 우리의 삶을 지탱해주었지만 활력과 희망을 준 것은 바로 가족들과 함께하는 시간이었다. 나는 이제, 우아한 장식과 값비싼 고급 도자기로 가득 찬 식당이 딸린 저택에 살며 수천 마일 떨어진 곳에서 생산된 제품과 온갖 진귀한 먹거리를 즐기는 사람들을 많이 만난다. 그중 많은 이들이 가족들과 이웃들, 수많은 지인들에게 둘러싸여 있음에도 외롭고 고립되어 있다고 느낀다. 이들은 종종 홀로 고민을 끌어안고 그 누구도 자신을 이해해주지 않을 것이라고 확신하면서, 가족들이나 친구들은 너무 바빠 자신의 고민 따위는 들어주지 않을 것이라고 생각한다. 그러다 보니 사람들과 동떨어진 자신만의 세계 속에서 침묵하며 살아간다.

여럿이 원탁에 둘러앉음으로써 우리는 에너지를 되찾는다. 땅에서 난 과

일뿐만 아니라 웃음과 사랑, 대화와 기억으로 자신을 살찌운다. 주의 깊게 살편다면, 우리가 오기 전에 앉아 있었던 사람뿐 아니라 뒤에 오는 사람들(이 책을 읽는 독자들처럼 원탁에 모여 있었지만 만나지 못한 이들까지도)과 서로 연결되어 있다는 사실도 알아차릴 수 있다.

우리는 인류라는 커다란 가족의 일원이다. 결코 혼자가 아니며 언제나 존중과 사랑과 든든한 지원을 받고 있다는 사실을 깨달으면 평화와 힘을 얻을 수 있다. 이러한 깨달음은 길이 험하고 앞이 잘 보이지 않을 때조차 내일을 믿고 앞으로 나아갈 수 있는 힘을 준다.

어려운 시기의 일체감

일체감은 내가 경험했듯이 역경을 극복하는 힘이 되어준다. 가장 힘든 시기를 헤쳐 나갈 수 있도록 해주었으며, 사랑과 에너지가 언제나 우리 안에 있다는 것을 깨닫고는 그 선물과도 같은 깨달음을 다른 이들과 나누도록 북돋워주었다.

우리 모두는 고통스러운 순간을 살아가며 이 세상에 존재하는 이유를 묻곤 한다. 인생은 순수한 기쁨을 가져다주기도 하지만 마찬가지로 불행도 안겨준다. 다른 사람의 인생과 마찬가지로 내 삶도 비극의 연속이었다. 사실 최근에 겪은 버질의 죽음은 내가 지금까지 살면서 겪은 최악의 비극이기도 했다.

결혼 생활 27년 만에 남편을 잃은 뒤, 나는 온몸에서 기운이 빠져나가고 영혼이 산산이 부서지는 듯한 아픔을 겪었다. 대체 왜 버질이 내 곁을 떠나야 했는지 하루도 묻지 않는 날이 없었다. 먹지도 자지도 못했고, 몸과 마음이 황폐해졌다. 그런 날들이 이어지면서 내 가슴은 조금도 아물지 못한 상태였다.

그제야 나는 누군가의 도움이 필요하다는 사실을 깨달았다. 가만히 앉아 있는다고 해서 상처받은 심장이 저절로 치유되고 아픔이 사라지지는 않는다는 사실도 깨달았다. 최선을 다해 주변에서 사랑의 힘을 힘껏 끌어당기지 않는 한 고통은 내 영혼과 육신을 떠나지 않으리라는 사실을 깨달은 것이다.

나는 전에도 종종 그랬듯이 치유의 일환으로 일체감에 눈을 돌렸다. 원래의 일체감 속으로 돌아갈 수 있도록 도와달라고, 무엇을 깨닫고 무엇을 해야 할지 알려달라고 나는 신과 수호천사에게 간절히 기도를 드리기 시작했다. 눈물이 나려 할 때마다 목구멍에 차오르는 슬픔을 삼키며 나에게서 힘을 빼앗아가고 나를 더 큰 슬픔에 빠뜨리는 생각이 번지지 않도록 애썼다. 또한 기도를 시작하여 영령들과의 신성한 연결고리를 좀 더 느낄 수 있도록 노력했다.

나는 휴식과 심호흡, 운동과 자연 속에서의 산책이 큰 도움이 된다는 사실도 깨달았다. 온몸으로 따뜻한 햇살을 받고 길가에 핀 꽃들에 감탄하며 살아 있는 모든 존재들을 주의 깊게 관찰했다. 이 세계의 위대함을 깨닫고 나 자신의 개인적 딜레마에서 벗어나 힘이 되는 일체감의 세계 속으로 잠시나마 발을 내디뎠던 것이다.

나는 떠오르는 대로 좌절과 슬픔, 분노 등의 느낌을 적어 내려가기 시작했다. 열심히 적어 내려가는 동안 이 모든 감정이 내 몸을 지나 손끝으로 빠져나가는 느낌이 들었다. 이런 훈련을 통해 남편이 죽은 이유를 알게 되었고, 개인적 비극 뒤에 숨은 위대한 목적을 이해할 수 있게 되었다. 나는 저항하지 않았다. 오히려 평화를 되찾기 위해 신이 보여준 것들을 순순히 보고 느꼈다. 평화를 흡수하고 받아들이기로 했다.

무엇보다도 나는 남편에게 매일같이 접속해 그와 대화를 나누었다. 남편은 꿈속에서 침대 발치에 앉아 나를 안아주려 했다. 그럴 때면 절대로 꿈에서 깨어나고 싶지 않았다. 또한 남편은 자신의 존재를 암시하는 방법(이를테면 한낮에 전등이 반복해서 깜빡인다거나)으로 자신의 기운을 내가 느낄 수 있게 해주었다.

나는 죽은 남편의 존재를 강하게 느끼곤 했다. 남편은 종종 이 세상을 떠나고 싶지 않은 이유가 나를 혼자 내버려두기 싫어서라고 말하곤 했다. 그 기억이 나를 더욱더 슬프게 했지만, 한편 내 영혼을 어루만져주는 손길이 되기도 했다. 나는 남편과 앞으로 만나지 못하며 두 번 다시 그를 보지도 듣지도 못할 것이라고는 결코 생각하지 않았다.

그리하여 일체감과 믿음 그리고 시간의 힘을 빌려 나는 천천히 깊은 슬픔에서 벗어날 수 있었다. 속담에서 말한 대로 "이 또한 지나갈 것이다."

간혹 "앞으로 어떻게 살아가지?"라고 스스로에게 물을 때도 있지만, 그동안 살면서 겪어온 경험 덕분에 나는 무엇을 해야 할지 마음속 깊이 잘 알고 있다. 즉 일체감이 구현된 상태로 돌아가 이 우주와 신 그리고 타인을 이어주는 신성한 치유의 힘을 믿는 것이다. 이러한 결속감은 항상 용기와 믿음을 가져다주고, 상실과 변화의 바다를 건너는 나를 물 위로 띄워준다.

살면서 여러 번 그랬듯이 이제 낡은 것들과 안녕을 고하고 미지의 세계로 발을 내디딜 때다. 그럴 때면 기도하거나 다른 이들과 식사를 함께하면서 힘을 얻곤 한다. 그럼으로써 나는 인생이라는 것이 살아남기 위한 끊임없는 투쟁의 연속이라는 생각을 밀쳐낼 수 있었고, 일체감에 닿게 되었다.

삶을 재정립하기

어렸을 때 물에 빠져 죽을 뻔한 뒤로 얻게 된 특별한 직관력 덕에 나는 과거와 현재 그리고 미래에 대한 정보를 얻을 수 있는 위대한 집단의식에 다가갈 수 있게 되었다. 그래서 나는 직관력이 없는 사람들에게는 보이지 않는 '정보'를 볼 수 있다(모든 사람들에게 어느 정도는 그런 능력이 있다고 생각하지만 말이다). 이러한 능력을 통해 나는 영혼을 치유하는 가장 좋은 방법이 신성한 연결고리를 깨닫고 그것을 활용하는 것임을 알게 되었다. 버질이 세상을 떠난 후, 나는 우주에 현존하는 신이 주신 사랑과 에너지를 끌어모았다. 또한 지금 비록 육신은 없지만 남편과 소통을 이어가고 있으며 앞으로도 그 사람과 언제나 연결되어 있으리라는 것을 믿어 의심치 않는다.

나는 친구들과 다른 가족들에게도 나 자신을 열었다. 또 고통받는 사람들에게 연민과 자비를 베푸는 이들에게서 도움을 얻기도 했다. 그리고 나는 필요한 순간에 꼭 알맞은 용기와 힘을 주는 사람들을 거듭 만날 수 있었다. 이러한 만남은 우연처럼 보이지만, 실은 신이 우리를 위해 준비한 치유와 기쁨, 사랑의 선물이라는 것을 나는 알 수 있다. 아무리 삶이 어두울지라도 현생에서 내게 준비된 인연들 덕분에 사랑과 행복이 돌아온다는 것을 깨달았다.

우선 건강과 웰빙을 위해 마음과 몸 그리고 정신을 추슬러야 하는 것은 분명했다. 또한 나는 직관의 힘으로 사람들의 육신을 둘러싸고 있는, 깊은 곳에 자리잡은 어두운 에너지의 존재를 관찰할 수 있었다(나중에 이에 대해 좀 더 설명하겠다). 또한 어두운 에너지가 몸속 음습한 곳에 자리를 잡고 불균형이나 종양 혹은 질병을 키우는 것도 지켜보았다.

나 역시 깊은 슬픔이 몸속에서 차갑고 어두운 에너지로 변하여 병을 일으킬지도 모른다는 것을 알고 있었다. 또한 마음과 몸 그리고 영적 연결고리를 통해 각자가 고통을 선택할 수도, 치유를 선택할 수도 있다는 사실을 알고 있었다. 원기를 북돋우고 긍정적으로 생각하며 영혼을 고양시키려는 이 모든 노력이 질병과 고통을 피할 수 있게 도와준다는 사실도 알았다.

나는 인생이란 그저 살아남기 위한 투쟁일 뿐이라는 냉소적인 생각을 거두고, 대신 신과 우주, 그 속에 사는 사람들과 영령들 그리고 다른 모든 존재들과 관계를 맺다 보면 나 자신도 저절로 치유될 것이라고 믿기로 했다. 절망과 슬픔에 사로잡히려 할 때마다 의식적으로 일체감을 이루기 위해 힘을 기울였다. 신성한 창조주의 사랑과 기운 그리고 용기를 실천하는 자로서 얻게 되는 평화와 에너지가 넘치는 상태 말이다.

긍정적인 태도를 지키는 데는 정신적 훈련이 정말로 필요하다. 기쁜 일이 생길 때는 항상 그에 버금가는 슬픔이 따르며, 그 반대의 상황도 마찬가지다. 나는 이 진실을 항상 마음속에 새기고 산다. 유럽을 떠나 다른 나라에 와서 결혼을 했던 과거의 상황을 종종 머릿속에 떠올리곤 한다. 스스로의 선택으로 내가 알고 있던 삶을 포기해야 했다. 이렇듯 얻는 것과 잃는 것은 서로 이렇듯 연결되어 있다. 또한 아무리 내가 좋아해서 새 삶을 선택했다 하더라도 미국에서는 가수로서의 명성이 절대로 과거와 같을 수 없음을 깨달았다. 하지만 잃어버린 것을 슬퍼하기보다 취업을 해서 보석을 만드는 일과 음악으로 나 자신을 표현하기로 했다.

미국에서 새로운 삶을 시작하기로 한 뒤 얼마 지나지 않아 나는 심리 상담사로 일하며 친구들과 동료들을 돕기 시작했다. 당시에는 이 일로 나중에 책을 쓰게 되고 텔레비전에 출연할 수 있으리라고는 생각도 하지 못했다. 사실 처음에는 상담해주고 돈을 받을 생각도 하지 않았다! 나는 한 친구에게 이야기를 듣고 나를 찾아온 첫 번째 고객이자 영화배우 캔디스 버건을 기억한다. 그녀가 내 사무실로 찾아왔을 때 나는 그녀의 딸이 몸에 병을 앓고 있다는 것을 알려주며 외과 수술을 받고 나면 곧 괜찮아질 것이라고 안심시켰다. 캔디스는 아무에게도 그 이야기를 하지 않았기 때문에 내 말에 큰 충격을 받았다. 하지만 나의 예언으로 마음이 놓인 것 같았다(내가 한 말은 나중에 모두 사실로 밝혀졌다). 캔디스가 상담비로 얼마를 내면 좋겠느냐고 물었을 때 나는 이렇게 대답했다. "글쎄요. 20달러?"

이렇게 해서 내 여행의 다음 단계는 나의 영적 능력을 가지고 사람들에게 전문가로서 도움을 주는 것이 되었다. 영적 직관으로 사람들의 문제를 짚어낼 수는 있었지만, 심오하고도 강력한 치유의 방법은 인지 치료에 대한 지식을 통해서 비로소 얻을 수 있었다. 나는 신이 내게 주신 능력과 이후에 배운 지식을 활용해 고객들을 올바른 방향으로 이끌어왔다(영적 도움을 찾는 상당히 많은 이들이 정신적, 육체적인 문제를 안고 있다는 사실도 흥미롭다. 이것이 영적인 지도만으로는 충분하지 않은 이유이기도 하다. 나는 영적 능력과 결합된 심리학적 분석 능력으로 삶의 모든 면에서 사람들을 도울 수 있다고 믿는다. 또한 현대 심리학도 고대의 가르침과 초심리학을 함께 수용함으로써 인간 행동에 대한 이해의 지평을 넓혀야 한다고 생각한다).

내 인생에서 일체감이 지니는 의미

종종 나는 삶을 처음부터 다시 시작해야 했다. 그러다 보니 혼란과 두려움, 방향성 상실이라는 어려움을 겪기도 했다. 신(사람, 자연, 별, 해, 우연 등의 수많은 도구를 가지고 사랑과 치유의 힘을 드러내는 존재)과의 신성한 연결고리를 볼 수 있는 내 능력 덕분에 나는 보다 쉽게 낡은 것과 안녕을 고하고 새것을 맞이할 수 있었다. 일체감을 자각하고 있었기에 삶에 주어진 모든 선물과 내게 용기를 주고 더 나은 기회를 부여해준 사람들에게 진정으로 감사하는 마음을 지닐 수 있었다.

또한 사람들과 대화할 기회만 있으면 "당신을 사랑해요"라고 말하는 버릇이 생겼다. 내가 진정으로 사람들을 사랑하고 있으며 우리 모두 자신을 둘러싸고 있는 사랑을 깨달을 필요가 있기 때문이다. 또한 어떤 식으로든 나를 응원해준 사람들을 도와주고 싶다. 걱정과 고마움을 표현하는 행동들, 세상을 좀 더 나은 곳으로 만들기 위해 애쓰는 모든 작은 노력들이 나에게는 큰 힘이 된다.

나는 신을 믿고 내 앞에 놓인 길을 가려 한다. 좋든 나쁘든 내가 과거에 남겨두고 온 것들은 미래에 다시 나타나리라고 믿는다. 슬픔이나 두려움 혹은 억울한 상황을 불러오는 업(카르마karma)을 나 자신이 의식적으로 해소하기 위해 노력하기 때문이다. 다시 말해 내가 무엇을 잃어버리더라도 그것은 나중에 성장으로, 새로운 기회로 그리고 신성한 힘이 우리 모두를 보살펴준다는 깊은 믿음으로 보상받을 수 있다. **얻음**과 **잃음** 사이의 연결고리를 놓치지 않는 것이다.

나는 살면서 신과의 소통을 늘 유지해왔다. 어린 시절의 종교(정통 가톨릭)를 버리지 않고 계속 지켜왔지만, 종교가 사람들을 분리시키는 측면이 더 크다는 점을 잘 알고 있다. 반대로 영성은 인간을 화합시킨다. 나는 일체감에서 흘러나오는 평화와 에너지, 치유와 완전무결함의 기운을 느낄 수 있다. 예수님이 "나와 아버지는 하나이니라"라고 했을 때 그 말씀은 인간을 비롯한 피조물과 창조주 사이를 갈라놓는 것이 아무것도 없다는 의미임을 나는 알고 있다. 이제는 과학자들조차 우리와 우주를 연결하는 숨겨진 연결고리를 인식하기 시작했다. "나무를 쪼개어보아라, 내가 그 안에 있다"라고 예수님이 말씀하셨다. 이렇듯 신성은 우리 모두에게 그리고 어디에나 있다. 모두를 품에 안고 사랑의 힘으로 돌본다.

삶의 거친 풍랑에도 불구하고 행복을 찾고자 하는 사람이 나 하나만이 아니라는 사실을 잘 알고 있다. 나도 당신들 모두와 마찬가지로 끝없는 사랑과 도움이 넘치는 전체의 일부일 뿐이다. 사람들의 감추어진 과거와 현재 그리고 미래에 다가갈 때 그 사실을 더 생생하게 느낀다. 나는 보이지 않는 신성한 관계를 굳게 믿는다. 이 험한 세상이 그것을 너무 쉽게 부정하고 있을지라도 말이다. 어둠이 찾아오면 평화와 희망을 주는 합일의 기운에 몸을 맡긴다. 내 삶과 더 큰 세상을 위해 일체감의 상태를 만들려 애쓴다.

나는 내 믿음을 밑거름으로 삼아 그저 단순히 음악을 창작하는 데 그치지 않고, 가슴 깊은 곳에서 나오는 음성으로 노래를 불러 다른 이들에게 행복과 희망을 주기로 했다. 그 믿음은 내게 합치된 영혼을 상징하는 보석 제품들을 창조할 수 있는 영감을 불러일으켰으며, 내가 만든 보석을 지닌 사람들로 하여금 그 보석을 보거나 만지기만 해도 신성한 연결고리를 느낄 수 있게 했다. 일체감은 또한 사고의 폭을 넓혀, 나로 하여금 도움을 필요로 하는 이들을 위해 새로운 기술과 기법을 익히게 하는 힘이 되었다.

몇 년 전 나는 최면술과 심리학의 또 다른 분야에 대한 연구로 박사 학위를 취득하고 임상심리학자가 되었다. 나를 찾는 사람들에게 더 큰 도움을 주고 싶은 마음에서였다. 하지만 내가 아무리 성공하더라도 그건 다른 사람들을 도와주기 위한 것이라는 마음을 잃지 않고 있다. 내가 이 세상에 온 이유는 분명 육체의 감각 저 너머에 있는 그 무언가를 거울에 더 가까이 비춰주기 위해서다. 그것은 자유와 일체감 그리고 웰빙이 자연스럽게 어우러진 영적 세계다.

나는 인간이라면 누구든지 일체감을 구현하려는 목적을 가지고 살아간다는 것을 마음속 깊이 잘 알고 있다. 인류는 갈등과 불화의 요소를 품은 거대한 가족이나 다름없지만, 두려움과 불안감을 떨쳐내면 그 속에서 특별한 목적을 발견할 수 있다. 그리고 항상 우리 곁에 있는 사랑의 가치를 깨닫게 된다. 죽은 남편의 가족들을 만날 때마다 재결합한 기분을 느낀다. 이제 더 이상 원탁에 함께 앉지 않는 사람들도 있지만, 여전히 그들은 내 마음속에 살아 있고 새로운 가족 구성원이 끝없이 원탁에 합류하고 있다. 인간이라는 커다란 가족도 이와 마찬가지다.

우리가 빵을 나누고 사랑의 말을 주고받는 바로 이 식탁에서부터 우리는 세상으로 나아가 온 누리에 일체감을 전달한다. 함께함으로써 문제의 해결책을 찾고 같이 일하고 살 수 있는 더 나은 방법을 발견한다. 또한 사랑과 창조, 조화를 향한 우리의 무한한 능력을 새롭게 발견하고, 다 함께 기쁜 마음으로 진화된 세상을 향해 나아간다.

가족의 일원이 되어 내가 배운 일체감을 함께 나눌 수 있다는 것은 대단한 영광이다.

머리말

눈을 보면 모든 인간이 특별한 육체와 마음, 생각과 성격을 지닌 개별적 존재라는 사실을 알 수 있다. 하지만 감각만으로는 인식할 수 없는 하나의 위대한 실체를 깨닫는 순간이 있다. 그리고 우리는 모두 이 위대한 실체의 일부분이라고 느낄 때가 있다. 이런 순간은 너무나 짧고 또 오래전에 경험한 일이라서 기억의 장난이 아닐까 넘겨버릴 수도 있다. 아니면 모든 존재와 하나가 된 느낌을 주는 그 신비한 경험을 어떻게 받아들여야 할지 몰라 애써 그 중요성을 외면해버릴 수도 있다.

사실 당신은 우리가 존재하는 모든 것들과 조화를 이루며 살아가는 커다란 가족의 일원이라고 생각하고 싶지만, 세상에서 경험하는 괴로움이나 소중한 사람을 잃고 겪는 고통이 너무나 커서 혼돈과 무질서밖에 생각할 수 없을지도 모른다.

하지만 모양과 소리, 냄새로 이루어진 세상 안에는 숨겨진 질서, 진실의 구조가 있다. 그것은 보거나 만질 수는 없지만 분명 실재한다. 논리와 가능성의 법칙을 배반하는 이상한 우연과 마주치거나 어떤 사람을 보는 순간 방금 만난 사이임에도 불구하고 언젠가는 자신과 결혼할 운명이라고 느낄 때, 당신은 숨겨진 구조를 감지한다. 그리고 이러한 연결고리는 갑자기 불가능한 일이 가능해지거나 어떤 신성함이 당신의 삶에 들어왔다고 마음으로 느끼는 순간 좀 더 분명하게 자각된다.

우리의 영혼은 비일상적이며 감각을 넘어서는 이런 위대한 진실을 깨닫지만 머리는 거부한다. 위대한 진실을 들여다볼 기회가 있더라도 당신의 마음은 그것을 이해하거나 조절하거나 진실로 받아들일 수 없기 때문에 거부하려 한다. 그래서 좌절감에 빠져 그것이 '실재'하지 않는다고 스스로 확신해버리는 것이다. 하지만 양자역학 같은 과학이 이제까지 감춰졌던 진실을 드러내려고 하는 요즈음, 논리를 중시하는 당신의 마음도 영혼이 속삭이는 소리에 귀를 기울이기 시작했을 수 있다. '인생에는 꼭 괴로움과 투쟁만 있는 게 아니야. 당신이 느끼지 못하는 의미도 있을 거야.'

고대 철학자나 예언자, 주술사나 영적 지도자의 가르침을 읽다 보면, 아름답고 진실한 그들의 가르침에서 우리가 잊어버린 것을 다시금 깨닫게 된다. 고대의 현자들은 물질세계의 한계를 뛰어넘어 우리 모두를 하나의 진실로 감싸는 정교한 씨줄과 날줄을 너무나 잘 알고 있었다.

이러한 진실은 정보이자 깨달음이다. 성스러운 사랑이며 순수한 의식의 빛이다. 끊임없이 진화하고 점점 밝아지면서 무지와 두려움, 전쟁과 괴로움 그리고 질병을 사라지게 하는 창조의 틀이다. 우리는 모두 거대한 '전체'에 속한 하나의 작은 조각이다. 형형색색의 조각보와도 같다. 신성하며 그 자체의 법칙으로 존재한다.

나의 다른 책 『11개의 영원한 원칙 *The Eleven Eternal Principles*』에서도 설명했듯이, 우리가 만지고 냄새 맡고 보고 듣는 이 세계는 너무나 실제적으로 느껴져서 그러한 육체적 감각 너머에 있는 신성한 진실의 본래 모습을 망각하기 쉽다. 그래서 우리는 신성한 법칙 속에 자신을 던지기보다 인간이 만들어낸 법칙을 따른다. 아무리 힘겨운 상황일지라도 가족들과 직장, 친구들을 위해 정해진 법칙에 복종하려 최선을 다한다. 그럼에도 불구하고 다른 모든 이들처럼 역시 상실과 고통, 부당함을 겪고 산다.

그러한 고통에 대항하고자 인간은 영원히 지속되리라 믿고 제도와 시스템을 만들어 그에 의존한다. 또 물질세계가 어떻게 작동되는지, 어떻게 하면 생존과 행복, 자유의 기회를 넓힐 수 있을지 온 마음을 다 바쳐 고심한다. 한동안은 인간이 고통을 덜고 기쁨과 성취감을 주는 길로 스스로를 인도하는 데 상당히 성공한 듯 보이기도 했다. 하지만 이제 최선을 다해 문제를 해결하고자 했던 인간의 노력에도 불구하고 문제들이 우리를 짓누르고 위협하고 있다는 사실을 인정하지 않을 수 없다. 얼마나 많은 사람들이 살해당하고 고문당하고 노예로 착취당했는가. 그리고 지금도 당하고 있지 않은가? 게다가 신과 종교의 이름으로 잔혹한 일이 얼마나 많이 일어났는가? 인간의 시스템이나 규칙, 법률은 제대로 작동하지 않는다. 우리 모두 그 사실을 알고 있다. 그런데 왜 수많은 문제들이 여전히 우리를 병들게 하는 것도 모자라 점점 더 최악으로 치닫고 있을까?

우리가 부정과 두려움을 떨치게 해달라고, 우리에게 깨달음을 진화시킬 용기를 달라고 천지가 함께 울부짖고 있다. 이제 우리가 만들어낸 괴로움을 치유하고 마땅히 경험해야 할 세계로 돌아가야 할 때가 왔다. 이제 우리 모두가 하나라는 사실을 자각하고 감각을 벗어난 진실 속에서 하나가 되는 법칙으로 돌아가야 할 때다.

당신과 전체

당신은 개체인가 아니면 거대한 전체의 한 부분인가? 어떻게 보느냐에 따라 당신은 **그 두 가지 모두** 될 수 있다.

전체성이라는 법칙을 수용한다고 해서 그것이 개인의 자아를 완전히 잃어버린다는 의미는 아니다(사실 그건 불가능하다). 오히려 개별적 존재**와** 전체의 일부분이라는 두 정체성을 모두 받아들인다는 의미다. 또한 감각만이 이 세상의 유일한 실재라는 환상(너무나 오랫동안 많은 괴로움의 근원이 된 환상)을 흘려보낸다는 의미이기도 하다.

문제는 우리가 신성한 연결고리보다 분열성에 집중하기 훨씬 쉽다는 점이다. 왜곡된 자기 이미지는 삶의 불균형의 근원이기도 하다. 비록 자신이 불균형을 만들어내는 데 일정한 역할을 한다는 사실을 깨닫지 못하더라도 자기 왜곡은 세상의 불균형에 어느 정도 기여한다.

개별성 그리고 '우리 집단' 대 '너희 집단'을 나누는 사고방식 때문에 인류는 고대의 예언자들이 전환점이라고 부를 만한 재앙의 문턱에 이르렀다. 우리의 두려움이 얼마나 파괴적인지 인정하고 자아의 지배를 거부한다면, 인간에게도 커다란 희망이 남아 있다고 말할 수 있으며 영혼의 기억상실증을 더 이상 겪지 않아도 된다.

우리는 단지 하나의 개체이거나 유한한 존재가 아니라 창조의 씨줄과 날줄 속에 신의 사랑으로 짜인 영원한 실체다. 태어나면서부터 얻게 된 성스러운 권리, 순수한 기쁨과 고요함, 건강과 웰빙을 요구할 수 있다. 일체감을 받아들임으로써 우리는 이 모든 것을 이룰 수 있다.

일체감과 신성한 전체

대개의 경우 '신성한holy'이라는 단어는 종교 지도자나 종교 의식과 의례에 독점적으로 사용된다. 하지만 우리 **모두**는 축복받은 존재이고 다른 모든 존재와 신성한 합일을 이루고 있으며 영적 존재와 관계를 맺는 데는 누구의 허락도 받을 필요가 없다는 것을 명심해야 한다. 신성한 존재가 될 만큼 자신이 훌륭하지 않다고 두려워할 필요도 전혀 없다. 매리언 윌리엄슨Marianne Williamson은 『사랑으로의 회귀A Return to Love』에서 다음과 같이 말했다.

당신 주변에 있는 사람들이 불안함을 느끼지 않도록 스스로를 위축시킬 필요가 전혀 없다. 우리는 아이들이 그렇듯이 모두 빛나야 할 존재다. 우리는 우리 안에 있는 신의 영광을 항상 구현하기 위해 태어났다. 신의 영광은 특정한 몇 사람에게만이 아니라 모든 이에게 깃들어 있다. 자신이 빛을 발하는 순간 그 빛은 무의식적으로 다른 사람도 똑같이 빛을 발하도록 만든다. 두려움에서 해방된 나라는 존재가 다른 존재가 해방될 수 있게 하는 촉매가 되는 것이다.

자신이 **엄청나게** 중요하다는 느낌이나 중요하지 **않다**는 느낌은 자아가 만들어낸 환상에 불과하다. 둘 다 다른 존재와의 합일에 대한 깨달음으로부터 우리를 떼어내서 고통과 고립 속으로 몰고 가는 요소다.

사랑과 힘이 넘치는 영령과 연결되었을 때, 우리는 깊은 경외심과 치유의 힘을 느낄 수 있다. 외로워하지 말고 일체감 속으로 들어오라, 그러면 자신이 그 안에 속해 있으며 사랑과 도움을 받고 있음을 실감할 것이다. 더 이상 상실감이나 괴로움에 짓눌리지 않아도 된다. 당신은 자신이 생명과 치유로 가득 찬 에너지를 스스로에게 전해주는 거대하고 사랑에 가득 찬 자비로운 전체의 일부임을 느낄 수 있다. 또한 육체적·정신적·감정적인 모든 측면에서 편안함과 행복함을 느낄 것이다.

처음에는 그런 느낌이 그리 오래 머물지 않고 곧 사라진다는 것을 이해할 필요가 있다. 하지만 이것이 세상과 당신의 자연스러운 상태이며, 일체감을 경험하기 위해 노력하다 보면 어느새 그런 상태가 당신 주위에 구현되어 있음을 경험하게 될 것이다.

하지만 괴로움 또한 삶의 조건이라는 사실도 알아야 한다. 그렇다고 해서 괴로움이 존재의 중심이 될 필요는 없다. 모든 인간이 일체감을 받아들이면 갈등과 질병, 불행도 곧 사라질 것이다. 우리는 완벽하고 완전무결한 상태, 온전한 치유의 상태를 추구할 필요가 있다. 일체감을 구현하는 데 더 가까이 다가갈수록 더욱 행복해질 수 있다. 불화와 질병 그리고 불균형에 병들지 않고 영광 속에서 사는 삶, 그것이 우리가 태어나면서부터 부여받은 권리다.

이 책을 활용하는 방법

당신은 곧 일체감을 삶 속에 어떻게 합치시킬 것인지, 또 지원과 보살핌을 아끼지 않는 신성한 연결고리를 어떻게 느낄 수 있을지 배우게 될 것이다. 또한 힘을 잃을까 두려워하는 자아를 버리기가 어째서 그토록 어려운지 살펴보고, 신과 다른 사람들 그리고 창조의 힘을 믿음으로써 성장하고 도움을 받을 수 있다는 사실을 이해할 것이다. 자신의 본성과 전체 간의 관계를 이해하다 보면, 두려움은 사그라지고 용기와 믿음이 서서히 쌓일 것이다. 더불어 인간의 역사에서 자아가 모든 것을 지배하는 순간 지혜를 잃게 된다는 사실도 발견할 수 있을 것이다. 성스러운 지성을 되찾음으로써 자신을 치유하고 더 나아가 인류 전체를 치유할 수 있다.

이 책은 다음과 같이 구성되어 있다.

- 제1부에서는 왜 우리가 일체감 앞에서 머뭇거리는지 알아보고 의식의 진화가 왜 이토록 시급한 일인지 살핀다.
- 제2부 각 장에서는 이제까지 지나쳐왔던 일체감과 신성한 연결고리를 볼 수 있는 통찰력을 얻을 수 있다.
- 제3부에서는 일체감을 성취하는 데 매우 중요한, 관점의 전환이라는 도전에 직면할 것이다. 그중 하나는 시간에 대한 새로운 관점을 얻는 것이고, 다른 하나는 새로운 종교와 과학 그리고 영성의 관점을 얻는 것이다. 그 과정에서 당신이 지금까지 배운 제한적 사고와 작별하는 법을 배우게 될 것이다.
- 끝으로 제4부에서는 사고방식을 전환하고 사람들과 더 많이 소통함으로써 일체감이라는 개념을 세상 속에 적용할 수 있는 현실적 방법을 발견할 것이다. 그럼으로써 사람들이 분열감을 덜 느끼고 서로 소중하게 연결되어 있다는 사실을 깨닫게 될 것이다.

각 장마다 당신에게는 세 가지씩 임무가 주어질 것이다. 첫째, 자신과 자신이 겪은 경험을 관찰할 것, 둘째, 신에게 도움을 청하는 기도를 할 것, 셋째, 일체감을 구현하려는 실천을 할 것 그것이다. 관찰, 기도, 행동, 이 세 가지는 인류의 진화와 고통의 치유를 위한 중요하고 효과적인 노력에 속한다.

관찰

늘 깨어 있으며 현재 일어나는 모든 일을 흡수하려면 용기가 필요하다. 지금 당신은 매우 불안정하고 겁에 질려 있을 수도 있다. 상황을 개선하기 위해 무엇을 해야 할지 모를 수도 있다. 하지만 자신이 어디에 있는지 시간을 들여 관찰해본다면 자신이 변화의 한가운데에 서 있음을 깨달을 것이다. 우리는 모두 끊임없이 변화하기 때문이다. 앞으로 나아가는 것은 삶의 한 부분이다. 하지만 자아는 앞으로 나아가는 데 두려움을 느끼고 엄청난 힘으로 저항하려 한다.

현재 일어나고 있는 상황을 부정하고 싶은 마음은 이해하지만, 부정할 수 있는 상황은 오래가지 못한다. 부정은 그저 괴로움을 연장하고 악화시킬 따름이다. 이제 나는 현재의 상황을 관찰하고 반성할 수 있는 용기를 내는 법을 보여주려 한다. 언제라도 신성한 힘의 도움을 받을 수 있다는 것을 자각하고 있으면 용기를 내기가 훨씬 쉬워진다.

기도

'기도pray'라는 단어는 '간절하게 부탁하다, 간청하다'라는 의미의 라틴어 precari에서 비롯되었다. 기도란 어떤 것을 실현하고자 하는 열망으로 신과 나누는 대화를 이른다. 어떤 사람은 신이나 상위의 존재에게 기도하는 것을 자연스럽게 여기지만, 또 어떤 사람은 진지하게 부탁하면 소원을 들어준다는 전지전능한 신이라는 개념에 발끈하기도 한다.

기도에 대해 생각할 때 당신은 상처받거나 짜증을 내거나 불신에 차 있을지도 모른다. 당신이 결함이 있는 사람들과 기도를 결부시키기 때문이리라. 그런 사람들은 기도의 목적을 잘못 이해하고 있으며, 인간을 고립시키고 분리하는 데 기도를 이용한다. 하지만 기도는 분열이 아니라 합일이다. 기도는 힘세고 변덕스러운 하나님에게 당신이 원하는 것을 들어달라고 간청하는 것이 아니다. 기도는 당신도 한 부분에 속하는 무한하고 신성한 기원과 연결되는 것이며, 도움을 청하고 어떤 형태로든 전해지는 도움에 자신을 열어놓는 것이다. 당신의 기도에 응답이 있겠지만 당신이 원하는 시간에 원하는 방법으로는 아닐 것이다. 기도하는 습관을 기르다 보면 이 말이 사실임을 알 수 있다. 기도를 하다 보면 당신이 어떤 도움을 원하는지, 또 어떤 도움을 받을 수 있는지가 보다 분명하게 보일 것이다.

만일 모든 존재의 근원에게서 도움을 받는다는 것을 받아들이기 힘들다면, 계속해서 이 책을 읽기 바란다. 그러다 보면 당신에게 남아 있던 불신과 불편함이 점점 사라질 것이다. 당신이 느끼는 에너지를 여성이나 남성 혹은 부모님과 같은 모습으로 상상할 필요는 없다. 그저 사랑과 이해, 무한히 자비롭고 배려로 가득 찬 힘이라고 생각하면 된다. 나는 그것을 **신**이나 **영적 존재** 혹은 **신성한 존재**라고 부를 테지만, 당신은 당신 편할 대로 불러도 좋다.

이 책을 읽음으로써 당신은 신성한 존재와의 연결을 경험할 수 있을 뿐 아니라, 당신 자신을 위한 신은 존재하지 않을 것이라는 두려움도 없앨 수 있다. 각 장이 끝날 때마다 일체감과 그 중요한 측면을 더 잘 이해하고 받아들일 수 있도록 기도하기를 제안하고 싶다. 그것이 마음이든 몸이든 영靈이든 우주적 일체감이든 혹은 다른 형태의 측면이든 상관없다.

행동

당신도 이미 알고 있듯이, 원하는 바를 이루기 위해서는 의도나 의지가 아주 중요하다. 하지만 더 중요한 것은 실천적인 행동이다. 간디는 "세상의 변화를 보고 싶으면 스스로 그 변화가 되라"라고 말했다. 이 말에는 평화를 스스로 받아들이고 명상하며 행동에 나서라는 의미가 담겨 있다. 또한 갈등의 불씨를 보더라도 평화를 선택하라는 뜻이기도 하다. 자아의 두려움에 굴복해 다른 이들과 싸움을 시작한다면 당신이 보고 싶은 변화가 '이루어질' 수 없다. 외부 세계의 변화는 내부에서부터 시작되어야 한다.

행동은 언제나 중요한 변화의 한 부분이다. 원하는 것을 결정하고 행동에 나서야만 당신의 생각과 행동 유형도 바뀔 수 있다. 처음에는 아주 작은 노력일지 모르지만 그 작은 행동이 훗날 큰 파도를 일으키는 계기가 될 수 있다.

이 세 가지 훈련을 통해 당신은 개체이면서도 전체의 한 부분이라는 사실을 깨달을 것이다. 그리하여 자신이 모든 피조물 및 신과의 조화 속에 살아가는 존재라는 사실을 심장과 마음 그리고 정신으로 느낄 수 있을 것이다. 나는 어째서 이러한 개인적 경험(즉 자신과 진실의 본성을 느끼고 깨닫는 것)이 자신의 치유뿐만 아니라 모든 인류의 치유와 진화를 앞당기는 데 큰 역할을 하는지 설명하려 한다.

내 말을 믿기 바란다. 당신이 전체라는 커다란 씨줄과 날줄에서 담당하는 역할은 실로 핵심적이다. 인간성은 위기에 처해 있으며, 좀 더 높은 의식으로 진화하려면 우리가 가진 모든 용기와 지혜 그리고 힘을 모아야 한다. 진정한 목적과 운명이 드러나면서 당신은 자신이 속한 영역에 기쁨과 평화를 가져다 줄 수 있고 공동체에 도움이 될 수도 있다. 일체감을 받아들이고 그것을 삶의 한 부분으로 만들면 가능하다. 자신의 삶을 발전시키고 다른 모든 존재의 안녕과 행복에 보탬이 될 수 있다는 것은 얼마나 멋진 일인가!

훈련의 중요성

일체감을 경험하기에는 자신이 처한 어려움에 어떻게 대응할지 곰곰이 생각하는 것만으로는 충분하지 않다. 마음을 단련하고 사고방식을 전환해 자신의 심장과 영혼이 신성한 사랑과 에너지, 지혜의 방향으로 열리도록 해야 한다. 개별성이라는 환상 대신 일체감을 선택하려면 헌신이 필요하다. 물질 세계의 환상이 너무나 견고하기 때문이다.

우리는 감정적 혼란과 부정적 사고, 육신의 질병과 필요한 것을 얻으려면 투쟁할 수밖에 없는 경쟁으로 가득 찬 세상에 살고 있다고 믿기 쉽다. 처음에는 이런 믿음을 불러일으키는 과거의 습성으로 돌아가려는 스스로에게 좌절감을 느낄 수도 있다. 그렇지만 얼마 지나지 않아 당신은 일상에서 편안함을 느낄 것이다. 더 자주 그리고 더 쉽게 일체감으로 돌아갈 수 있으며, 생활에서 구체적으로 구현되는 일체감을 볼 수 있을 것이다. 절대로 회복될 것 같지 않던 상처도 저절로 아무는 것을 경험할 것이다. 혼란은 조화로, 투쟁은 포용과 평화로 바뀔 것이다.

일체감이라는 삶의 스타일을 받아들이는 것은 올바른 식습관을 받아들이는 것과 비슷하다. 지금까지 당신이 저질 가공식품만 먹어왔다고 가정해보자. 과일과 신선한 야채로 구성된 식단으로 바꾸고 나면 처음에는 과거에 당신이 가장 즐겨 먹던 것들이 계속 생각날 것이다. 하지만 그런 느낌은 곧 사라진다. 좋은 음식을 먹으면 체중이 줄어들고 힘과 에너지를 되찾으며 건강이 좋아진다는 것을 몸소 체험하게 된다. 그러다 보면 곧 정크 푸드를 그리워하는 마음도 사라진다. 이와 같이 당신의 삶에 일체감을 받아들이는 것에도 처음에는 조절과 노력이 필요하다. 하지만 긍정적인 변화의 물결을 겪고 나면, 다시는 해로운 옛 방식으로 돌아가고 싶지 않을 것이다. 그리고 이전에는 어떻게 그리 다르게 살 수 있었는지 놀라워할 것이다!

　냉소와 비관 그리고 탐욕은 세상 어디에나 있다는 생각이 들 수 있다. 또한 세상에는 당신을 해치는 사람, 당신에게서 이익을 얻으려는 사람들로 가득 차 있는 듯 보일 수도 있다. 일체감의 가능성을 믿고 그것을 실현하기 위해 헌신하기란 쉽지 않다는 것도 나는 잘 알고 있다. 하지만 계속해서 밀고 나가다 보면 불신은 사라지기 시작할 것이다. 가능하다면 서로 연결되었다는 아름다운 느낌을 경험할 때마다 그것을 오랫동안 간직하도록 힘쓰고, 기회가 될 때마다 자신이라는 존재를 느끼기 바란다. 일체감과의 연결을 즐기고 감사의 기도를 올리기 바란다. 당신은 그것을 느낄 자격이 있다! 일체감의 힘을 믿으라. 그러다 보면 일체감이 희망을 줄 뿐 아니라 실제로 멋진 결과를 가져다줄 것이다. 최악의 날들을 살아갈 수 있게 하는 힘이 될 것이다.

　관찰하고 기도하고 행동할 수 있는 시간을 남겨두자. 매일 밤 오늘 일체감을 받아들이기 위해 무엇을 했는지 일기에 적고, 몇 분의 시간을 내어 상상하고 사랑하고 기도하라. 당신 자신과 타인의 삶을 위한 일체감을 확장하기 위해 내일 해야 할 일을 계획해보라. 가능성은 무한하다. 하지만 자신의 삶에서 책임지고 꼼꼼하게 확인하는 일은 새로운 방식으로 당신을 단련시킬 것이다. 또한 주변에 두려움 대신 일체감을 받아들이도록 격려해주는 사람이 많으면 많을수록 신뢰도 커진다(내 페이스북 페이지 Carmen Harra: Wholeliness를 방문하면 비슷한 생각을 하는 사람들을 만날 수 있다).

영적 존재와 서로 간의 연결

일체감은 지금 시대 같은 커다란 위기에서 우리를 살리는 매우 중요한 요소다. 우리는 서로 힘을 합쳐야 한다. 상대하기 힘든 태도와 행동 방식을 지닌 사람들과도 마찬가지다. 다른 사람들과 함께하려면 상처를 받거나 상실을 경험하는 것은 어쩔 수 없는 일이다.

전 지구적 공동체에서 살아가는 우리에게는 의무가 있다. 최소한의 기본적인 욕구, 즉 의식주를 해결하고 안전하게 살면서 자유와 행복에 이르고자 하는 욕구를 모든 사람들이 누릴 수 있는 조건을 갖출 의무 말이다. 우리는 종종 다른 사람을 믿지 말라는 이야기를 듣는다. 그 말을 따르다 보면 다른 사람들이 우리에게 베풀 수 있는 도움까지 놓치고 만다. 이는 특히 서구 세계에서 흔히 볼 수 있는 현상이다. 나는 먹을거리가 귀한 공산주의 사회에서 자랐기 때문에 이와는 관점이 다르다. 그곳에서는 자신과 가족만 챙기는 사람이 아주 이상하게 여겨졌다. 의식주가 부족한 사람들이 너무나 많았으므로 그런 행동을 하는 것 자체가 일단 불가능했다. 나는 세계 곳곳에서 온 사람들에게 상담을 해주고 있는데, '구대륙'에서 자란 나 자신의 경험이 서로를 도와주는 공동체를 창조하는 데 필요한 통찰력과 이해를 제공해주었다(나중에 책의 마지막 부분에서 이를 독자들에게 설명할 예정이다).

일체감을 받아들이고 실천하다 보면, 영적 존재와의 신성하고 우주적인 연결고리뿐 아니라 다른 사람들의 도움도 필요하다는 것을 깨닫게 된다. 다른 보는 이들처럼 당신에게도 신성한 존재의 개입이 필요하며, 그 일을 일어나게 만들 수 있다. 이 세상의 문제점들을 생각하다 보면 두려움(붕괴되는 제도나 시스템 혹은 전 지구적 사건)뿐만 아니라 인간성을 좀먹는 괴로움을 치유하고

자 열망하는 사람이 당신 혼자만은 아니라는 사실을 깨닫고 위안을 얻을 것이다. 자신의 가슴을 치유하고 생각과 행동을 바꾸며 삶에서 일체감을 실현하고자 노력하다 보면 변화를 일으킬 수 있다. 그리고 그것을 실천하는 사람이 당신뿐인 것은 **아니다**.

인간성이 더 높은 의식을 향해 깨어나고 있으며, 더 많은 성인 남녀와 아이들이 서로를 도우며 나아가고 있다. 커다란 고통에 신음하고 있는 지구의 한쪽에서도 "이제 변할 때가 왔다!"라고 외치는 사람들의 소리가 들린다. 이들은 가슴과 마음을 열고 신성한 지혜를 재발견하고 있다.

깨닫지 못하고 있을지라도 이 거대한 변화에 당신도 참여하고 있다. 이 책을 읽기로 결심한 것 자체가 당신이 스스로의 힘을 받아들이기로 했다는 증거다. 새로운 생각에 자신을 열고 마음과 영혼으로 교감함으로써 스스로를 돕기로 결심했기에 이 책에 이끌린 것일 수 있다. 당신의 선택이 더할 나위 없이 나를 행복하게 한다. 하지만 당신이 이 제한된 목적을 넘어서서 더 나아가다 보면 모든 인류에게 도움을 줄 수 있을 것이다.

일체감을 인류에게 불러올 수 있는 능력이 당신(70여억 인구가 사는 이 거대한 세계의 한 사람인 당신)에게 있다는 사실을 믿기 어려울 것이다. 하지만 당신의 희망과 용기는 이제 막 불타올랐다.

일체감이라는 이 놀라운 선물을 함께 배우고 받아들이기 위해 기꺼이 동참해줄 것을 당신에게 간곡하게 부탁한다.

플로리다 주 할리우드에서
카르멘 하라Carmen Harra

1부
치유의 시간

1장 인간에 대한 새로운 경험의 탄생
2장 두려움에서 가능성으로
3장 움켜쥔 자아 풀어주기

1장 인간에 대한 새로운 경험의 탄생

상황을 바꿀 수 없을 때는…… 스스로를 바꿀 수밖에 없다.

─빅터 프랭클Victor Frankl

많은 사람들이 최후의 날에 인류가 멸망할 것이라는 공포에 시달린다. 하지만 지금까지 역사에 등장했던 예언들은 우리가 느끼는 두려움을 파괴가 아니라 **변화**의 길로 이끌고자 했다. 터무니없는 상상력이 고개를 들 때 우리는 인류에 대한 경고를 그저 지구의 종말이 가깝다는 암시로 잘못 해석하는 경우가 많다. 그러나 우리는 어떤 재앙이 바로 문앞에 닥친 것처럼 불안하게 살 필요는 없다. 또한 '세상 누구도 나를 돌아보지 않을 테니 내 몸은 내가 돌봐야지'라는 식으로 무장할 필요도 없다. 인간이 모두 하나로 연결되어 있다는 것을 깨달을 때 인간에 대한 새로운 경험이 가능해진다. 즉 살아남기 위해 경쟁하며 싸워야 한다는 인류의 오랜 믿음이 서로 도우며 협동해야 한다는 믿음으로 바뀔 것이다. 따라서 내일에 대한 희망을 안겨주는 신성한 연결고리가 축복을 내리면 인류는 더 나은 방향으로 변화할 수 있다.

우리는 모두 삶을 더 나은 방향으로 바꿀 힘을 바라고 뜻대로 되지 않을 때 현실을 받아들일 수 있는 마음을 갈망하지만, 실상은 둘 모두를 놓칠까 봐 두려워한다. 또한 자신의 주변 환경을 바꾸고 오랫동안 인류가 앓아왔던 고통을 제거하기에는 우리 자신이 너무나 무력하다고 생각한다. 심지어 신이 우리 인간에게 내린 사명은 고통을 참는 것이며 나쁜 사람이나 타인에게 해를 끼치는 사람이 없는 완벽한 세계가 아니면 평화를 얻을 수 없다고 생각하기까지 한다.

우리가 믿는 평화의 힘은 구름이 몰려오는 순간 흩어져버린다. 왜냐하면 고요하고 조화로운 상태를 얻기 위해서는 이것을 위협하는 세력과 언제든지 싸워야 한다고 배웠기 때문이다. 그러다 보니 우리는 투쟁을 일삼는 동물로 변해버렸고, 우리에게 내재된 평안과 협동심을 잃어버렸다. 즉 다른 개가 다가오는 순간 흉측한 이빨을 드러내며 똑같이 으르렁거리는 개와 다를 바 없어진 것이다. 이 얼마나 큰 잘못인가!

우리가 자신 안의 온전함(일체감wholeness)을 믿고 받아들이고 구현한다면, 강인한 힘과 긍정적인 자신감을 경험하고 이제까지 잘못 생각해왔던 것들도 눈 녹듯 없어질 것이다. 그러면 인류는 고대의 선지자들이 예언한 대로 진화할 수 있다. 지혜로운 마야인들이 예언한 대로 인간은 2만 6천 년의 주기를 마치고 새로운 경험의 시대로 진입할 것이다.

인류의 재탄생

지구상에서 인류가 완전히 새로운 시대로 진입한 것은 놀라운 일이다. 그래서 우리가 겪게 될 변화에 어떻게 적응해야 할지 몰라 조금은 겁이 날 수도 있다. 우리는 삶과 주변 세계가 예측 가능한 범위 내에서만 변화하는 안정된 삶을 추구한다. 그래야 안전하다고 느끼기 때문이다. 하지만 미래에는 더 많은 변화와 격동 그리고 불확실함이 기다리고 있다. 이것은 피할 수 없는 일이다.

살면서 겪는 여러 사건들과 일들로 말미암아 스트레스와 불안이 생기더라도, 이를 조절할 수 있으면 인류를 더 나은 미래로 이끌 수도 있다. 또한 다른 이들과 함께해 나갈 때 변화가 불러오는 두려움과 불안을 모두 잠재울 수 있다. 이 거대한 변화와 불확실함을 오롯이 혼자서 감당해야 한다고 생각하는 것은 일종의 착각이며 불안을 증폭할 뿐이다. 우리는 혼자가 **아니라는** 사실을 기억해야 한다.

당신은 일체감을 알아 나갈 것이고, 그 결과 삶에서 작동하는 일체감의 힘을 점점 깨달을 수 있게 될 것이다. 또한 자신은 다른 존재와 하나이며 서로 연결되어 있음을 느낄 것이다. 우리는 전체의 한 부분이자, 스스로를 치유할 수도 있고 만나는 이들에게 치유 에너지를 줄 수도 있는 신성한 개인이다. 자신을 치유하라. 그러면 세상이 더 완벽해진다.

일체감이란 물질의 지배 아래 놓여 있는 인류 역사의 현 시점에 아무리 시간을 들인다 하더라도 완전하게 얻어질 수 있는 것이 아니다. 오히려 우리가 그 힘을 믿고 자신과 자신이 속한 공동체에서 구현하려고 노력해야 할 성질의 것이다. 정의아 사랑, 아름다움과 자비로움을 원하듯이 일체감이 자신의 영혼에 보내는 놀라운 힘과 평화의 에너지를 받아들여라. 그러면 그 뒤에는 당신 스스로 세상에서 일체감을 구현하려고 노력하게 될 것이다. 이렇게 내면의 건강이 회복되고 다른 존재와 하나가 되는 경험을 하게 되면, 그것은 우리가 삶 속에서 만나는 사람과 상황에 투영될 것이다.

　이제 우리는 새로워지려고 한다. 태어날 때와 마찬가지로 두렵고 혼란스러운 것은 당연하다. 그런 강렬한 경험 때문에 우리는 지금 일어나고 있는 일에 집중할 수밖에 없다. 우리가 지금 엄청난 변화의 시기에 서 있다는 점은 부정할 수 없다. 아이를 낳아본 여성이라면 한순간도 자신의 몸에서 일어나는 변화를 수수방관할 수 없다는 것을 잘 알고 있다. 유명인에 대한 소문, 경제 전문가의 낙관적인 경제 전망, 정치가들의 약속 따위가 아무리 세상을 떠들썩하게 한다 해도, 그것들이 우리 주위를 둘러싼 모든 변화와 그로 인한 불편함을 사라지게 만들지는 않는다. 오히려 잘된 일이다. 이로써 우리는 중요한 상황에 관심을 기울이기 시작할 것이기 때문이다.

　그뿐 아니라 우리는 어디에서 도움을 얻어야 할지 주위를 둘러보기 시작했다. 도움을 주고 안내해주고 응원해주는 사람들을 만날 수 있을까? 새로운 인생이 시작되는 마법 같은 순간을 헤쳐 나갈 힘과 용기를 발견할 수 있을까?

　여기에 대한 대답은 확실히 '그렇다'이다. 우리에게 필요한 것은 애정 어린 응원과 창의성이며, 우리를 지탱해주고 우리에게 영감과 용기를 불어넣는 힘이다. 이러한 힘은 바로 우리 자신 안에 있다.

　이러한 힘을 느끼려면 우선 일체감에 관한 세 가지 진실을 알아야 한다.

- 변화는 내면에서 비롯된다.
- 다른 사람과 하나가 되는 순간 가속도가 붙는다.
- 가장 절실한 순간에 신의 도움이 찾아온다.

이 세 가지 진실을 거부하거나 모르는 척할수록 당신은 괴로워질 뿐이다. 인류가 이미 오랫동안 그래왔듯이 말이다. 하지만 일체감의 세 가지 이치를 받아들이게 되면, 당신의 삶은 지금보다 훨씬 수월하고 두렵지 않을 것이다. 하지만 변화를 위한 노력은 계속해서 어려움에 부딪힐 수도 있다는 사실을 명심해야 한다. 괜히 산고産苦란 말이 나왔겠는가? 예를 들면 현재 전 세계를 휩쓸고 있는 경제 위기가 당신의 일, 사업, 저축이나 다른 주변 상황 등에 어떤 영향을 미칠지 몰라 불안해하는 것은 그리 즐거운 일이 아니다. 또 이렇게 양극화된 세상에서 인간이 지금보다 훨씬 나은 새로운 시스템과 제도를 만들 수 있으리라는 믿음을 갖기도 쉽지 않다. 하지만 이것이 바로 지금 우리에게 일어나고 있는 일이다!

기술에는 부정적인 면이 확실히 있지만, 히로시마나 나가사키에 떨어진 원자폭탄은 좋든 나쁘든 인류에게 앞으로 원자력을 이용할 가능성을 일깨웠다. 이처럼 지금 세계가 겪고 있는 고통도 우리를 일깨우는 역할을 하고 있다. 또 인류가 핵무기로 세상을 파괴할 수 있음에도 불구하고 그러지 않듯이, 인간은 자신에게 큰 해악을 끼치는 기술은 사용하지 않을 것이다. 과학은 오히려 우리가 모두 얼마나 긴밀히 연결되어 있는가를 인식시켜주는 수단이 될 것이다. 우리는 우리의 기쁨이나 치유가 다른 이들에게 어떻게 전달되는지를 몇 년 전까지만 해도 상상할 수 없던 방식으로 발견할 것이다. 지금 지구에서 일어나는 여러 가지 동요와 혼란과 괴로움은 곧 더욱 훌륭한 무엇인가로 대체될 것이리고 확신해도 좋다. 경쟁이 아닌 협력이 주가 되는 새로운 시대가 열릴 것이다.

일체감에 대한 세 가지 진실

이제 이 세 가지 일체감에 대한 진실을 좀 더 자세히 살펴보면서 지금까지 우리의 시각이 얼마나 뒤틀려 있었는가를 증명해보자. 세 가지 진실은 우리에게 세계의 일체감을 보여주고, 우리 자신이 일체감을 구현할 수 있도록 돕는다.

진실 1: 변화는 내면에서 비롯된다

우리가 통제할 수 없는 외부 세계를 변화시키기는 아주 힘겹지만, 내면을 변화시키는 것은 그보다 훨씬 쉽다. 우리는 종종 다른 사람에 비해 자신이 더 나아지지 못했다는 것을 알고 좌절한다. 이는 처음부터 잘못된 방식이다. 변화는 자신의 생각과 느낌 그리고 깨달음을 바꿀 때 진정으로 시작되기 때문이다.

이 중대한 변화를 위해서는 미래가 과거보다 나을 것이라고 믿어야 한다. 이미 부러지거나 너덜너덜해진 데다 반창고를 붙여봤자 아무런 소용이 없다. 아이를 낳거나 연인 관계를 정리하는 것, 새로운 일을 시작하거나 다른 도시로 이사하는 것 등 인생의 중대한 변화 앞에서 우리는 두려움을 느낀다. 하지만 내면적으로 자신에 대한 믿음을 새롭게 세우고 인생을 설계한다면 실제 외적으로 해야 할 일은 그다지 어렵지 않다. 자신에게 필요한 도움을 이 세상에서 모두 얻을 수 있다는 사실을 깨닫는 순간, 당신을 도울 준비가 되어 있는 사람과의 연결고리를 찾는 순간, 당신은 변화를 위한 중요한 첫걸음을 내디뎠다.

얼마 전 나는 내 모국에서 온 사랑스러운 젊은 아가씨를 만났다. 이 아가

씨는 영화배우가 되고 싶었지만 가족뿐 아니라 누구도 그 아가씨의 꿈을 응원해주지 않았다고 한다. 그 아가씨는 배우 수업을 받을 기회는 말할 것도 없고 배우가 될 가능성이 보이지 않는다면서 자신이 정말 꿈을 실현할 수 있을지 걱정했다. 나는 그녀에게 무대에 설 가능성은 있겠지만 그러기 위해서는 큰 변화가 필요하고 위험을 감수해야만 한다고 조언했다. 나는 먼 나라 시골에서 그녀처럼 공연 예술가를 꿈꾸며 자랐던 나의 과거를 이야기해주었다. 당시에는 해외여행이 불가능했을 뿐 아니라 다른 나라 사람들과 쉽게 소통할 수 있는 통로도 없었다. 그럼에도 나는 결국 꿈을 이루었다. 지금 우리는 수십 년 전만 해도 동유럽에서는 불가능하리라 여겨졌던 인터넷과 소셜 미디어 그리고 자유를 누리고 있다. 나는 이 모든 수단이 그녀 자신에게 힘이 될 것이라고 이야기했다.

얼마 후 나는 그녀에게서 연락을 받았다. 지난번 내가 한 이야기에서 느낀 바가 있어 인터넷 검색으로 싼 방을 구했다고 한다. 그 후 그녀는 런던으로 건너가 유명한 드라마 학교의 오디션에 합격했다.

그녀처럼 더 나은 미래를 믿고 그것을 이루기 위해 자그마한 발걸음이라도 내딛는다면, 삶은 정말로 우리를 향해 열린다. 요즘은 인터넷에 던진 질문 한 마디 혹은 클릭 한 번으로 삶이 완전히 달라질 수 있는 세상이다. 도움의 손길을 얻기가 점점 더 수월해지고 있으며, 앞으로 기술 발전과 더불어 더 놀라운 소통 방식이 우리를 기다릴 것이다.

사람들은 왜 외롭다고, 아무도 자신에게 관심이 없다고, 또 누구도 도와주지 않는다고 외치는가? 그런 믿음은 잘못된 것이며, 자신을 우울하고 비관적인 상태로 빠뜨릴 뿐이다. 우울증을 앓는 사람은 이러한 잘못된 생각으로 도움을 구하지 못하고 눈앞의 온갖 가능성을 놓쳐버린다.

미래에 대한 비전이 없으면 그것은 인간성에도 영향을 미친다. 세계적으로 너무나 많은 사람이 낡은 제도와 시스템을 고수하고 있는 이유는 그보다 나은 것이 있다고 믿지 않기 때문이다. 그러나 우리는 이제 고장 난 것을 땜질하는 일을 중단하고, 새로운 세상을 상상하는 데 더 많은 시간을 바쳐야 한다. 이러한 생각의 전환은 변화를 시도하도록 자신을 격려할 것이다.

자신과 신 그리고 전 우주 사이에 놓인 신성한 연결고리를 깨닫는다면 앞으로 더 나은 삶을 위한 도움을 무한하게 얻을 수 있다는 사실 또한 깨달을 것이다. 그러면 인류를 위한 더 나은 미래를 상상할 수 있고, 일체감을 쉽게 경험하게 된다. 미래에 대한 그림이 더 분명해지면, 꿈을 실현하기 위한 실천 방안도 눈에 들어온다.

어쩌면 당신은 맞닥뜨려야 할 변화를 회피하고 있거나 예전처럼 살 수 없다는 현실을 받아들이지 못하고 있을지도 모른다. 삶이 예기치 못한 방향으로 흘러가고 있는 데서 오는 억울함과 향수, 분노와 슬픔 등의 감정들이 만나는 사람이나 상황에도 투사될 수 있다. 과거를 흘려보내고 현재 자신이 처한 상황을 받아들일 때만 내부를 혁신하고 미래를 상상할 수 있다.

자신의 생각과 느낌은 자신의 변화를 위해 중요하며 모든 인류의 진화를 위한 핵심이다. 당신의 생각은 우주적 생각의 한 부분이며, 침묵하거나 누구도 자신의 마음을 알아채지 못한다고 여길 때도 당신의 생각과 감정은 다른 사람들에게 영향을 미친다.

이제 우리는 생각을 육체적 감각의 한 영역으로 관찰할 수 있다. 생각을 하기 시작하면 신경계와 신경 접합부가 활발하게 작용한다. 우리는 MRI 같은 기계를 통해 이러한 뇌의 활동을 관찰할 수도 있다. 연구자들은 사실상 영상을 보며 당신의 생각을 어느 정도 '읽어낼' 수 있을 뿐 아니라, 모든 감각 활동을 보여주는 스크린으로 어느 부위가 '밝아지는지' 직접 볼 수도 있다. 이것들은 의식 덩어리의 한 부분으로서 전력망(또는 내가 아까 묘사한 대로 우리의 오감과는 별도로 작용하는 현실적 재료)과도 같다. 그리고 비국부성nonlocality의 법칙(같은 제목의 내 책에서 설명되는 열한 가지 영구적 법칙 중 하나)에 따라 섬유조직의 각 영역조차 다른 영역과 곧바로 소통할 수 있어 그 본질에 영향을 미친다.

생각은 머릿속에 홀로 고립되어 존재하는 것이 아니다. 생각과 감정(신경펩티드neuropeptide의 형태로 존재하는 생물학적 실체)의 전환이 다른 사람에게 영향을 미치는 주된 이유이기도 하다. 지금부터 마음속 생각이 마음속에만 갇혀 있다고 생각하지 말기 바란다.

잠시 이 책을 덮고 당신을 즐겁게 해주는 생각에 집중해보라. 미소를 띠거나 웃어보라. 당신이 웃으면 당신의 뇌 한구석에서 변화가 일어난다. 그 변화에 몸은 즉각적으로 반응한다. 다시 말해 당신의 몸에서 기분을 좋게 해주는 엔도르핀 같은 호르몬이 흘러나와, 감정의 변화가 근육에 드러남으로써 표정이 바뀌고 다른 근육도 함께 이완된다.

우리는 마음과 몸의 이러한 연관성을 깨달아야 할 뿐만 아니라, 인간의 **모든** 생각과 느낌이 외부적 변화를 가져온다는 것도 기억해야 한다. 예를 들어 친구에게 미소를 지으면 그 행위가 친구를 미소짓게 한다. 혹은 문득 머릿속에서 떠오른 생각에 사로잡혀 정신없이 웃으면 같은 방에 있던 다른 사람도 따라 웃으며 "대체 뭐가 그리 즐거워요? 나도 같이 좀 웃어요"라고 말할 것이다. 이처럼 우리의 마음은 별다른 노력 없이 다른 사람의 행동에 영향을 준다. 즉 생각과 느낌 그리고 의식이 외부 세계의 기파를 바꾸어 변화시키는 사례라고 할 수 있다. 직관이 발달된 사람일수록 타인의 생각과 느낌의 변화로 형성되는 주변의 변화를 더 잘 받아들인다.

한 사람의 내면적 변화가 무한한 영향력을 미칠 수 있다. 당신의 웃음이 수천 마일 떨어진 곳에 사는 누군가를 웃길 수 있고 갑자기 기분이 좋아지게 할 수도 있다. 현실과 거리가 먼 이야기처럼 느껴지겠지만 이것은 과학적 사실이다. 양자물리학에서는 이것을 '나비효과'라고 부르는데, 미세하게 존재하는 실체들(아원자 입자와 그 파동)은 서로 연결되어 있어 나비 한 마리의 날갯짓이 지구 반대편에서 폭풍을 일으킬 수 있다는 이론이다.

좀 더 세심하게 주의를 기울이면 다른 사람과 자기 몸에 미치는 자신의 영향력을 감지할 수 있다. 이때 주의할 점은 다른 일들과 마찬가지로 긍정적인 생각을 할 때도 훈련이 필요하다는 것이다.

당신의 생각을 일체감이 구현되기 쉬운 방향으로 바꾼다면 삶에서 어떤 일이 일어나더라도 생각이 확장되고 희망과 가능성이 느껴질 것이다. 삶에 대한 긍정적인 생각과 영감이 솟아오르고 영적 존재의 메시지를 받아들일 수 있도록 마음속의 통로가 열릴 것이다. 신성함이 마음과 영혼을 사랑, 풍요로움, 지혜, 넘치는 아이디어 그리고 깨달음의 빛으로 채워줄 것이다. 또한 평화와 기쁨, 창의성과 희망, 믿음과 아름다움의 길로 이끌 것이다.

우리의 마음은 오랜 습관으로 돌아가려는 경향이 있어, 곧 초조함에 빠진 나머지 '이건 이루어지지 않을 거야, 신이 나를 인도한다는 건 불가능해'라고 생각하게 될 수도 있다. 하지만 신은 언제나 거기에 있고, 시간을 두고 계속 노력하다 보면 당신도 그것을 느끼기 시작할 것이다.

변화는 당신에게서 시작된다. 바로 당신의 **내부**에서 시작되는 것이다.

진실 2: 다른 사람과 하나가 되는 순간 가속도가 붙는다

　세상을 치유하는 데 도움이 되겠다는 마음으로 사람들이 힘을 합칠 때, 그 힘은 멈출 수 없는 허리케인과도 같은 위력을 지닌다. 우주의 에너지가 각자의 몸과 마음 그리고 영혼으로 들어가 구체적인 변화를 몰고 올 수 있는 힘으로 감싼다. 그 속에서 각 개인들은 서로를 격려하고 새롭게 얻은 힘으로 주변의 나약함을 감싸려고 노력하게 된다. 의지에 넘치는 에너지로 한 사람씩 힘을 보태다 보면, 어느새 세상은 변화의 에너지로 충만해진다.

　신이 우리 모두에게 각각 다른 재능을 주신 데는 분명한 이유가 있다. 잘하는 것을 하나씩 보태다 보면 결국 모든 일을 잘할 수 있게 된다! 일체삼이라는 정신 안에서 같이 힘을 보태 노력하다 보면, 우리 각자가 완전한 전체를 채우고 구성하는 하나의 조각이 되는 것을 경험할 수 있다. 함께 힘을 합치고 각자의 재능을 모으다 보면 영성에도 가속도가 붙을 것이다.

　이런 일련의 노력 덕분에 때가 되면 우리 모두 발전된 모습을 볼 수 있겠지만, 지금 우리 인간은 변화의 시기에 처해 있으며 이는 어쩔 수 없는 불편함과 불안함을 대동한다. 따라서 이 단계에서 세상을 비관하거나 문제로 가득찬 세상에서 자신이 무엇을 할 수 있을지 회의할 수도 있다. 다른 사람들과 공동의 목표를 위해 노력했음에도 불구하고 사소한 불협화음으로 단체에 균열이 일어나는 것을 경험하며 낙심할 수도 있다. 또 당신이 아주 낙천적이고 너그러운 유형의 사람이어서 아무리 친절과 자비를 베푼다 할지라도 다른 이들이 차가운 반응을 보일 수도 있다. 그렇다고 해서 당신이 이들의 마음에 변화를 일으키지 못한 것은 결코 아니다.

　많은 사람들이 그저 두려움과 분노 그리고 슬픔에 억눌려 산다. 주위에 온통 탐욕과 이기심밖에 보이지 않을 때 사람들은 스스로를 보호하기 위해 자신도 강해지고 잔인해져야겠다고 마음먹는다. 다른 사람들이 하는 일을 믿지 못하게 되어 결과적으로 더 여유 없는 사람이 되어버린다.

겁이 많은 사람은 누구도 쉽게 들여보내지 않는 딱딱한 껍질로 자신을 감싼다. 그런 사람들을 자주 대하다 보면 혹시 나 혼자만 희망으로 들떠 있는 것이 아닌가 하고 회의를 느낄 수도 있다. 다른 사람의 냉소와 회의에 물들지 않는 자신이 혹시 살짝 미친 건 아닐까 의심이 들 수도 있다. 하지만 절대 아니다!

또 텔레비전 뉴스를 보다 보면 이런 생각이 들 때도 분명히 있었을 것이다. 조화롭고 건강하고 잘 작동되는 사회를 이루어내지 못하고 우리 인간이 너무 멀리 와버리지는 않았는가(그런 생각을 하지 않는 사람이 어디 있겠는가)? 아니면 불화를 일으키려고 작정한 듯 보이는 가족 중의 누군가나 이웃 혹은 다른 사람 때문에 지칠 수도 있다. 하지만 당신이 내부에서 변화를 위해 노력하다 보면, 다른 사람들도 당신의 평화로운 모습에 감명을 받고 당신을 본받으려 할 수 있다. 반대로 비관에 빠지면 세상과 사람들의 내면에서 일어나는 일들을 볼 수 없게 된다. 그러니 기억하라. 인내와 자비는 상상한 것 이상으로 다른 이들을 깊이 감화할 수 있다.

인류는 현재 위기의 정점에 와 있고 전 지구적으로 거대한 의식의 변화가 요구되는 시점이 점점 가까워지고 있다. 내면의 평화와 즐거움이라는 감정을 얻기 위해 당신이 노력하고 있다면, 그것들의 힘을 믿고 그 노력을 계속해 나가기 바란다. 용기를 잃지 말고 가족과 직장 그리고 공동체에 긍정적인 영향을 줄 수 있는 실천을 계속해 나가기 바란다. 당신과 비슷한 마음을 지닌 사람들의 노력은 곧 더 큰 결과로 보상받을 것이다.

아직도 의심스럽다면 자신의 삶에서 일어났던 커다란 변화의 시기를 돌이켜보라. 압력이 점점 증가하다 어느 순간 어디에선가 갑작스러운 변화가 일어나지 않았던가? 큰 변화의 순간은 종종 빛의 속도로 다가온다. 참을성과 믿음을 가지고 기다려보라.

거대한 변화의 시점에 이르기까지 절망적으로 오래 걸릴 수도 있다. 하지만 중요한 순간이 지난 후에는 기다림의 고통과 괴로웠던 분투의 시간을 종종 잊어버린다. 그러면 반대편 기슭에 서서 절대로 오지 않을 것 같은 변화의 순간을 애타게 기다리던 심정을 기억조차 못한다.

힐러리 클린턴이 뉴욕 주 상원의원으로서 대통령 후보 경선으로 한창 바쁠 때 그녀의 어머니도 함께 선거운동에 참여했던 적이 있다. 힐러리는 연설에서 자신의 어머니가 태어날 무렵에 미국에서는 여성에게 투표권조차 없었는데 이제 자신이 딸을 대통령으로 당선시키기 위해 투표권을 행사할 수 있게 되었다고 말했다. 지루한 과정을 거친 변화의 순간은 물결이 바뀌는 바로 그때, 순식간에 일어난다. 사실 우리는 일어난 변화를 너무 자연스럽게 받아들이고 그것이 이전에는 얼마나 불가능하게 보였는지 종종 잊어버린다. 거대한 변화를 경험할 때 인간에게서 드러나는 본성이기도 하다. 영원히 오지 않을 듯 느껴져서 희망을 잃어버릴 즈음 막상 변화가 찾아오면, 우리는 그 과정이 얼마나 힘들고 길었던가를 까맣게 잊어버린다. 하지만 우리는 그러한 변화가 실제로 일어난다는 것을 기억해야 한다.

변화의 과정에는 그 효과가 항상 보이지는 않는다. 왜냐하면 아까도 말했듯이 변화는 사람들이 마음속에서 생각과 인식을 달리할 때 일어나기 때문이다. 사람들의 머릿속을 들여다보고 변화할 준비가 되었는지 확인할 수는 없다. 사람들은 대부분 다른 사람들이 먼저 나서주기를 기다린다. 그러다가 처음 누군가가 나서면 갑작스레 수많은 사람들이 뒤따라와 앞으로 나서거나 목소리를 높인다.

수많은 사람들이 용기 있는 변화를 받아들이려면 얼마나 많은 사람들이 앞서서 노력해야 할까? 종종 인용되는 인류학자 마거릿 미드Margaret Mead의 말을 들어보자. "사려 깊고 헌신적인 시민으로 이루어진 작은 집단이 세상을 변화시킬 수 있다는 것을 의심하지 말라." 나는 여기에 자비와 사랑을 가슴에 품은 사람들로 이루어진 작은 집단이 인류를 바꿀 수 있다고 덧붙이고 싶다. 사실 우리는 그런 변화가 이루어지는 과정을 보고 있다.

진실 3: 가장 절실한 순간에 신의 도움이 찾아온다

신은 우리가 괴로움에 처해 있을 때는 언제라도 자비로운 구원의 손길을 내민다. 우리는 신과 강하고 신성하게 연결되어 있다. 저 어딘가에 당신을 사랑하고 언제든지 당신에게 힘이 되어줄 존재가 있다. 그 깨달음을 기억하는 것은 아주 중요하다. 신의 권능은 사람들을 거치면서 힘을 발휘한다. 당신이 힘들 때 신은 누군가를 보내 당신이 사랑받는 존재임을 알려준다. 물론 바닥을 헤매는 상황에서 그 믿음을 유지하기는 어렵다. 하지만 그것이 진실이다.

인류의 역사에서 고통받는 이들은 종종 무릎을 꿇고 두 팔을 벌린 채 하늘을 바라보고 있는 모습으로 묘사되었다. 무릎 꿇는 자세는 신에게 기도하는 보편적인 표상이다. 태양의 신인 라Ra를 숭배했던 고대 이집트 사람들도 태양의 힘을 받기 위해 해를 바라보았다. 또한 태양을 향해 예를 올리는 힌두교인들은 일출 시간에 맞춰 요가를 시작한다. 태양신인 수리야Surya를 맞이하기 위한 의식인 셈이다.

그렇다면 우리는 어째서 도움이 필요하면 자연스럽게 눈이 하늘로 향하는가? 하늘에서 우리에게 빛을 내려주시는 신을 인간은 본능적으로 느끼기 때문이다. 우리는 지구 너머 저 멀리 어딘가에 우리가 겪고 있는 괴로움을 초월하도록 도와주는, 사랑과 자비로 가득 찬 누군가가 있음을 느낀다. 고대인들은 직관의 힘으로 태양이 지구에 생명을 가져다준다는 것을 알았다. 오늘날 과학도 그 사실을 인정한다. 태양 에너지가 없으면 생명이 자라날 수 없기 때문이다. 그래서 우리는 눈을 들고 저 먼 곳을 바라보며 고통이 사라지게 해달라고 도움을 청하는 것이다.

우리 위에 있는 존재는 초월적이고 우리보다 덜 무겁다. 우리는 하늘의 빛이 우리에게 닿으면 무거운 짐을 벗고 가벼워질 수 있다고 느낀다. 우리는 본능적으로 그릇된 믿음이나 생각 그리고 느낌이 우리 자신을 내리누른다는 사실을 알고 있다. 그래서 우리는 스스로 높은 곳에 올라가서 새가 땅을 내려다보듯이 자신의 문제를 내려다보고 싶어한다. 인간은 누구나 날아오르려는 열망을 가지고 있으며, 식을 줄 모르는 태양의 따뜻함은 어둠과 폭풍을 물리칠 수 있으리라는 희망을 준다. 또한 태양빛을 받으면 문제를 해결할 수 있는 긍정적인 힘을 얻을 수 있다고 믿는다. 실제로 빛을 충분히 받지 못하면 우울증을 비롯한 여러 질병에 걸리기 쉽다. 이렇듯 우리는 절대적으로 빛을 흡수하는 것이 필요한 존재다.

스스로 만들어낸 문제를 극복하고 이후의 미래를 계획하기 위해 우리 모두는 절박하게 신의 도움을 필요로 한다. 땅에 발이 묶여 눈앞의 산이 넘을 수 없는 장애물처럼 느껴질 때가 있다. 그럴 때 우리는 산 너머에 있는 가능성을 보아야 한다. 이 세상의 몰락과 새로운 탄생을 눈앞에 두고 우리는 겁에 질려 있다. 하지만 힘과 축복을 바라며 하늘을 올려다본 고대의 인류처럼, 우리도 급격한 변화를 헤치고 우리에게 안전하게 도달하는 저 위의 힘을 느낄 수 있다. 일부는 가까운 미래에 다가올 것이며, 또 많은 부분은 이미 우리를 향한 여정을 시작했다.

사실 전 세계에서 신은 절망적으로 도움이 필요한 이들에게 우리를 통해 힘을 베풀고 있다. 자원봉사자들, 여러 단체들, 교회들, 자선단체들, 정부들 그리고 개인들이 각자 세상을 치유하기 위한 성스러운 일을 하고 있다. 가난한 어린이들을 후원하고 버림받은 동물들을 돌보며 사회적 약자를 돕는 일, 이 모든 것은 절박한 도움을 바라는 이들에게 신이 우리를 이용하여 베푸는 도움의 방식이다.

1997년에 힐러리 클린턴이 창설한 '생명의 목소리Vital Voice'라는 단체를 예로 들어보자. 내가 관여하기도 한 이 단체에서는 절망적인 상황에 처한 전 세계의 여성들을 도와주고 있다. 공부를 하고 싶어도 하지 못하는 여성들, 가족을 부양하기 위해 고된 노동에 시달리는 여성들 혹은 원치 않은 결혼이나 남편의 학대를 피해 도망쳤다가 붙잡혀 고문당하거나 살해당할 위협에 처한 여성들을 돕는다.

많은 유명 인사들이 '생명의 목소리'에 힘을 보태며 가치 있는 일에 사람들의 관심을 모으기 위해 애쓰고 있다. 회원 개개인은 자신의 능력이나 인맥을 활용하여 상황을 개선할 방법을 찾고 있다. 예로 들자면 나는 자선 위원회에서 활동하는 디자이너다. 이 단체를 상징하는 메달을 디자인한다. 나는 이 단체를 위한 일을 할 때마다 정의를 위해 낯선 이들을 돕는 일에 기꺼이 나선 위대하고 성스러운 사람들의 일원이 된 느낌이 든다.

'생명의 목소리' 모임에 참석할 때마다 나는 사랑과 열정이라는 에너지를 가득 품게 된다. 긍정적으로 세상을 돕는 일에 다른 이들과 동참하면 누구나 이러한 느낌을 경험할 수 있다고 나는 진정으로 믿는다. 기름을 뒤집어쓰고 죽어가는 동물이나 학대당하고 버림받은 동물을 구하려는 노력도 그중 하나다.

　인간은 빛을 흡수하여 영양소로 바꾸는 식물과도 같다. 다만 여기서 빛이란 사랑 자체를 의미한다. 그저 얼굴을 돌려 바라보고 느끼기만 하면 된다. 우리에게 힘을 주는 사랑으로 가득 찬 영적 에너지인 태양을 그리고 심장 속으로 쏟아져 들어오는 사랑을 말이다. 보도블록의 갈라진 틈으로 솟아올라 하늘을 향해 자라나는 풀처럼, 우리를 둘러싼 환경이 아무리 우리를 가두려 할지라도 우리는 신의 빛을 받을 수 있다. 자연은 아스팔트와 돌 사이를 뚫고 자라나, 고대의 피라미드 시대로 돌아갈 것을 꿈꾸며 힘의 근원을 향해 끊임없이 솟아오르고 있다. 그리고 우리에게도 그래야 한다고 속삭인다. 파괴된 것도 사랑의 힘으로 치유의 손길을 내밀어 고칠 수 있다. 잃어버린 것도 다시금 되돌려놓을 수 있다.

　이와 관련하여 내가 가장 좋아하는 성경 속 이야기는 모든 것을 잃고도 하나님을 향한 사랑을 포기하지 않은 욥의 이야기다. 끔찍한 상실을 겪고도 욥은 엄청난 비극을 내려주신 하나님을 원망하기보다 무릎을 꿇고 회개한다. 결국 이 위대한 영웅은 더 많은 자손과 재물 그리고 행복이라는 엄청난 보상을 얻는다. 우리도 욥과 마찬가지로 상실을 겪고 나서 이전에는 생각지도 못했던 더 나은 삶을 경험할 수 있다.

　우리는 상실에 대한 슬픔 때문에 과거에 갇혀 더 나은 미래를 보지 못하는 경우가 많다. 슬픔으로 가득 찬 순간에 낙관하기란 쉬운 일이 아니다. 하지만 영적 존재에게 도움과 지원을 청하고 나면 다시 온몸으로 태양빛을 느낄 수 있다.

신이 홍수를 일으켜 곡식들과 사람들 그리고 동물들을 한꺼번에 휩쓸어버린 이야기는 여러 종교에서 공통적으로 나타나는 주제다. 노아의 방주 이야기나 길가메시Gilgamesh 서사시도 그중 하나다. 하지만 사실 홍수에 떠내려와 강가에 쌓인 침전물에는 새로운 생명이 자랄 수 있는 영양소가 포함되어 있다. 우리가 신이 내린 천벌이라 생각하는 일들도 사실은 새로운 것이 자리 잡기 위해 오래된 것이 제거되는 과정일 수 있다. 신은 결코 누구도 처벌하기를 원하지 않으며 상처 주기를 원하지도 않는다. 하지만 홍수에 잠긴 들판에서 울기만 한다면 영적 존재와 힘을 합칠 수 없다. 그런 태도는 고립된 채 지구에 대항하는 것과 다를 바 없다. 이 지구상에서 서로 도우며 환경을 파괴하지 않고 살아가려면 자연의 리듬을 받아들이고 기후의 변덕을 존중할 줄 알아야 한다. 다시 말해 변화란 삶의 한 부분이며 그에 저항해봐야 괴로움만 커질 뿐이라는 것을 받아들여야 한다는 뜻이다. 그렇게 해서 신성한 에너지의 흐름을 거스르지 않고 그것과 **함께** 나아가야 한다.

  좀 더 은유적으로 표현하자면, 우리가 세운 현대 문명은 홍수로 넘실거리는 들판에 세워진 것이며, 미래의 세계를 건설하기 위해서는 물에 띄워 내려보내야 한다. 미래의 세계란 일체감 같은 신의 이상이 지금보다 더 실현된 세계를 뜻한다. 현재와 같은 경제나 정치, 사회나 종교의 구조에서 볼 수 있는 분리되고 나누어진 세상은 신이 우리가 창조하기를 바란 세상과 거리가 멀다. 강력하고 전혀 예상치 못한 홍수나 지진, 지진해일(쓰나미) 등의 자연재해는 지구온난화의 결과인 동시에, 인간이 서로 조화를 이루며 자연과 더불어 살아야 한다는 것을 알려주는 신호다. 스스로 깨어나 신과 함께 우리 자신과 우리의 공동체를 위해 더 나은 세상을 만들어가야 한다는 의미다. 자연재해는 우리 삶의 불균형을 그대로 반영하는 거울과 같다. 도움의 손길은 다가

오고 있다. 하지만 우선 필요 없는 것을 없애야 한다. 그래야만 신성한 힘의 도움을 받아 우리가 해야 할 일을 해 나갈 수 있다.

영적인 조력이라고 해서 언제나 도움이 되는 듯 느껴지지만은 않는다. 우선 자기 내면의 문제를 파악해 자신과 세상에 고통을 초래하는 요소를 해결하는 것이 과제로 주어지기 때문이다. 처음에는 변화가 파괴적으로 느껴질 수 있지만, 시간이 지나면 자신이 저항하던 변화에서 오는 좋은 면들을 발견하게 된다. 그리고 신은 우리를 소중하게 여기지만 그 신의 뜻을 거역한 것은 다름 아닌 우리 자신이라는 사실을 뒤늦게 깨닫는다. 우리는 자신이 한 일을 두고 신을 탓하지 말아야 한다. 신은 우리가 일체감을 경험하기를 바라기 때문이다. 모든 것들과의 일체성을 자각하고, 세상 모든 사람들이 안전하게 머무를 자리와 자유를 누릴 수 있는 세상을 상상하며, 자연과 더불어 살아가는 인류가 되도록 노력하기 바란다.

우리의 실천과 신의 도움을 분리해 생각할 수는 없다. 오히려 우리가 실천할 때 신의 도움을 받을 수 있다. 우리가 할 일은 열정을 가지고 신성한 힘과 조우함으로써 신이 우리를 인도할 수 있도록 받아들이는 것이다. 우리는 신성한 창조주의 아름다운 도구이며, 마치 체스 판의 말처럼 신의 손이 우리를 인도하여 움직일 수 있도록 스스로를 맡겨야 한다. 자신의 역할에 충실하며 예전에는 몰랐던 힘과 창의력, 자비로운 마음을 가지고 일하다 보면, 내면의 두려움과 불편함도 사라지고 다시금 일체감의 힘을 믿을 수 있게 된다.

곧 풍요로운 세상이 눈앞에 펼쳐지고, 풍요로움은 전부터 그 자리에 존재해왔음을 그제야 깨닫게 될 것이다. 그 전까지는 단지 우리가 보지 못했을 따름이다. 창조와 진화에 대한 우리의 가능성이 얼마나 큰지 아는가!

일체감에 관한 세 가지 진실을 받아들이고 인간에 대한 새로운 경험에 참여하기

관찰

다음번에 화가 나고 비판적인 생각이 들 때는 그런 생각들을 멈추고 스스로에게 물어보라. "나를 화나게 하는 이런 행동을 나는 한 적이 없는가." 아무리 사소한 행동이라도 그런 적이 있다면 마음속에 새겨두기 바란다.

인류가 더 나은 방향으로 나아갈 수 있는 방법을 생각해보라. 아니면 주변 사람들이 자기중심적이고 탐욕스러운 태도를 버리고 일체감을 얻고자 노력하는 모습을 기록으로 남겨보기를 바란다. 당신 자신과 친구들, 이웃들과 가족들도 좋고 모르는 사람들도 괜찮다. 작성한 목록을 자주 들여다보라. 그러다 보면 모든 이들이 자신만 생각한다는 파괴적이고 잘못된 믿음이 줄어들 것이다. 그런 믿음에 집착하는 자신의 모습을 깨달을 때마다 그것을 떨쳐버려라.

기도

당신의 삶에서 무슨 일이 일어나든 그 상황을 잘 헤쳐 나가기 위해 당신이 해야 할 일을 알려달라고 신에게 기도하라.

두려움을 사랑과 용기로 바꿀 수 있도록 기도하고, 일체감이란 개념을 확장하도록 노력하라. 이렇게 말이다. '세상의 변화를 볼 수 있도록 도와주세요.' 문제가 생길 때마다 그것의 해결을 위해 기도하라. '제 생각과 행동이 정의롭고 공정할 수 있도록 도와주세요. 제가 평화로워지고 말과 행동에서 평화가 우러나올 수 있도록 도와주세요. 제 몸과 저를 둘러싼 세상을 존중할 수 있도록 도와주세요.' 그러면 당신이 원하는 모든 것을 이룰 수 있도록 신이 도와줄 것이다.

변화가 일어나고 있는 증거를 보여달라고 신에게 기도하라. 평등과 화합, 조화에 대한 열망, 고통을 종식하고자 하는 열망은 당신 혼자만의 이상이 아니라는 증거를 보여달라고 신에게 기도하라. 인간의 의식이 서서히 일체감을 향해 움직이고 있음을 신에게 감사하라. 그리고 당신도 이 거대한 변화에 동참하고 있다는 사실을 맘껏 느껴보라.

정부나 공동체의 지도자에게 분노를 느끼기보다 이들이 각자의 삶에서 신의 힘을 느끼고 일체감과 사랑에 눈뜨게 되기를 기도하라. 당신이 새 생명을 불러일으키는 영적 기운으로 가득 찼다면, 아직 낡고 파괴적이며 분리적인 방식에 매달려 있는 이들에게 그 강력한 힘을 나누어주라. 깨달음과 각성이 테러리스트들에게도 찾아오기를 기도하라. 그리고 아직도 분노와 잔인함, 지배욕이 당신의 일부에 남아 있다면 치유될 수 있도록 스스로를 위해 기도하라. 또 당신에게 속속들이 영향을 미치는 사랑의 힘을 추구하라.

좀 더 효과적으로 기도하는 방법 중 한 가지를 소개하겠다. 일단 하늘이 잘 보이는 곳에 자리를 잡고 자신의 딜레마에 대해 명상한다. 그리고 해결 방법을 알려달라고 기도하며 하늘을 차분히 관조한다. 그러면서 끊임없는 은총을 느껴보라. 천천히 흘러가는 하늘의 구름, 땅 위로 쏟아져 내리는 수없이 많은 빗방울, 소리 없이 바닷물을 끌어당기고 밀어내는 달의 힘을 느껴보라. 이런 신성한 영적 존재와의 소통은 아주 중요하다. 해결해야 할 일들에 매달려 모든 것을 한꺼번에 처리하려고 서두르지 말라. 우선 가만히 앉아 자연과 천국 속에 자리잡은, 신이 창조한 모든 것들을 느껴보라.

하늘을 바라보며 당신의 고민을 털어놓고 어깨의 짐을 내려놓을 수 있도록 평화를 달라고 기도하라. 이러한 몇 분간의 기도 방식에 익숙해지면 무슨 일이 닥치더라도 한결 마음이 편해진다. 기도하고 며칠 혹은 몇 주가 지나면 당신이 처했던 딜레마의 해결책이 보이기 시작할 것이다. 만약 사랑하는 사람이 세상을 떠났다면 기도 후에 그 사람의 든든한 존재감을 느낄 수도 있을 것이다. 살아서 당신과 함께했을 때 그 사람이 보여주던 격려와 보살핌 그리고 사랑을 똑같이 느낄 수도 있다. 만약 일자리를 잃어버렸다면 기도 후에 새로운 기회가 다가오거나 예상치 않게 자신에게 꼭 맞는 구인 광고를 발견할지도 모른다. 또 몸이 좋지 않다면 이러한 기도를 한 후 며칠 지나지 않아 상태가 호전되는 경험을 할 수도 있다. 기도에 대한 응답은 여러 형태로 나타난다. 기도는 아주 강력한 실천 방식이다. 그 효과를 무시하지 말기 바란다.

이렇게 하늘을 바라보며 명상하는 방법은 힘든 시간을 극복하고 우리의 손이 닿지 않는 곳에 있는 보이지 않는 영적 존재와 우리를 연결해준다. 그리고 지금까지의 생활 방식을 바꾸게 하는 자극이 된다.

행동

이 책에서 나는 여러분에게 일체감을 믿고 성취하는 데 도움이 될 만한 특정한 행동을 제안하려 한다. 우선 각 장이 끝날 때마다 자신의 해결 과제에 대한 생각을 담아 일기장에 적어보라. 또 일기장과는 별도로 자신이 해야 할 일을 담은 목록을 작성하는 것도 좋다. 목록을 다 작성하고 나면 각 목록 옆에 자신이 그 일을 실천한 날짜를 기록한다. 내가 제안한 몇 가지 행동은 지금 당장 실천하기에는 너무 버거울 수 있다. 일단 적어놓고 실천에 옮길 수 있는 날짜를 기록해놓기 바란다. 말이 쉽지 실천하기는 불가능하다고 생각하지 말라. 관찰하고 기도하고 행동하라.

내부의 변화를 실천하기 위한 든든한 조력자로서 일기장과 해야 할 일의 목록 그리고 달력, 이 세 가지를 활용하라. 더 나은 미래를 향한 변화는 내부에서 시작된다. 바로 당신에게서!

인간에 대한 새로운 경험은 그것이 탄생하는 과정에 참여하고 의식적으로 일체감을 구현하기 위해 노력하는 사람들이 충분히 모이지 않으면 불가능하다. 절망과 무력감이 우리를 아무리 무겁게 짓누르더라도 그것은 치유될 수 있다. 바로 일체감이 그에 대한 답이다. 혼란이 새로운 변화의 기회를 불러온다는 사실을 기억하라. 새로운 의식을 받아들이도록 신이 우리를 돕고 있다. 마음속의 저항을 내려놓고 당신이 이 세상을 돕기 위해 할 수 있는 일이 무엇인지 찾아보라.

다음 장에서는 두려움을 떨쳐내고 가능성을 받아들이는 일이 얼마나 중요한지 배워보자. 당신의 삶에 어떤 어려움이 찾아오더라도 삶을 더 개선할 수 있다는 믿음을 버리지 말아야 한다. 두려움을 물리치는 것, 그것이 핵심이다.

2장 두려움에서 가능성으로

> 우리는 두려움에서 도망치거나 그것을 통제하고 억누르고 그것에 저항하기보다 그것을 이해해야 한다. 즉 두려움을 관찰하고 배우고 그것에 직접적으로 부딪쳐야 한다는 말이다. 두려움에서 도망칠 것을 궁리하기보다는 두려움으로부터 배워야 한다.
>
> —지두 크리슈나무르티Jiddu Krishnamurti

인류는 거대한 불확실함과 변화의 시간에 봉착해 있다. 당신의 삶이 상대적으로 안정적이라 할지라도, 엄청난 파도가 밀려와 지금까지의 삶이 뒤집어질 듯한 불안을 느끼는 것은 당연하다. 경제 위기가 전 세계를 뒤흔들었을 때 많은 사람들이 그렇게 느꼈을 것이다. 또 지구온난화가 심각하게 지구를 위협한다고 불안해하는 이들도 많다. 2001년 미국에서 일어난 테러 사건과 2002년에 멕시코 만에서 발생한 기름 유출 사고도 마찬가지로 일종의 경고처럼 여겨졌다. 전 세계가 미쳐가는 듯한 상황에서 어찌 우리가 안전하다고 느끼고 미래를 믿을 수 있겠는가?

새로운 탄생과 변화의 시기가 두렵고 고통스러울 수는 있지만, 변화를 통해 우리는 종종 잃어버린 것을 보상하고도 남을 더 나은 기회를 얻기도 한다. 좋지 않은 상황까지 같이 쓸어가버리기 때문이다. 사실 지금까지의 걱정과 두려움, 머뭇거림을 버리고 앞에 놓인 새로운 가능성에 흥분할 수 있는 기회이기도 하다. 당신이 왜 그리고 무엇을 두려워하는지는 곰곰이 살펴보면 알 수 있다. 두려움이 힘을 얻는 이유는 당신이 두려움에 힘을 보태주었기 때문이다. 당신의 삶이 두려움에서 벗어나면, 더 나은 삶과 인간의 고통을 치유할 수 있는 기회에 기쁜 마음으로 동참할 수 있게 된다.

변화를 통해 불안 없애기

전 지구적으로 커다란 변화가 일어나고 있다는 것을 느끼며 사람들은 인류의 미래가 어디로 향할지 불안해한다. 우리의 기억만큼이나 오래전부터 믿어온 제도들은 마치 모래성처럼 불안하기 짝이 없다. 은행들과 대기업들이 무너지고 있다. 경제적으로 복잡하게 얽혀 있는 여러 나라들은 서로를 구제하느라 바쁘다. 사람들은 집을 빼앗기기도 하고, 자신이 가진 담보의 가치보다 빚이 많다는 사실을 깨닫기 시작한다. 젊은이들은 빚더미에 올라앉아 있다. 학자금 대출이나 주택 대출, 신용카드 빚만이 아니라 **국가**의 채무까지 갚아 나가야 한다. 가톨릭교회는 어린이 성추행 같은 추문 속에서 허우적거리고, 기독교는 동성 결혼 같은 사회적 이슈 때문에 갈등을 빚고 있다. 이 모든 혼돈을 떠올린다면, 개인들이 밤잠을 이루지 못하고 우울증이나 불안에 시달리는 이유를 짐작하는 것도 어렵지 않을 것이다. 그렇다. 수많은 문제가 우리를 둘러싸고 있지만 진정한 해결책도 멀리 있지 않다.

다른 이들과 마찬가지로 당신도 내부의 혼란을 잠재우려고 기분 전환용 물질(술이나, 항우울증 약, 그 밖의 다른 마약들 등)에 정기적으로 의존해왔을 수 있다. 하지만 이러한 해결책들은 잠시 효과가 있을지 모르지만 실제로는 더 큰 문제를 발생시킨다. 게다가 무의식은 당신이 두려움에 빠지거나 통제할 수 없는 상황에 부딪혔을 때 그것을 더 잘 알아차린다. '난 괜찮아'라고 생각할지 모르지만 정작 마음속 깊은 곳에서는 이런 목소리가 들린다. '너 미쳤니? 네 삶은 완전 엉망진창이야! 온통 악재뿐이라고!'

비록 삶을 화학 안정제에 의존하지는 않더라도, 끊임없이 돈이나 법적인 문제로 충돌을 일으키는 가족 중 누군가와 다툰다거나 끔찍한 범죄 뉴스를 접하게 되면 마음속 깊은 곳에 도사린 공포는 더 강해진다. 즉 단단해 보이던 땅이 발 아래로 꺼져버리는 느낌에 사로잡히는 것이다.

전 세계에서 일어나고 있는 경제적 문제들을 보고 있노라면, 우리는 자신의 재정은 괜찮은지 걱정하지 않을 수 없다. 당연한 일이다. 이 세상 모든 것들은 서로 연결되어 있고, 몰락해가는 거대한 제도를 개인이 구제할 길은 없기 때문이다. 예를 들면 많은 미국인들은 기존의 의료 제도가 이미 망가져버렸음에도 불구하고 개혁을 두려워한다(사실을 말하자면 새로운 개혁은 피할 수 없으며, 지난 수십 년간 미루어왔던 일이다).

통제할 수 없는 거대한 변화 앞에서 우리가 지녀야 할 태도는, 가능한 한 많은 것을 배우고 다른 이들과 소통하며 어떻게 적응할 것인가를 계획해서 새로운 변화가 불러올 장단점을 미리 파악하는 것이다. 하지만 불행히도 우리가 보이는 가장 일반적인 반응은 두려움과 슬픔 그리고 분노다. 모두 부정적인 반응뿐이다. 우리 모두는 좀처럼 '이대로 두는 편이 가장 좋아' 혹은 '이런 변화는 필요하지 않아'라는 환상을 버리지 못한다. 하지만 중요한 것은 삶이 변화하고 있다는 사실이다. 사람들도 변화하고 있다.

오래된 것들과 작별하고 새로운 것을 맞이하는 일에 대한 두려움은 실제 변화가 긍정적인 경우에도 마찬가지로 작용한다. 주변에 있는 모든 지인들이 나쁜 식습관을 버리고 열심히 운동한다는 말을 들었을 때, 당신은 그 소식에 기뻐하며 본받으려 애쓰는가? 아니면 죄의식과 두려움을 느끼며 스스로에게 이렇게 말하는가. '난 절대 단것과 파스타를 포기할 수 없어. 게다가 운동은 절대로 못해! 도저히 계속할 자신이 없다고.' 하지만 사실은 이보다 더 중요한 이유가 있다. '친구들이 모여서 운동을 하고 있어. 같이 하지 않는 나는 왕따가 된 기분이야.'

우리의 무의식은 비관적인 생각을 만들어내는 데 아주 능숙하다. 그래서 변화와 마주쳤을 때, 그것이 불러올 긍정적인 면을 보지 않고 저항하거나 부정적으로 반응하기 쉽다.

경고 신호

오늘날 우리 모두는 통제할 수 없는 새로운 주변 환경 탓에 삶을 변화시킬 수밖에 없다는 사실을 깨닫고 있다. 앞에서도 언급했듯이 멕시코 만 기름 유출 사고는 많은 이들에게 경고 메시지로 받아들여졌다. 이는 개별성에 대한 환상이 불러온 결과이며, 일체감을 받아들이려 하지 않는 우리의 모습을 반영하고 있다. 모든 이들의 건강과 행복보다 개인의 욕심과 욕구를 우선시하는 사람들이 많다. 환경법과 안전 절차를 무시한 BP를 비롯해 엉뚱한 곳을 바라보던 정부 그리고 석유에 대한 끝없는 욕망이 불러온 결과에 책임을 지지 않으려는 소비자까지, 많은 사람들이 인재라고 할 수 있는 사고가 일어나는 데 한몫했다. 궁극적으로는 대부분의 다른 재앙과 마찬가지로 이 또한 지나친 자아의 팽창이 원인이다. 그럼에도 불구하고 앞으로 우리가 친환경 에너지를 개발하고 석유와 가솔린을 보존하면서 화석연료를 대체할 대안 에너지를 찾아낸다면, 비슷한 위기를 예방할 수 있다.

우리 인류는, 자정 능력을 가지고 우리에게 끊임없이 자원을 베푸는 지구라는 별의 축복을 받고 태어났다. 하지만 불행히도 우리는 우리의 별을 지키지 못하고, 우리에게 주어진 것들을 존중하지 못하고 있다. 우리는 필요한 것 이상으로 바라고 있고, 가진 것을 나누고 점점 더 검소해지기보다 가진 것을 모아두는 데만 전념한다. 하지만 지구는 우리가 원하는 것을 다 생산해낼 힘이 없으며 붕괴의 조짐까지 보인다. 다행히도 탐욕과 폭식의 시대는 끝나가고 있다. 지금과 같은 속도의 소비와 이기주의로는 감당하기 어려우므로 당연한 결과다.

더 큰 스케일에서 살펴보자. 전 세계의 나라들이 재정 적자를 안고 있어 많은 이들이 이를 우려하고 있다. 이런 재정 적자는 모순을 지닌 기존 제도가 더 이상 제대로 작동하지 않음을 의미한다. 전 세계 사람들은 자신들이 바라는 삶의 스타일을 만족시키기 위해 다음 세대의 유산을 끌어다 쓰고 지구를 착취하며 연이어 나쁜 선택을 해왔다. 그동안 '빌린' 것 대부분은 이제 탕진되었고, 개인들은 빚을 갚기 위해 힘든 시간을 보내고 있다. 이 모든 것들은 우리가 저지른 과오들을 인정하고 더 나은 미래를 위해 힘쓰겠다고 약속할 때만 되돌릴 수 있다. 미래를 위해 투자하는 대신 일시적인 부유함을 위해 소중한 자원을 써버리는 등 그동안 우리는 책임지지 못할 짓을 너무 많이 해왔다.

우리 중에는 직면한 문제를 깨닫고 일어선 사람도 있다. 혹독한 기후변화와 잦은 지진 같은 사태를 무시하기는 거의 불가능하다. 우리가 오랫동안 자연을 배신해왔기 때문에 자연도 이제 우리에게 등을 돌리는 것이다. 우리의 어머니 지구는 인간의 폭력에 이제 성난 폭발로 응답하고 있으며, 자신의 절망을 점점 대규모 홍수, 지진, 허리케인으로 표출하고 있다. 나는 2009년에 2010년이 지진의 해가 될 것이라고 예언했다. 몇 달 지나지 않아 칠레와 아이티를 비롯한 수많은 지역에서 대지진이 일어났다.

이런 비정상적 자연재해를 설명하는 과학적 근거로 전 지구적 기후변화를 들 수 있다. 하지만 또 다른 이유는 우리 스스로가 지구의 균형을 무너뜨린 결과라고 할 수 있다. 신의 한 부분으로서 지구 속에 깃든 신성한 의식이 스스로 경고 신호를 보내고 있는 것이다. 이제 우리는 깊은 잠에서 깨어나 변화의 메시지를 받아들이고 진화의 기회를 붙잡아야 한다.

부정과 비난에서 각성과 책임으로

나는 도대체 누가 이토록 무책임하게 지구를 이끌어왔는지 비판하는 일에 시간을 낭비하고 싶지 않다. 망가진 부분을 인정하고 이를 해결하기 위해 각자가 무엇을 해야 할지 궁리하는 대신, 사람들은 비난받아야 할 대상을 찾아내는 데 혈안이 되어 있다. 어떤 이들은 자신이 아주 양심적으로 살아왔으므로 자신이 개인적으로 저지르지 않은 잘못의 결과를 감당해야 한다는 사실에 분노할 수 있다. 하지만 분노에는 출구가 없다. 겸손이라고는 티끌만큼도 모르는 탐욕스러운 이들에게 분노를 느끼는 것이야 이해하지만, 결국 분노는 해로운 것이며 떨쳐버려야 할 대상이다.

사실 분노와 원한 그리고 비난을 거두는 것은 쉬운 일이 아니다. 게다가 자신에게는 아무런 잘못이 없는데도 '다른 사람이 저질러놓은 난장판'을 치워야 한다니 화가 나는 건 당연하다. 받아들이기 힘들겠지만, 개인적으로 아무 잘못이 없더라도 모두에게 영향을 미치는 문제를 해결하기 위해서는 우리 모두가 나설 수밖에 없다. 우리는 항상 자신이 저지른 잘못 때문이라고 볼 수 없는 변화를 맞이하지만, 그렇다고 공포와 무기력에 자신을 맡기는 것은 자기 파괴적인 태도일 뿐이다.

우리는 흔히 문제가 생겼을 때 자신의 역할을 제대로 보려 하지 않거나, 변화의 시기를 거치며 자신이 할 수 있는 일에 한계가 있다는 사실을 잘 받아들이지 않으려 한다. 진정한 힘은 생각과 인식을 조절할 줄 아는 능력이다. 국가 차원의 경제 위기처럼 개인이 큰 영향을 미칠 수 없는 경우에는 그 사실을 있는 그대로 받아들이는 것도 한 방법이다. 그럴 때 안전한 미래를 위해 어떻게 새로운 방식으로 돈을 벌고 관리할지를 고민하는 등 가능한 범위 내에서 변화를 꾀할 수 있다.

이런 말을 하다 보니 내 고객 중에서 캐리가 떠오른다. 그녀는 퇴직연금을 주식에 투자했다가 큰 손해를 봤다. 나중에 주식시장이 회복될 때 어느 정도 만회하기는 했지만, 그녀는 퇴직 후의 재정 상태를 심각하게 걱정했다. 그리고 과거에 충분히 저축해두지 못한 것을 후회했다. 그녀는 자신이 처한 상황에서 할 수 있는 최선을 찾기보다, 자신을 이토록 불안한 상황으로 내몬 재정 전문가나 조언자들을 비난하기 시작했다. 비슷한 상황에 처한 친구들도 제법 된다는 사실은 전혀 위로가 되지 않았다. 어느 날 그녀는 절박한 기분에 사로잡혀 나에게 전화를 했다.

현재 캐리는 자기 사업을 상당히 성공적으로 이끌어가고 있다. 투자도 현명하게 잘하고 있으므로 미래도 잘 풀릴 것이라고 믿는다. 하지만 이런 스트레스 많은 상황을 헤쳐 나가느라 그녀에게 또 다른 문제가 생겼다. 건강을 돌보지 않았던 것이다. 우리는 금전적 여유가 삶을 안정시키는 상당히 제한적인 요인 중 하나일 뿐이라는 사실을 깨달아야 한다. 상남을 하면시 전체적으로 그녀의 상태를 살펴본 나는 그녀에게 신체적 문제를 치료하려면 약에 의존하기보다 더 건강한 삶의 방식을 찾아보라고 권유했다.

캐리의 미래를 들여다보면 재정적으로는 문제가 없는 듯 보인다. 하지만 건강 탓에 은퇴 후 생활을 즐길 시간이 없어 보였다. 그녀에게는 스스로 미래를 바꿀 힘이 있었다. 하지만 그러려면 돈에 대한 걱정을 내려놓고 자신의 문제를 직시할 필요가 있었다. 나는 그녀에게 진심으로 말했다. 일단 몸을 건강한 상태로 되돌려라. 자신의 불안을 다른 이에게 전가하지 않고 자신을 총체적으로 보면 더 나은 미래를 만들어갈 수 있다.

변화의 시기에는 우리 모두 확실함을 원한다. 아기를 낳기 위해 산통을 겪는 동안 우리는 얼른 아기가 나와서 고통이 멈추고 불확실한 상황이 끝나기만을 바란다. 하지만 출산의 과정처럼 변화도 하나의 과정이다. 인간은 현재 진화의 과정을 겪고 있다. 그리고 그 과정에서 되돌아가는 것은 있을 수 없으며 불편함도 피할 수 없다. 출산의 고통을 멈출 수 없으며 아기가 다시 자궁으로 돌아갈 수 없는 것처럼 말이다.

세상과 자신의 불확실함에 대해 두려워하기보다, 변화하는 상황에서 무력함과 공포를 느끼고 비난하고 부정하는 자신을 해방하는 일이 더 중요하다. 다른 사람의 잘못에만 집중하다 보면 자신의 능력을 알 수 없다. 상황을 있는 그대로 받아들이라. 그리고 앞으로 삶이 더 나아지지 않을 것이라는 부정적인 생각을 버리라. 당신은 할 수 있다.

두려워하는 저항에서 용감한 성찰로

변화에 대한 저항은 두려움에서 시작된다. 우리는 다음에 무엇이 올지 확실히 알고 싶어하며 익숙한 것에서 위로를 받는다. 문제의 심연을 보지 않고 사소한 부분만 고쳐서 만족하는 것도 바로 그 때문이다.

멕시코 만에서 발생한 엄청난 기름 유출 사건으로 돌아가보자. 대다수의 사람들이 처음에는 수면 아래쪽을 실제로 들여다보지도 않았고, 그러려 하지도 않았다. 화석연료와 심해 시추에 의존하는 우리의 방식을 바꿔야 할지도 몰랐기 때문이다. 슬쩍 수면을 훑어보고 "그렇게 심각하지 않아요"라며 단정하는 사람들이 있었다. 하지만 실상은 완전히 달랐다. 기름 덩어리가 가라앉아 바다 밑바닥에 쌓이면서 거대한 죽은 바다를 만들어내고 있었다. 우리가 보지 못한다고 해서 존재하지 않는 것은 아니다! 그럼에도 불구하고 큰 변화가 두려운 나머지 우리는 너무 자주 그런 식으로 생각해버린다. 실수하면 어떡하지? 무엇을 해야 할지 모르면 어떡하지? 상황이 더 나빠지면 어떡하지? 하지만 그것에 도전할 준비가 되지 않았다고 할지라도 두려움에 직면할 수밖에 없으며, 그 난관을 피할 길은 없다.

당신 자신도, 당신의 삶도 커다란 변화를 겪어야만 한다. 아무리 의식이 반대편을 향하더라도 더 이상 돌아갈 길이 없다는 것을 잘 아는 무의식까지 속일 수는 없다. 부정과 저항은 두려움만 키울 뿐이다. 그러다 보면 변화라는 현실을 부정하는 당신의 마음은 점점 피곤해지고 우울해질 수밖에 없다.

모든 일이 잘되고 있다고 착각하는 가면을 벗어던지면 커다란 해방감을 맛볼 수 있다. 문제에 정면으로 대응함으로써 당신 스스로에게 생각을 조절할 능력이 있다는 것을 입증하면, 문제 자체도 훨씬 더 가벼워 보일 것이다.

'좋았던 옛날'로 돌아갈 수 있다는 환상을 일단 접으면, 자신의 상황을 처리할 능력도 새롭게 생겨난다. 애써 부정했던 짐을 내려놓고 나면 변화를 감당할 **수 있다**는 희망을 느낄 것이다.

조너선이라는 남자와 얽힌 문제로 나에게 상담을 하러 왔던 앨리셔도 바로 그런 경우였다. 그녀는 완전히 그 남자에게 빠져 서로가 결혼할 것이라고 굳게 믿었다. 거의 2년 넘도록 그 남자와의 결혼을 꿈꾸어온 것이다. 그녀는 계속해서 그에게 이메일과 편지를 보내고, 초대받지도 않았는데 그의 집을 찾아가곤 했다. 그는 한 번도 화답하지 않았지만, 그녀는 그가 자신에 대한 감정이 없다는 현실을 계속해서 부정했다.

앨리셔는 마침내 나의 충고를 받아들여 조너선을 만나 단도직입적으로 자신을 어떻게 생각하는지, 자기와 결혼할 의사가 있는지 물었다고 한다. 그는 정중하지만 확고한 목소리로 그녀와 삶을 함께할 뜻이 없음을 밝혔다. 사실 그는 게이였다! 상처를 입은 그녀는 울면서 그 자리를 떠났다고 한다.

하지만 며칠이 지나자 앨리셔는 세상이 새롭게 보이는 환희를 경험했다고 한다. 자신을 사랑할 누군가를 찾지 못할지도 모른다는 두려움에 빠져 완전히 현실을 잊고 있었다는 사실을 깨달은 것이다. 그 믿음이 고통스러웠던 만큼 표면 위로 떠오른 현실을 직시하자 자유와 해방감을 느꼈다고 한다. 자기부정의 뿌리가 얼마나 깊었는지, 환상에 매달려 스스로 얼마나 많은 압박과 고통을 받았는지 깨닫고서야 잠에서 깨어났다. 그 후 그녀는 자신감 부족에서 벗어나 스스로를 존중하는 삶을 택하라는 내 말을 받아들였고, 그에 맞는 치유법을 따르기로 했다. 다른 사람들처럼 그녀도 자아의 두려움에 매달려 스스로를 부정하면서, 그것이 더 큰 고통을 야기한다는 사실을 모르고 있었다.

자신의 어려움을 인정하고 난 후에야 두려움을 들여다보고 그 원인을 분석할 수 있다. 두려움은 대부분 비이성적이며 근거가 없는 것이다. 당신이 가진 어떤 두려움이 만약 이성적**이라면** 기존의 상황에서 당신을 일깨워 문제를 들여다보게 한다는 점에서 유용하다. 그렇다고 해서 불안한 마음으로 두려움의 불꽃을 키울 필요는 없다. 당신이 가진 두려움을 극복하고 그 에너지를 변화와 진화를 향해 쏟아붓는 쪽이 훨씬 더 쉽기 때문이다.

일체감을 통해 무력감에서 실천으로

일체감은 이 우주의 자연스러운 상태다. 하지만 감각을 창조해낸 우리의 영혼은 일종의 기억상실증에 걸린 상태나 마찬가지다. 모든 개별적 존재 간의 신성한 연결고리가 영적 존재와 우리가 세상을 긍정적으로 변화시키는 데 도움을 줄 수 있다는 사실을 잊어버리고 있다는 말이다. 인간적인 두려움을 떨쳐버리고 이러한 연결고리를 다시금 기억해낼 때, 분리되었다는 느낌과 의심이라는 감정도 함께 사라질 것이다.

화합과 함께하려는 노력에 힘쓰지 않고 갈등의 씨앗을 부채질하기를 좋아하는 파렴치하고 이기적이며 겁에 질린 사람들이 많다. 사방에 존재하는 부패와 욕망 때문에 일체감을 기억해내기란 쉬운 일이 아니지만, 누군가를 손가락질하거나 자신을 무력한 희생자로 여기지 않는 태도는 중요하다. 우리 모두에게는 생각과 행동을 바꿀 능력과 책임이 있다. 그러므로 긍정적인 실천의 길을 선택할 수 있고, 그래야만 한다.

일체감이 잘 구현된 제도와 시스템이 갖추어진 더 나은 세상을 마음속에 그려보기 위해서는 두려움을 파악하고 눌리칠 수 있어야 한다. 그때 비로소 일체감이 구현된다. 두려움은 행동하지 않은 것에 대한 변명이 될 수 없다.

우리가 직면한 커다란 변화를 언급하며 지금까지의 방식으로는 세상이 굴러갈 수 없다고 내가 진단할 때마다 사람들은 크게 두 가지 반응을 보인다. 문제의 범위를 부정하거나, 낙심한 나머지 무력감에 빠져 "인간은 아마 스스로 진화해서 자신을 구원하기 어려울 거야"라고 말한다. 많은 사람들이 불확실한 미래를 정면으로 바라보기보다 비관에 빠지는 길을 선택한다. 적어도 내일을 예측할 수 있다는 안도감 때문이다. 하지만 일체감을 받아들이면 용기를, 그리고 과감하게 실천할 수 있는 힘을 얻을 수 있다. 우리가 마음가짐과 행동을 바꾸면 이 세상의 한 귀퉁이는 변화시킬 수 있다. 개인적으로 어찌할 수 없는 무력감에 빠져 그것만 생각하다 보면, 결국 낙심하고 포기하게 된다. 하지만 일체감에 마음을 기울이면, 치유를 위한 우리의 작은 행동이 미치는 영향을 느낄 수 있다. 그렇게 더 나은 세상을 만들어가는 것이다.

우리는 미래를 더 멋지게 만들 수도, 끔찍한 괴로움 속에 던져 넣을 수도 있다. 결과는 우리에게 달려 있다. 우리는 지금 갈림길에 서 있다. 우리는 서로 연결되어 있으므로, 일체감을 더 많이 받아들이고 실천할수록 진화의 속도는 빨라진다.

사실 지금이 두려운 순간이라는 것을 나도 알고 있다. 자신의 두려움과 마주 보는 것은 불편한 일이지만, 불편함도 변화하고 진화하는 과정의 한 부분이다. 당신의 두려움을 곰곰이 점검해보면 자신이 전체로부터 분리되어 있다는 잘못된 생각이 그 원인이라는 것을 알 수 있다. 또한 대부분이 근거 없는 두려움이라는 사실을 깨달을 것이다. 이성적이지 못한 두려움도 많다. 일체감은 이러한 두려움의 존재를 믿는 것이 얼마나 바보스럽고 파괴적인가를 보여주고, 그런 믿음을 더 건강한 믿음으로 바꾸어주는 힘이 있다.

일체감은 미지에 대한 공포를 잠재운다

우리는 자연스럽게 전통과 관습에 매달린다. 특정한 방식으로 살아왔으며 앞으로도 그런 방식으로 계속 살아가고자 한다. 변화는 불안과 혼란을 불러오므로 어려운 것이라고 생각한다. 무언가 더 나은 미래를 생각하고 싶지만, 마음속 깊은 곳에서는 '너 미쳤구나! 인생은 더 나아질 수 없어!'라는 뿌리 깊은 두려움의 목소리가 들려온다. 하지만 역설적이게도 변화가 불러올 가능성 때문에 우리는 변화에 이끌리기도 한다.

두려움을 내려놓으면 미래를 믿을 수 있고 자신의 힘을 믿을 수 있다는 사실을 이해해야 한다. 일체감은 알 수 없는 미래의 신비를 받아들이고 우리가 해결책을 발견할 수 있도록 도와준다. 우리는 아무런 도움 없이 버려진 외톨이가 아니며, 혼자서 더 나은 미래를 상상하고 계획할 필요도 없다.

나는 정부의 허가 없이 한 발자국도 나라 밖으로 나갈 수 없는 곳에서 자란 까닭에, 미국으로 오겠다는 꿈 자체가 내게는 표면적으로 터무니없어 보였다. 내가 살던 마을 사람들 대부분은 내가 어릴 때 품었던 야망, 특히 언젠가는 미국의 텔레비전 프로그램에 출연하겠다는 꿈에 코웃음을 쳤을 것이다. 차라리 화성에 새로운 나라를 건설하는 게 낫지! 그런데 나는 내가 속한 곳에서 원하는 곳으로 갈 방법을 전혀 몰랐음에도 불구하고, 하나님에 대한 믿음이 있었기에 꿈을 계속 간직할 수 있었다. 언젠가는 하나님이 나를 도와 기회를 주시고 도와줄 이를 내려 보내시리라는 것을 알고 있었다. 내게 주어진 영적 능력 덕분에 그 꿈이 허황되지도 않고 내가 미치지도 않았다는 것을 알고 있었다.

지금의 일을 하면서 나는 사람들에게 스스로가 직관을 개발하고 삶에서 일어나는 여러 사건과 일들이 지닌 신비로운 연관성을 깨닫도록 조언한다. 연결고리를 볼 수 있는 능력에서 오는 자신감을 다른 사람들도 경험하게 하고 싶다. 나는 종종 고객들에게 "이게 보이나요?" 아니면 "이게 이해가 되나요? 여기에 동의하세요?"라는 질문을 던지곤 한다. 내 직관뿐 아니라 **그들의 직관**에 귀 기울이도록 하기 위해서다.

내가 본 미래에 대해서 이야기하면 많은 고객들이 코웃음을 친다. 이성의 소리에만 귀를 기울이기 때문에 내가 묘사하는 상황을 도저히 상상하지 못하는 것이다. 하지만 그들은 몇 년 후 다시 나를 찾아와서 "믿지 못하시겠지만 당신이 옳았어요!"라고 인정한다. 물론 내가 본 것이 항상 실현되지는 않는다. 미래는 무수한 가능성의 세계이기 때문이다(나중에 이에 대해 좀 더 설명하겠다). 하지만 '불가능'해 보이던 미래가 실체로 다가오면 대부분은 상당히 충격을 받는다.

대개 사람들은 앞날에 큰 변화가 없으리라는 잘못된 생각을 하며 살아간다. 심지어 일상에서 기억에 남을 만한 중요한 변화를 겪으면서도 '지금부터 내 인생은 예상대로 될 거야'라는 오랜 믿음에 빠져서 살아간다. 인간의 마음은 그러한 방식으로 움직인다. 극적인 변화를 맞이하게 될 때 대부분이 충격과 혼란에 빠지는 것은 이 때문이다.

미지의 세상에 대해 불편함을 덜 느끼는 방법은 무슨 일이 일어나더라도 영적 존재가 항상 우리를 돌본다고 믿는 것이다(그렇다, 나중에 다시 좀 더 이야기하겠지만 우리는 항상 영적 존재들에게 둘러싸여 있다). 이러한 신성한 힘과 일체감 사이의 연결고리를 기억한다면, 당신이 알지 못하는 세계에 대한 두려움이 훨씬 줄어들 것이다.

신성한 힘은 당신에게 방향을 제시하고 어떤 단계로 나아가야 할지 가르처준다. 두려움으로 가득 찼던 마음을 용기와 믿음이 채우게 되고, 이제 당신은 미래에 무엇이 기다리고 있는지 기대하며 어렴풋이 내다볼 수 있는 능력마저 갖게 된다. 인생은 당망대해를 홀로 노를 저어 가듯이 고난을 헤쳐 나가야 하는 곳이 아니다. 이 사실을 깨닫는 것이 가장 중요하다. 당신이 삶의 고비에 맞닥뜨릴 때마다 마치 신실한 친구처럼 신이 당신 곁에 함께할 것이다.

상실의 두려움과 마주하다

변화를 두려워하고 거기에 저항하는 이유 중 하나는 상실을 겪고 싶지 않아서일 것이다. 하지만 당신이 포기해야 할 대상을 좀 더 자세히 들여다본다면, 그것 없이도 살 수 있다는 사실을 깨달을 수 있다.

예를 들어 내 친구 하나는 화재로 많은 것을 잃어버렸다. 잃어버려서 아까운 물건도 있었지만 한편으로는 잃어버리고 나니 오히려 해방된 느낌을 받는 물건도 있었다고 한다. 돌아가신 부모님이 물려준 가구라든지 전혀 사용하지 않지만 가지고 있어야 했던 물건들에 상당히 부담을 느꼈던 것이다. 친구는 내게 이렇게 말했다. "엄마가 물려준 보석함 없이도 엄마는 아직도 나와 내 삶의 한 부분에 연결되어 있다는 걸 깨달았어. 그저 지금까지 엄마한테 물려받은 물건들을 놓아주기가 두려웠던 거야. 엄마는 분명히 '대체 왜 그렇게 낡은 것들을 움켜쥐고 있니?'라고 말씀하실 텐데 말이지."

어떤 면에서는 우리 모두 더 이상 필요 없거나 즐거움을 느끼지 못하는 것들에 매여 산다. 오히려 그것들은 우리의 삶을 삐걱거리게 하고 내리누를 뿐이다. 여기에는 우리가 집착하고 있는 믿음이나 더 이상 우리를 위해 작동하지 않는 시스템도 포함되어 있다. 전체적으로 인류는 오랫동안 붙들고 있었던 것들에 대해 진정으로 우리가 그것을 원하는지 질문해볼 필요가 있다. 우리를 갈라놓기만 하는 종교가 진정으로 필요한가? 진정한 부를 창출한다는 환상만 부추기는 복잡한 금융 시스템과 수많은 직업들이 정말로 필요한가?

지금과는 완전히 다른 경제 시스템이나 분리에 열을 올리는 종교의 소멸, 현 감옥 시스템의 붕괴는 상상하기 어렵다. 하지만 역사를 뒤돌아보면 당시에는 터무니없이 여겨졌던 많은 변화와 상실이 사람들에게 곧 받아들여지고 자연스럽게 정착된 예를 쉽게 찾아볼 수 있다. 주로 교통수단으로 사용되던 이륜마차나 말의 시대는 끝났지만 우리는 이동에 불편을 느끼지 않는다. 유럽에서는 나라마다 개별적으로 사용하던 화폐가 대부분 폐지되었지만, 그렇다고 경제가 재앙을 맞지는 않았다. 미국에 존재했던 인종분리법은 폐지되었지만, 그 법을 그리워하는 사람은 거의 없다.

정신 차리지 못할 정도로 빠르게 변화했지만, 우리는 그 속도에 어리둥절해 있느라 아직 제대로 결과를 볼 수조차 없다. 빠른 속도에 두려움을 느낄 수도 있지만, 수천 년 동안 인류에게 고통을 준 문제들을 해결할 가능성을 드디어 발견하고 환호할 수도 있다.

이러한 긍정적 변화는 이제 더 이상 작동되지 않는 오래된 신념과 감정 그리고 행동 양식을 버리기 시작할 때 비로소 일어날 수 있다. 하지만 나는 남편과 결혼하고 미국 시민이 되면서 아무리 좋은 변화라 하더라도 반드시 어떤 형태로든 상실이 뒤따른다는 것을 깨달았다.

무언가를 잃어버리고 나면 우리는 힘들어한다. 인간은 습관의 동물이며 새로운 위험을 무릅쓰기보다 친숙한 것에 매달리기 때문이다. 자신을 열고 신성한 근원에서 흘러나오는 창의성을 허용할 때 훨씬 더 나은 사고가 가능하다는 사실을 우리는 종종 잊어버린다. 신은 우주를 창조했다. 우리 인간은 신과 더불어 괄목할 만한 사회와 예술, 문화를 창조했다. 그러니 특별한 무언가를 창조하려는 개인의 노력에 신이 왜 동참하지 않겠는가?

상실의 고통이나 새로움에 대한 적응을 두려워하면 미래로 나아가기 어렵다. 신경학자들은 인간이 두려움을 느끼면 뇌에서 두려움과 관련된 부분으로 피가 몰려 낙천성과 창의성에 연관된 부분의 활동이 크게 제한된다는 사실을 발견했다. 두려움이 우리가 꿈꾸고 상상하고 계획하는 능력을 닫아버린다. 또한 궁극적이고 혁신적이고 사랑이 충만하고 강력하고 신성한 힘이라 할 수 있는 신과 우리가 힘을 합쳐 창조해 나간다는 신성한 관념을 바로 두려움이 차단해버리기도 한다.

일체감은 두려움을 없애고 긍정과 창의성으로 우리를 연결해준다. 신이라는 존재 덕분에 사람들이 꿈을 현실화할 수 있다는 것을 알기 때문이다. 우리는 스스로가 안고 있는 문제를 혼자 해결할 필요가 없다. 해결책이 무엇인지 몰라도 된다. 결국은 우리에게 해결책이 나타날 것이기 때문이다. 신은 풍요로운 세상을 창조하지 않았는가! 도움의 손길을 확신하라.

그렇지만 도움을 받기 위해서는 당신도 맡은 일을 해야만 한다. 즉 꼭 쥐고 있던 자아를 느슨하게 풀어줄 필요가 있다. 자아야말로 당신을 나아가지 못하도록 붙잡는 것이면서, 아울러 언제나 우리 곁에 머물며 상처를 치유해주는 신성한 연결고리를 믿지 못하게 하는 방해물이기 때문이다. 자아는 내면의 변화를 방해하고, 원하는 삶을 상상하며 세상을 향해 실천하는 길을 가로막는다.

다음 장에서는 자아의 본질을 살펴보고, 어떻게 하면 자아를 조절함으로써 질주하는 비이성적인 두려움에 희생되지 않을 수 있는지 살펴보자.

두려움에서 가능성으로 방향을 전환하는 법

관찰

우리는 모두 습관의 동물이다. 습관을 싫어할 수도 있지만 그것을 멀리하는 것은 주저한다. 익숙함에서 편안함을 느끼기 때문이다.

당신에게 도움이 되지 않고 창조적인 삶을 방해하는 습관 세 가지를 한번 찾아내보라. 어떻게 해서 그런 버릇이 생겼는가? 당시에는 삶에 도움이 되었는가? 그 습관이 지금은 아무런 도움이 되지 않는다면, 앞으로의 행복을 위해 바꿀 수 있는가?

많은 사람들은 습관이 불안하고 부정적이며 두려움에 찬 생각을 불러온다는 점을 간과하고 있다. 다음번에 불안을 느끼게 되면 스스로에게 한번 물어보라. '현재 나는 무엇을 믿고 있는가?' 그리고 그 믿음을 곰곰이 점검해보라. 혹시 왜곡되고 부정적인 믿음이 아닌가? 믿음이 얼마나 사실에 가까운가? 우주와 주위 사람들에게 보살핌과 사랑을 받지 못할지도 모른다는 오래된 두려움에서 오는 잘못된 믿음이 아닌가?

그러니 어떤 형태로든 누군가에게 도움을 받게 되면 그 중요성을 모른 척하지 말고 알아차리기 바란다. 아무리 사소한 도움일지라도 그것으로 인해 당신 안에 솟아오른 긍정적 에너지를 느껴보라. 그런 다음 스스로에게 물어보라. '나에게 주어지는 애정 어린 도움을 어떻게 하면 습관적으로 알아차릴 수 있을까? 사람들이 나에게 실어주는 힘을 잘 알아차리면 무엇이 좋을까?'

일기를 쓰면 이러한 질문에 대한 답을 찾는 데 도움이 된다. 또한 두려움을 버리고 일체감을 받아들이기 위한 발전의 한 단계로서, 뒤를 돌아보며 과거에 다른 사람들의 도움에 어떻게 반응했던가를 되짚어보는 것도 좋다.

기도

매일매일 우리는 다른 사람들의 끔찍한 상실을 보고 듣는다. 가끔 그것은 너무나 압도적이다. 텔레비전을 켜면 우리는 몇 분도 지나지 않아 누군가의 비극적 소식을 듣는다. 깨닫지는 못하지만 지속적으로 들려오는 나쁜 소식은 우리에게 영향을 미친다. 마치 독약과도 같은 두려움과 걱정 그리고 불안을 불러일으킨다. 다른 사람의 고통을 듣게 되면, 똑같은 일이 자신에게도 일어날 수 있다고 생각하기 때문이다.

이러한 무력감과 절망, 비관적 느낌들을 떨치려면 고통을 겪고 있는 이들을 위해 기도하라. 매일 기도해주고 싶은 사람들의 목록을 작성해보는 것도 좋다. 가령 이웃이 직장을 잃었다면, 내 아이와 같은 학교에 다니는 어떤 아이가 약물치료를 받는 중이라면 이들을 위해 매일 기도하자. 사랑과 빛 그리고 희망이 이들의 삶에 깃들기를, 이들이 고통에서 놓여나기를, 신의 손길을 느낄 수 있기를 기도하자.

자신을 위해서도 기도하자. 당신이 경험한 상실과 불확실함 속에서도 희망과 낙천적 태도를 잃지 않도록, 결국에는 모든 일이 잘되도록 인도해달라고 기도하자. 확신을 달라고 기도하라. 그러면 응답을 받을 것이다.

자신과 다른 사람을 위해 기도하다 보면, 모든 인류와의 그리고 신과의 연결고리를 느낄 수 있다. 모든 생명과의 신성한 연결고리뿐 아니라 다른 이들에게 사랑과 기쁨, 치유를 불러올 수 있는 자신의 능력도 깨닫게 될 것이다. 이렇게 위로와 힘을 얻어 마음속에 있는 두려움을 깨달으면 그 두려움을 더 쉽게 극복할 수 있게 된다. 또한 단지 다른 사람을 위해 기도하는 것만으로도 훌륭한 일을 한 듯한 만족감을 느낄 수 있다. 자신과 타인 모두에게 해롭기만 한 부정적인 감정을 표출하는 대신, 아름답고 치유의 힘으로 가득 찬 에너지를 보낸 것이나 다름없으니까.

행동

눈앞에 닥친 문제만 생각하다 보면 두려움과 무력함을 느끼기 시작한다. 하지만 아무리 사소한 방식이라도 일단 행동에 나서면, 그러한 감정들은 금세 사라지고 당신도 낙천적으로 변할 것이다. 해변에서 죽어가는 불가사리 이야기를 해볼까 한다. 한 남자가 해변을 걸어가면서 불가사리를 한 마리씩 바다에 도로 던지고 있었다. 그때 다른 남자가 다가와 그에게 물었다. "그게 무슨 소용이오? 해변에는 죽어가는 불가사리가 수천 마리도 넘게 있는데, 몇 마리 살린다고 무슨 차이가 있겠소?"

그러자 남자가 대답했다. "불가사리한테는 차이가 있지요." 그뿐 아니다. 불가사리를 살려주는 사람에게도 차이는 있다. 다시 말해 상황을 개선하기 위해 어떤 일을, **무슨 일이든지** 하다 보면 두려움과 무기력에서 빠져나와 희망을 가질 수 있기 때문이다.

처음에는 해변에 혼자 서 있다고 느껴지더라도, 다른 사람을 위해 행동하다 보면 자신이 혼자가 아니라는 사실을 깨닫게 된다. 당신이 행동을 시작하면 지나가던 낯선 이도 길을 멈추고 당신에게 합류한다. 한 사람이었던 것이 아주 빠르게 여러 사람으로 늘어나고, 그들 전체의 힘이 당신에게 계속 행동할 수 있는 용기를 줄 것이다.

수표에 기부금을 쓰느라 소비하는 몇 초 이상으로 다른 사람을 도울 수 있는 방법을 찾아보라(물론 기부도 해야 한다). 당신이 걱정하는 문제, 두려움과 비관적인 생각을 일으키는 문제들이 무엇인지 파악해보라. 오늘 밤 잠자리에 들기 전, 삶을 바꾸기 위해 당신이 할 수 있는 일이 무엇인지 생각해보라.

이미 그런 방식으로 문제 해결에 나섰거나 당신에게 고무되어 같은 일을 시작하려는 사람들을 만난다면, 더욱 신나고 열정적으로 실천해갈 수 있을 것이다. 신은 당신이 가는 길에 필요한 사람과 수단을 마련해준다. 이는 바로

> 일체감의 힘이기도 하다.
>   당장 오늘 시작하라. 변화를 위해 할 수 있는 일을 찾아보라. 그리고 생각을 멈추고 행동하라.

그러면 이번에는 두려움의 진원지라 할 수 있는 자아의 본성과 역할에 대해 살펴보자. 우리 모두에게는 자아가 있다는 사실을 명심하라. 자아라고 해서 다 나쁜 것은 아니다. 나중에 확인하겠지만, 실제로 자아는 우리 삶에서 중요한 기능을 담당한다. 또한 놀랍게도 하나의 집단이 하나의 자아를 공유하는 경우도 있다. 다음 장에서 이에 대해 다룰 것이다. 어떻게 하면 자신의 자아와 집단의 자아 사이에서 균형을 잡을 수 있을지 그리고 집단의 자아의 강한 자력에 저항하며 두려움을 넘어서는 힘을 얻어 일체감을 신뢰할 수 있을지를 배워보자.

3장 움켜쥔 자아 풀어주기

> 인간은 '우주'라 부르는 전체의 한 부분이며, 시간과 공간에 제한을 받는다. 인간은 일체의 다른 존재들과 분리된 것처럼 경험하고 생각하고 느끼는데, 이는 의식이 만들어낸 일종의 시각적 환상이다.
>
> ─앨버트 아인슈타인Albert Einstein

이 지구상의 모든 개체와 마찬가지로 우리도 유한한 개별자인 동시에, 더 큰 우주적 의식의 한 부분을 지닌 영원한 영혼이다. 우리가 일체감을 받아들인다는 것은 후자에 눈뜨고 신성함과 회복의 힘을 지닌 모든 존재와의 연결고리를 깨닫는다는 뜻이다. 신적인 힘과 우리를 지켜주는 천사, 우리를 돌보는 영적 존재, 우주와 자연, 모든 인간과 생명체들은 서로 연결되어 있다. 우리는 언제라도 이 개체들에게 도움을 청할 수 있고, 이들은 그 부름에 답할 것이다.

자신의 신성한 본성을 깨달으면 우리는 성취감과 조화 그리고 용기를 경험할 수 있게 된다. 또 우리가 자아에 사로잡혀 끝없는 공포에 시달리느라 깨닫지 못했던 창의성과 기회, 가능성을 볼 수 있다.

한편으로 오로지 물리적 자아에만 집착하고 일체감을 모른 척한다면(좋은 생각일지는 모르지만 이는 환상일 뿐이다) 우리는 이 잔인하고 매정한 세상에서 길을 잃고 외롭게 헤맬 것이다. 다시 말해 자아가 의식을 지배함으로써 스스로 지옥을 만들어내는 것이다.

지옥은 당신이 신으로부터 그리고 신의 현현顯現인 만물과의 신성한 연결고리로부터 분리되어 있다는 거짓된 관념에서 비롯된다. 문학작품이나 종교에서 지옥은 죄를 지은 영혼이 천국으로 가지 못하고 저주받으며 사는 곳으로 묘사된다. 물론 엄청난 상상과 비유를 동원한 해석이기는 하지만, 지옥은 실제로 존재한다. 우리가 우주라는 거대한 의식의 일부분이라는 사실을 잊고 자아가 모든 행동을 지배하도록 내버려둘 때 지옥이 탄생하는 것이다.

자아Ego라는 단어는 라틴어로 **나**라는 뜻이다. 우리 모두는 스스로를 개별자라고 느끼므로 자아가 있다. 자신을 분리된 존재로 느낀다는 것은 자신의 '자아'에 침잠되어 있다는 의미이며, 자아가 지나치게 강해지면 자신의 진정한 본성을 볼 수 없게 된다.

하지만 자아에도 긍정적인 면이 있다. 스스로가 어떤 점이 특별한지 볼 수 있게 해주고, 유한한 존재인 자신의 안전과 생존에 공헌한다. 만약 자아가 없다면 자신을 돌볼 능력도 없을 것이다. 그러므로 어떤 면에서 자아는 우리에게 핵심적인 요소다.

하지만 자아가 유일한 정체성이라면 또는 의식을 온통 지배한다면 문제가 있다. 일체감은 균형에 관한 것이어서, 개인으로서의 정체성과 전체의 일부분이라는 정체성 사이의 균형도 한몫을 담당한다. 자신이 삶이라는 거대한 직물 속에 짜인 영원한 영혼이라는 사실을 잊어버리면, 자아는 우리를 끔찍한 단절 상태로 이끈다.

우리의 자아는 머릿속에서 끊임없이 비관적인 목소리를 낸다. 자신의 정체성을 잃어버릴까 두려워하는 비이성적인 면이 있기 때문이다. 고유한 기억과 생각, 관념과 재능을 지닌 개체가 아니라면 나는 도대체 무엇인가? 나의 의식이 우주적 의식에 완전히 지배당하면 어떡하지? 자아는 이런 불안에 사로잡혀 있다.

우리의 자아는 존재의 개별적인 면이 영원한 의식과 언제나 함께한다는 사실을 이해하지 못한다. 인생의 동반자를 처음 만났던 순간의 떨림과 사랑에 빠졌을 때의 느낌은 영원히 잊지지 않는다. 죽는다고 해서 그런 의식이 사라지지는 않는다. 다른 사람들이 종종 조언을 요청하는 당신의 사려 깊은 성향이나, 친구들이 낙담하여 기운이 필요할 때 그들의 짐을 덜어주는 당신의 유머 감각은 그대로 유지된다. 당신이 일체감을 깨닫고 자신의 의식이 집단의 의식의 한 부분이라는 것을 느낀다 해도, 당신에게 주어진 재능과 정체성은 사라지지 않는다.

자아에서 비롯된 두려움은 비이성적이다. 당신은 자아와 더 큰 전체 간의 아름다운 균형을 찾을 수 있을 것이다. 둘은 모두 빛을 내뿜으며 어느 한쪽이 다른 한쪽에 굴복하지 않는다. 그런 균형을 찾으면 자아 때문에 생겨나는 불안을 잠재우고 일체감을 감싸 안기가 더 쉬워진다.

자아의 목적

자아의 가장 기본적인 목적은 생존이다. 인간은 강력한 생존 본능으로 무장하고 있었으니, 그에는 타당한 이유가 있었다. 인류라는 종으로서의 발전 초기에 인간은 험악한 환경에서 살아남기 위해 거의 모든 시간을 쏟아야 했다. 직관과 이성적 능력을 동원해 인간은 도구와 불 그리고 사회적 유대라는 생존 수단을 찾아냈다. 이를 통해 위험과 죽음을 더 쉽게 피할 수 있게 되었다.

우리는 위험이 닥치면 살아남기 위해 재빨리 반응할 수 있는 신체 구조를 갖추어야 했다. 그 결과 인간의 뇌는 위험을 자동으로 인식하고 부교감신경을 작동해 '싸우거나 도망치거나fight or flight' 둘 중 하나로 반응하도록 형성되었다. 위험하다고 느껴지는(그 위험이 실재하지 않을 수도 있지만) 상황 앞에서 인간의 몸은 심장박동 수가 빨라지는 반응을 보인다. 호흡은 얕아지고 두뇌의 명령에 따라 스트레스 호르몬이 혈관으로 분비된다. 이 모든 생리학적 반응은 인간이 생존을 위해 재빨리 달아나 숨을 곳을 찾든지 아니면 싸우든지 할 수 있는 힘을 제공한다.

현대사회에서는 인간의 직관이나 인식 능력이 변화하는 환경에 적응하는 데 사용되도록 요구받는다. 우리에게는 아직도 빙하기를 견딘 인간의 정신력이 있지만, 한편으로는 '싸우거나 도망치거나'라는 상황을 두려워한다. 정말로 절박한 상황에서는 생각할 시간조차 없다. 번개처럼 움직여야 한다!

다른 많은 사람들처럼 당신도 닥쳐올 위험에 대해 지나치게 생각하는 버릇이 있을 것이다. '싸우거나 도망치거나'는 일상에서 거의 사용할 일 없는 비상사태이며 일시적인 상황이다. 그럼에도 불구하고 사람들에게 겁을 주어 행동을 부추기려는 의도로 제작된 광고나 텔레비전 프로그램을 보고 나면, 당신의 자아는 위험을 느끼고 몸도 그에 따라 반응한다. 부정적인 생각과 두려움이 발동하여 마치 폭풍 속에 내던져지거나 야생동물에게 쫓기기라도 하는 듯이 '싸우거나 도망치거나'의 증세를 연쇄적으로 일으킨다.

하지만 현실적으로 '위험'은 그저 당신의 머릿속에만 존재할 때가 많다. 그러니 이러한 즉각적인 반응의 사슬을 끊고 불안함에 굴복하는 습관으로부터 자유로워지기 위해 의지의 힘을 작동시켜보면 어떨까? 삶에 스트레스가 얼마나 줄어들지 상상해보라.

자아는 허약한 척 자주 엄살을 피우는 경향이 있다. 그런 자아가 당신의 의식을 지배하도록 내버려두면 마음은 공포를 정당화하고 부풀리는 생각들로 가득 찰 것이다. 고객들에게 인지 요법을 사용할 때 나는 중요한 요소를 꼭 상기시킨다. 위험할지도 모른다는 조그만 신호라도 보이면 우리의 마음은 금방 안전하다는 의식을 버리고 위태로워진다는 점을 일러두는 것이다.

이러한 반응이 시작됨과 동시에 우리는 과거의 무서웠던 기억을 떠올리거나 미래에 닥칠 상황을 상상하기 시작한다. 그러면 도처에 '위험' 요소가 깔려 있는 듯 보인다! 그 결과 당신의 몸도 '싸우거나 도망치거나'의 자세를 유지하며 좀처럼 진정되지도, 안정되지도 못한다. 그리고 그와 함께 찾아오는 걱정과 두려움, 분노가 당신의 건강과 행복을 서서히 좀먹는다. 게다가 스트레스로 인해 정신 장애나 소화 장애, 만성 통증, 암 같은 병에 걸릴 수도 있다. 이런 해로운 증상들은 자신의 자아를 점검할 때만 멈출 수 있다.

자기중심주의와 자아도취

자아에게 지배당하는 인생은 만성적인 두려움으로 가득 찬 투쟁과 갈등의 연속일 것이다. 그런 상황이 계속되면 감정적으로 조금이라도 힘들다고 느껴지는 상황이 왔을 때 무조건 도망치려고 한다. 그리고 세상으로부터 부당하게 대접받고 있다고 느끼며, 세상이 가장 공격적인 사람들만 살아남는 곳이라 여기게 된다. 마음은 예상 가능한 방향으로만 반응하고, 현실감은 왜곡된다.

안전에 대한 강박관념에 사로잡히거나 자신의 세계를 통제할 수 있다는 잘못된 믿음에 빠지면(그래서 고통을 피할 수 있다고 생각하게 되면) 그것이 진정한 문제의 시발점이다. 자신이 이미 누리고 있는 행복과 안전을 잊어버리고 서서히 자아도취에 빠져, 모든 것을 통제하려는 거만한 행동을 하기 시작한다. 인정하기 어렵겠지만, 자기중심주의와 두려움은 인간성의 일부분이다.

주위를 둘러보라. 종종 그렇게 올바르고 점잖고 겸손해 보이는 사람도 자세히 들여다보면 겁에 질려 사는 경우가 많다. 이들의 생각은 자아에게 지배당하고 있을 뿐 아니라, 이들의 가슴속은 두려움과 분노로 가득 차 있다. 요한계시록을 보면, 사탄도 한때는 천사였다. 하지만 자아가 지나치게 강한 나머지, 모든 것을 통제하려 들다가 결국 천국에서 추방되었다고 한다. 이는 자아를 제대로 통제하지 못하면 자신이 만든 지옥으로 떨어질 수 있다는 은유이기도 하다.

자아도취에 젖어 있는 사람은 다른 사람이나 상황들을 자신의 안전을 보장하는 도구나 자신에 대한 위협으로 여긴다. 형제애도 불가능해진다. 왜냐하면 자아도취에 젖은 사람은 자신이 다른 이들을 자신과 동등하게 대할 수 없음을 스스로 깨닫기 때문이다. 다른 이들을 자신과 동등하게 대하는 것은 통제에 대한 환상을 마지못해 넘겨주는 행위라고 여길 것이다. 자아도취가 심해지면, 자신의 진정한 자아로부터 너무나 멀어진 탓에 다른 이들을 부당하게 대하더라도 어떠한 후회도 느끼지 않고 자신의 행동을 정당화한다. 다행히도 대부분의 사람들은 **어느 정도** 일체감에 대한 의식을 가지고 있어서 그런 지경에 이르지는 않는다. 인생이 생존 투쟁의 장만은 아니라는 인식을 어렴풋이나마 공유하고 있기 때문이다. 대부분의 사람들은 '나와 세상'의 대결 구도로 삶을 대하는 것이 본능적으로 옳지 않다고 느끼며, 신의 창조적인 힘을 표현하고 확장하려면 협조가 필요하다고 생각한다. 다른 사람을 부당하게 대할 때 우리는 죄의식과 슬픔을 느끼는데, 이는 사람들을 두려움과 이기심으로부터 구제해 일체감을 깨닫게 하려는 신의 뜻이기도 하다.

우리의 양심은 영원한 영혼의 목소리다. 일체감을 받아들이고 악업을 쌓지 않게 해주며 삶을 온당한 방향으로 이끈다. 우리를 지켜보고 사랑하는 신과 영적 존재는 신성함과 치유의 에너지가 넘치는 연결고리를 우리 스스로 깨닫도록 지속적인 신호를 보내고 있다. 어떤 가치도, 성취감도, 행복도 찾아볼 수 없는 자아의 텅 빈 사막에서 외로이 헤매지 말고 천국으로, 울타리 안으로 돌아오라고 신이 우리를 부르고 있다.

성경에서는 예수님의 입을 빌려 탕자의 우화를 들려주고 있다. 그 우화에는 아무리 우리가 신으로부터 멀어지더라도 여전히 신은 조건 없이 우리를 사랑하고 있으며 안전함과 사랑, 보호와 즐거움이 있는 삶으로 우리를 이끌고 싶어한다는 메시지가 담겨 있다. 신은 우리를 꾸짖거나 처벌하기를 원하지 않는다. 탕자의 아버지인 하나님은 사랑과 보호로 가득 찬 자신의 품으로 우리 모두가 돌아오기를, 그래서 우리 스스로가 만들어낸 고통을 끝내기를 바라신다. 자아에게 끌려 다니는 한, 그것을 이루는 것은 불가능하다.

자아노취는 녹약이나 다름없다. 외로움이라는 감정을 불러일으켜 사람들을 마약 중독이나 섹스 중독 혹은 사악하고 잔인한 게임 중독에 빠뜨린다. 사람들은 혼자라는 외로움을 잊기 위해 그런 일들을 탐닉한다. 이런 사람들을 보게 되면, 고통받는 이들 안에 깃든 착한 영혼을 발견하고 연민을 느껴보라. 자신 속에 깃든 자기중심주의를 발견하면, 그것을 없애기 위해 노력하고 스스로를 용서해보라. 기도와 명상으로 신에게 다시 돌아오라. 신의 신성함과 치유 에너지를 실제로 느낄 수 있도록 기도하라.

인간성의 변화를 앞당기고 스스로 힘과 평화를 느끼고 싶다면, 자아도취와 부정의 세계로 자신을 이끄는 지나친 생존 본능을 가라앉힐 필요가 있다. 명상과 지속적인 훈련이 두려움에 가득 찬 반응을 늦추는 효과는 있겠지만, 완전히 없애지는 못한다(위험한 순간에 보호 작용을 하므로 긍정적인 면도 있다). 하지만 두려운 상황에서 뇌가 즉각적으로 반응한다고 해서 이에 흥분하거나 달아나려는 태도는 자제할 필요가 있다. 두려움이 느껴지면 그런 감정이 과연 정당한지 아니면 그저 자동적이고 왜곡된 반응인지 마음속을 찬찬히 탐색해보라.

영혼의 그림자

우리의 정신 깊은 곳, 깨어 있는 의식의 빛이 닿지 않는 곳에는 자아의 두려움을 살찌우고 자아가 과민하게 반응하도록 만드는 믿음이 도사리고 있다. 우리 모두에게는 자아 속에 불편한 진실과 믿음을 감추고 있는 그림자가 깃들어 있다고 심리학자 카를 융Carl Jung은 이야기했다. 그런 생각이나 느낌은 스스로가 야기하는 고통을 두려워한 나머지, 정신의 어두운 골방에 처박혀 있다.

우리는 자신이 부족하거나 멍청하다고 생각되면, 자신에 대한 깊은 슬픔과 분노 그리고 부끄러움을 느낀다. 이때 자아는 그러한 느낌을 점검하고, 과연 어디서 그런 느낌이 왔으며 그것이 진정한 느낌인지 살펴보아야 한다. 하지만 자아는 오히려 공포에 쫓기다 못해 그림자 속에 숨고 만다. 그리고 의식이 깨닫지 못하거나 보지 못하는 무의식 속에서 잘못된 믿음은 두려움과 분노를 더욱 키운다. 이런 파괴적인 생각을 우리는 치유해야 한다.

당신의 무의식을 샅샅이 뒤져 사랑과 깨달음의 빛을 어두운 구석에 비추면, 고통을 불러온 요인을 없앨 수 있다. 대체로 고통은 잘못된 믿음에서 시작되는 경우가 많지만, 혹여 그 믿음이 사실이라 할지라도 그 안에서 의미를 찾을 수 있다.

당신의 의식 깊은 곳에는 자신을 주위 사람들과 비교해 스스로가 바보스럽다고 여기는 마음이 있을지도 모른다. 하지만 깨달음의 빛은 그런 마음이 잘못되었음을 밝혀준다. 오히려 자신이 얼마나 영리한지 알 수 있을 것이다. 관습적인 의미에서 영리하다는 뜻이 아니라, 자신만의 독특한 방식으로 영리하다는 것을 자각할 수 있다는 말이다. 학자가 될 만큼 지성이 충만하지는 않지만, 학자가 되려다 좌절한 다른 사람에게 용기와 즐거움을 줄 재능은 가지고 있을지도 모른다.

우리는 모두 어떤 형태로든 재능을 지니고 있으며, 재능이 한 가지뿐이라고 부끄러워할 필요는 없다. 사랑은 그 자체로 빛을 발하며, 숨겨진 자신의 내면을 부드럽게 살피다 보면 우리의 내면은 비판이 아닌 연민으로 가득 찰 것이다.

당신의 믿음이 무엇이든 그림자 속에 가두려 하지 말라. 믿음을 표면 위로 드러내어 그것을 탐색하고 분석해야 한다. 그림자 속에 빛을 비추다 보면, 스스로 부족하고 열등하다는 의식으로 스스로를 부끄럽게 혹은 무가치하고 두렵게 만들던 거짓이 어느덧 사라져버린다. 동시에 당신만의 '골방'에 잊힌 채

처박혀 있던 멋진 품성이 광채 속에 드러날 것이다. 아름다움이나 높은 가치, 고유한 힘처럼 자신에게는 없다고 믿었던 당신의 장점들 말이다.

일체감을 받아들인다는 말은 그림자 속에 있는 것들을 의식적 깨달음과 결부한다는 뜻이다. 숨겨진 보석을 찾고 낡아 부서진 마음속 가구(감정)에 빛을 드리우기 위해 어두운 구석에 조명등을 들이대보라. 버려야 할 것이 부모님이나 할아버지, 할머니로부터 물려받은 정신적 유산일 수도 있지만, 찾아낸 이상 쓰레기통으로 곧바로 보내버려야 한다.

마음속 골방을 청소하다 보면, 필요 없는 것들을 없앨 수 있고 잊었거나 깨닫지 못한 자신의 멋진 품성을 다시금 찾아낼 수 있다. 잃어버렸던 자신에게 돌아오면서 일체감과 치유의 감각이 되살아날 것이다. 그리고 소중한 보석처럼 아름다운 모습으로 돌아갈 것이다.

그림자와 비밀은 자아의 두려움을 살찌우는 내면의 야수이므로 이들을 길들여야 한다. 그리스 신화에 나오는 테세우스처럼 미로로 들어가 내면에 깃든 끔찍한 야수인 미노타우로스를 만나 죽여야 한다. 어둠 속을 뚫고 들어가지 않는 한, 괴물은 사라지지 않는다.

그렇다면 어떻게 어둠을 뚫고 들어가 괴물을 없앨 수 있을까? 연민과 이해가 있으면 가능하다. 연민과 이해가 마치 동화에서처럼 미노타우로스를 왕자나 영웅으로 변모시킬 것이다. 통제하기 어려운, 야수 같은 당신의 자아는 두려움에 맞설 내면적 힘과 어두운 내면에 빛을 비출 용기에 힘입어 길들여질 것이다. 지금까지 억눌러온 머릿속 문제와 직면했을 때, 미노타우로스는 더 이상 물리치기 힘든 강적이 아닐 것이다.

집단의 자아

앞에서 설명했듯이, 우리의 자아는 위험에 처하면 도망치거나 싸우라고 종용한다. 또한 자기를 보호하는 방편 중 하나로 여럿이 모여 문제를 해결하기 위해 머리를 맞대기도 한다. 이러한 정신적 태도는 초기에 인류가 살아남는데 크게 기여했다. 집단을 찾는다는 것은 개인의 안전을 도모하기 위해 집단을 필요로 한다는 의미다.

당신이 속한 집단과 다른 집단을 분리해서 인식한다는 것은 개인의 자아와 집단의 자아를 동일시한다는 뜻이다. 다시 말해 살아남기 위해서는 자신이 속한 집단이 다른 집단을 지배하는 것을 당연시한다.

이러한 상황에서 당신이 중요시하는 것은 자신과 자신이 속한 집단의 이익뿐이다(당신은 자신에게 필요한 것과 집단에 필요한 것의 차이를 알지 못한다). 이러한 사람들의 모임은 가족일 수도 있고, 회사 내의 부서일 수도 있으며, 자신이 속한 인종이나 종교일 수도 있다. 어떤 집단이든 그 집단에 소속되지 않은 사람을 이방인으로 취급하고 수상한 시선으로 받아들인다. 또한 차이점만 집중적으로 보려 하고, 차이에서 느끼는 두려움 탓에 곧바로 '이방인'과 어울리는 일에 피곤을 느낀다. 불행히도 그러다 보면 이러한 '외계인들aliens'(우리가 외국 이민자나 외국인을 지칭할 때도 지구를 '침략'하는 외계의 존재를 의미하는 외계인이라는 표현을 종종 사용하는 것은 상당히 흥미롭다)을 경계하게 되고, 당신이 이들을 적대시하듯이 그들도 **당신의** 집단을 똑같이 대할 것이라는 믿음에 빠져버린다.

하지만 일체감의 범위 안에서 우리는 자신이 속한 집단과 자신을 좀 더 신중히게 바라볼 수도 있다. 개인석인 정체성을 느끼기는 하지만, 자신이 다른 이들보다 더 훌륭하거나 중요한 인물이라고 생각하지는 않는다. 또한 자신의 집단이 더 우월하다는 의식 없이 집단의 정체성을 자각할 수 있다. 일체감에 대한 이해가 자리잡으면 어떤 방식으로 분류되었든 상관없이 자신과 다른 이들 사이의 공통점을 볼 수 있게 된다.

집단의 자아는 본능적이다. 단체 모임에 나가면 사람들은 본능적으로 다른 사람들이 무엇을 입고 어떻게 행동하는지(내가 너무 화려하거나 촌스러운 옷을 입은 건 아닐까?), 또 자신이 그곳에 어울리는지(사람들이 모두 술을 마시고 있나? 정치에 대해 얘기해볼까? 텔레비전으로 스포츠 중계를 볼까?) 살피게 된다. 그리고 아는 사람이 없는지 곧장 둘러보게 된다. 만약 아는 사람이 없으면, 접근할 만한 사람이 있는지 혹은 자신과 비슷하거나 관심사가 비슷해 보이는 사람이 있는지 찾게 된다. 우리 **모두** 그렇게 산다.

하지만 이러한 자아 표현 방식에는 문제가 있다. 불안하거나 의심스러운 상황에서 스스로를 통제하지 못할 경우, 파괴적으로 변하거나 자아도취에 빠지기 쉽다는 것이다. 자신이 보호받고 있다고 느낄 수도 있다. 하지만 사실은 자신이 그 집단의 일원임을 확인하고 싶은 것뿐이다. 이러한 행동의 근저에는 두려움이라든지 자신보다 더 힘센 집단에 속해 살아남고자 하는 갈망이 도사리고 있다. 자신이 속한 '부족'이 도움을 주리라고 생각하고 부족의 힘이 강해지기를 바란다.

현실 세계에서 집단의 자아는 차별적인 성향이 있다. 그래서 '우리가 너희보다 나으니까 나 또한 당신보다 나아'라고 생각하게 만든다. 집단 학살이나 전쟁은 이러한 정신적 태도의 극단적인 표출이지만, 우리는 실제 삶에서도 이러한 일을 종종 경험하곤 한다. 가령 자신보다 격이 떨어진다는 이유로 이

웃과 관계 맺기를 꺼리하는 경우가 있지 않은가. 아니면 다른 사람이 속한 집단의 자아에 의해 피해를 볼 수도 있다. 학교에서 당신의 자녀가 '다르다'는 이유로 따돌림당한 경험이 있을지도 모른다.

이러한 행동으로 악업을 쌓기 전에 우리는 자기중심적인 생각의 밑바탕에 두려움이 도사리고 있다는 사실을 기억해야 한다. 다른 사람을 볼 때 당신은 두려움을 느끼지 않는다고 생각할지 모른다. 하지만 자아는 자신이 강하고 중요하고 우월하다고 느끼기 위해 그 두려움을 독선적인 분노와 판단으로 바꾸어버린다. 그럼으로써 그 감정을 위장한다. 그러므로 자신이 타인에게 독선적인 태도나 적대감을 드러낼 때는 그것이 두려움의 표현이라는 사실을 잊지 말라.

자신의 못난 행동을 인정하기는 어렵지만, 우리 모두는 가끔씩 자아의 손아귀에 사로잡힌다. 자신이 남들과 다르고 자신이 속한 집단이 자신을 열등하게 볼까 두려워 우리는 부정적으로 행동하기 쉽다. 이런 두려움은 우리가 사랑으로 정복해야 할 야수와도 같은 것이다.

희생자적 태도

집단의 자아가 너무 강하면 우리는 자신의 문제를 지나치게 집단의 문제와 동일시하고 '희생자적 태도'를 키우는 우를 범할 수도 있다. 즉 살면서 어려운 상황에 대처하는 힘(단지 태도를 선택하는 힘에 불과하더라도)을 지닌 자신을 대견해하기보다 자신의 무력감에 사로잡히기 쉽다.

궁극적으로 이러한 경향은 분열적이고 파괴적인데, 불행히도 요즘에 상당히 광범위하게 퍼져 있다. 의사소통 기술이 발달하면서 우리는 집단에 쉽게 가입할 수 있게 되었다. 또한 자신과 다른 사람들의 차이를 더 자주 느낄 수 있는 환경에서 살다 보니, 그것이 자아를 더 촉발했다.

집단의 자아에 사로잡히면, 문제가 생겼을 때 자신의 능력을 이용해 문제를 파악하기보다 외부 요인으로 책임을 돌리기 바쁘다. 예를 들어 미국은 다른 나라보다 에너지를 많이 소비하고 있다. 그러나 미국인과 대화를 하면서 가끔 이런 사실을 지적하면, 상대는 그 사실을 수긍하는 대신 대체로 중국이나 인도 같은 신흥 에너지 소비국을 들먹이며 이렇게 비난하곤 한다. 지구의 자원을 보존하려면 **저쪽 집단**이 먼저 행동을 시작해야 해!

우리는 자신에게 이렇게 물어야 한다. "이런 비판이 사실일까? 내가 더 잘할 수 있을까? 우리 집단이 잘할 수 있도록 내가 도울 일이 있을까?" 그러나 우리는 대부분 타인을 비난함으로써 비판을 모면하려 한다. 인생은 누가 더 많이 오해받고 잘못 받아들여지고 제대로 대접받지 못하는지 겨루는 장이 아니다. 자신의 행동에 대한 변명은 결국 자신을 진부한 틀에 묶어둘 뿐이다.

일체감은 진정제와 같아서, 우리를 비참하게 만드는 공포와 불안을 누그러뜨린다. 일체감은 개인이 지닌 여러 정체성, 즉 개인이며 여러 집단의 일원 그리고 피조물의 일부분이라는 다양한 정체성에 균형을 잡아준다. 일체감은 당신이 모르는 사람들조차 (그들도 일체감을 믿기 때문에) 당신을 지켜준다는 사실뿐 아니라, 우리도 그들을 지킬 책임이 있다는 사실을 상기해준다. 더 나아가 타인에 대한 믿음을 잃지 않고 상처 입을 각오로 손을 내밀 용기를 불러일으킨다. 결속을 느끼고 도움을 주고받을 수 있는 멋진 상황을 겪으며 우리는 내부에서부터 변화시킬 수 있고, 더 쉽게 자신의 행동을 바꿀 수 있다. 그렇게 개인의 자아와 집단의 자아를 조절하여 비이성적인 감정이 의식을 지배하지 않도록 할 수 있다.

  살다 보면 자신이 속한 집단의 기대에 끊임없이 부응하고 다른 집단과 경쟁하는 것에 피로를 느낄 수밖에 없다. 모든 사람을 경쟁자로 봐야 하는 부담을 안고 살 필요는 없다. 다른 집단을 비하하지 않으면서도 자신의 집단을 사랑하고 자신의 집단이 '최고'라고 생각할 수 있다는 사실을 알아야 한다. 우리가 다른 종교와 인종, 의견과 생각을 존중한다면, 지구상에 일체감을 실현하는 일을 도울 수 있다.

개인적이고 집단적인 사회: 균형

  모든 사회에는 집단의 자아가 존재한다. 하지만 이제 우리 모두는 개인의 욕구와 집단의 욕구, 작은 집단의 욕구와 더 큰 집단의 욕구 사이에서 균형을 찾아야 한다. 분열적이고 자기중심적인 태도를 버려야만 한다. 그래야만 사회가 올바른 방향으로 나아갈 수 있다.

  일반적으로 인간 사회는 두 가지 형태, 즉 개인적 사회와 집단적 사회로 나눌 수 있다. 미국은 개인적 사회에 속하며, 아시아나 남아메리카는 집단적 사회에 속한다고 할 수 있다. 미국 사회는 독창적인 사람, 스스로 노력하여 자수성가한 사람을 높이 평가한다. 물론 이 셋 모두 멋진 장점이다. 하지만 이러한 사회에서 개인은 자기중심적이 되기 쉽다. 사람들은 부모나 공동체, 스승이나 경찰 혹은 정부와 주위 환경으로부터 받은 도움에 놀라울 정도로 무관심하다. 슬픈 일이지만, 이렇듯 개인주의가 지나치게 강조되다 보면 더 큰 집단에 속해 있다는 축복을 너무 당연하게 받아들이기 쉽다.

그에 반해 집단적 문화가 중시되는 사회에서는 단체로 일하고 협동하여 전체의 발전을 중시한다. 집단에 순종하는 대가로 보호를 받다 보니 개인의 자유가 제한된다는 단점이 있다. 또한 개인이 자기표현을 할 때마다 자신이 속한 집단을 배신한다거나 전체에게 피해를 준다는 부담을 느끼기 십상이다.

서구에서 소중하게 생각하는 자유에는 책임과 차이에 대한 관대한 마음가짐이 필요하다. 순응하는 문화에서 나고 자란 사람은 개인적 문화의 다양함을 불편하게 여길 수도 있다. 그런 사람이 급격한 변화에 자신을 열어놓지 못하면, 집단의 자아가 개인을 잠식하기 시작한다.

물론 두 시스템 모두 당연히 장점과 단점이 뒤따른다. 루마니아에서 살던 20대 때 나를 포함해 모든 친구와 그 가족들에게 집과 차 그리고 직업이 있었다. 누구도 다른 사람을 압도할 만큼 물질적 부나 재산을 소유하지 못했지만, 모두 나름대로 만족하며 살았다. 자본주의 사회에서 볼 수 있는 극단적인 부나 가난은 없었지만, 사회적 신분의 사다리를 타고 상승할 수 있는 기회 역시 없었다. 두 사회에서 다 살아본 나로서는 이제야 문제가 무엇인지 깨달았다. 그것은 정부가 나라를 어떻게 운영하는가를 뛰어넘는 개인의 자아와 집단의 자아 사이의 균형에 관한 문제였다. 사람들이 일체감을 받아들인다면 불화와 경쟁 그리고 자기중심주의 대신 조화가 생겨나고, 그리하여 사회의 약점과 단점은 극복될 수 있다.

일체감은 함께 살아가는 새로운 방식으로서, 우리를 눈뜨게 해준다. 어쩌면 지금까지 우리가 이룬 것들은 앞으로 다가올 새로운 인간 의식에 길을 내줄지 모른다. 신성한 율법과 더 나은 통합된 세상이 이루어지면 그것들이 무용지물처럼 여겨질 날이 올지 모른다.

집단의 자아는 어째서 통제력을 잃어버리는가

우리는 우리가 속한 집단이 너무 커지면 당황하기 시작한다. 그리고 의심과 불신을 느낄지도 모른다. 자신이 속한 회사나 교회 혹은 사회의 규모가 작을 때는 소속된 사람들을 대부분 잘 알고 있고 모든 이들을 믿을 수 있으며 서로 잘 섞이게 마련이다. 하지만 집단이 커지면 더 큰 안정감을 얻기 위해 그 안에서 소규모 집단이 형성되기 시작한다. 개인의 영향을 받지 않을 만큼 시스템이 거대하다고 느낄 때 일체감을 깨닫고 지각하기란 쉽지 않다. 회사가 커지고 나라가 확장되고 지구의 인구가 증가함에 따라, 이 거대한 시스템 앞에서 우리가 무력함을 느끼는 것은 당연하다.

이와 동시에 기술이 발달하면서 이 지구상에는 수많은 사람들이 살고 있다는 사실을 점점 구체적으로 깨달을 수 있게 되었다. 이런 거대한 세상에서 길을 잃어버릴까 두려워하는 마음은 일체감에 의해 완화될 수 있다. 이는 우리의 개별적 자아와 집단의 자아 그리고 정체성이 모두 창조의 한 부분이며 서로 조화를 이루어야 한다는 깨달음을 전제로 한다. 아주 낮은 단계에서부터 변화하기 시작해 전체를 바꿀 수 있다는 믿음을 우리는 일체감을 통해 지닐 수 있다. 혼자 힘으로 세상의 굶주림을 완전히 없애는 것은 불가능하지만, 자신이 속한 공동체에서 집 없는 사람들을 돌보는 일로 작은 변화를 일으킬 수 있다는 사실을 우리는 깨닫기 시작했다. 이 같은 생각의 변화는 우리가 혼자가 아니라는 사실을 깨우쳐주고, 작으나마 자신이 할 수 있는 몫을 실천할 수 있게 한다. 그러다 보면 도움이 절실히 필요할 때 도움과 힘이 되어줄 사람들이 있다는 사실도 함께 깨닫게 된다.

자아가 자신에게 얼마나 큰 영향을 미치는지 더 깊이 깨달을수록, 당신의 판단도 빠르게 변화할 것이다. 또한 자아의 목적을 깨닫는 데 익숙해지면 항상 깨어 있으면서 분열 대신 일체감을, 두려움과 의심 대신 사랑을, 냉소 대신 믿음을 지닌 채 살 수 있다.

일체감에 대한 자아의 저항을 극복하는 법

관찰

일기장에 자신이 속해 있다고 느끼는 집단의 이름과 그 안에서 불리는 이름을 목록으로 정리해보라. 가령 '나는 베이비붐 시대에 태어난 아시아 여성이고 샌프란시스코 주민이고 지역단체와 연합 교회의 일원이다'라는 식으로 자신을 묘사해보라. 자신이 속한 단체에 대해 가능한 상세히 생각해보라.

이제 그 집단의 장점을 한번 적어보라. 이들과 자신이 동일시되는 것이 좋은가? 어떤 점이 당신에게 그 집단에서 안정감과 안전함 그리고 소속감을 느끼게 하는가?

그다음에는 부정적인 측면을 모두 살펴보고, 장점 목록과 단점 목록 중 어느 쪽을 만들기가 더 쉬웠는지 생각해보라. 자신이 속한 집단의 모든 것에 만족하는가? 어떤 집단에 소속되어 있다는 사실이 부끄럽거나 불편한데 다른 집단에서는 긍지를 느끼는가? 어떤 집단이 일체감과 상반되는 방식으로 운영되고 있는가?

이제 그 집단의 긍정적이거나 부정적인 성격을 당신이 어떤 식으로 표출하는지 생각해보라. 당신은 외부에서 자신이 속한 집단의 긍정적 성격을 갖춘 사람을 만난 적이 있는가? 잘 생각해보라. 주변 사람들을 잘 보살피고 열정적이고 헌신적인 그 사람은 어째서 당신의 집단에 속해 있지 않을까? 그 사람과 당신의 연결고리는 무엇인가?

　이런 훌륭한 장점을 지닌 다른 이에 대해 한번 생각해보라. 그는 누구인가? 그와 자신을 어떻게 연결시킬 것인가?

　마지막으로 자신의 부정적인 면을 다시 살펴보라. 그리고 스스로에게 말해보라. "나는 이러이러한 사람이며 나 자신을 사랑해. 다른 사람이 나의 이런 면을 치유하는 데 도움을 줄 거야. 지금도 치유되고 있는 중이야."

기도

　자신 안에 있는 부정적인 면을 치유하고 긍정적인 면을 찾도록 기도하라. 자신이 몰랐던 긍정적인 면이 무엇이든 자신이 그것을 가지고 있다는 믿음을 확신하라. 당신이 지닌 아름다운 재능을 보여달라고 신에게 기도하라.

　자신과 다른 이들을 더 많이 사랑하고 이해하고 받아들일 수 있도록 도움을 청하라. 사랑과 자비를 퍼뜨릴 기회에 동참할 수 있도록 기도하고, 자신의 마음속에 일어나는 이런 감정들을 잘 받아들이도록 도와달라고 기도하라. 두려움을 물리치고 가슴을 열어 당신과 달라 보이는 사람들 사이에서 공통점을 발견할 수 있도록 신에게 도움을 청하라.

행동

　다른 이들과 함께 음식을 먹는 행위는 다른 이들과 연결되어 있다는 사실을 느끼게 해준다. 같이 먹고 어울리는 것은 인간의 역사에서 모든 인간들에게 공통된 행위이기 때문이다. 자신이 속하지 않은 집단의 사람, 잘 모르기 때문에 어느 정도 불편함을 느끼는 사람과 함께 식사를 해보라. 이때 서로 약간 불편함을 느끼는 것은 자연스러운 현상이다. 당신이 발전하려고 노력하고 있다는 신호이기도 하니까;.

 같이 식사를 하는 동안 그들의 이야기에 귀를 기울이고 여러 가지를 물어보라. 식탁에 앉은 이들 모두 아이가 있는가? 같은 도시 혹은 같은 회사에서 일하는 사람들인가? 또한 당신의 경험을 들려주며 다른 이들과 공통된 목적을 찾아보라. 그날 같은 식탁에 앉은 사람들과 당신은 적어도 공통점을 다섯 가지 이상 발견할 수 있을 것이라고 나는 공언할 수 있다. 그러니 공통점을 찾으려고 시도해보라.

 그런 자리를 정기적으로 마련해도 좋다. 가령 한 달에 한 번씩 이들과 간단한 식사를 하는 것이다. 식당에서 점심을 같이 먹는 것도 좋다. 그럴 때는 장소나 메뉴를 잘 정해 누구도 소외당하지 않게 배려해야 한다. 이러한 방식으로 개인의 자아와 집단의 자아가 분열된 결과로 찾아오는 고립감과 분리감을 극복할 수 있다.

 식사를 하기 전과 후에 지상의 양식을 함께 나눌 수 있다는 소박한 축복을 다시 한 번 생각해보자. 이 세상을 아름답게 만드는 이들을 창조한 신에게 감사하기 바란다.

 다른 이들과 우아하게 식사를 하며 기쁨과 웃음 그리고 내일의 희망을 함께 나누던 풍습은 이제 사라져버렸다. 당신이 힘을 숭배하는 자아를 얻은 대가로 무엇을 잃어버렸는지 생각해보기 바란다. 바쁜 생활 중에 무엇을 잊어버리고 사는가? 우리가 잃어버린 단순한 즐거움은 무엇인가? 집단뿐 아니라 개인적인 관계에서도 스스로 얼마나 많은 단절과 고립을 초래했는가? 당신의 가족은 각자 컴퓨터나 텔레비전 앞에서 혼자 저녁을 먹고 있지는 않은가? 각자의 삶에 무슨 일이 일어나고 있는지 서로 알고 있는가?

 다른 이들과 식사를 하며 대화해보라. 그러면 당신은 균형 잡힌 시각을 얻을 수 있다. 그리고 자신이 개인인 동시에 더 큰 전체의 일원이며, 두 정체성이 모두 소중하다는 사실을 깨달을 것이다.

제2부에서는 자아 때문에 애정 가득한 도움을 베풀어주는 신성한 연결고리를 당신이 얼마나 많이 잃어버리고 사는지 배우게 될 것이다. 그런 연결고리를 자각하기 시작하면 당신은 일체감을 서서히 경험할 수 있다. 그러면 당신의 감각이 그것은 거짓이라며 당신을 속이려고 할 때조차 믿음을 버리지 않을 수 있다. 모든 존재와 완벽하게 하나가 된 느낌을 경험하는 순간도 올 것이다. 그런 경험을 소중하게 여겨야 한다. 그 순간이 삶의 진정한 실체를 깨닫는 때임을 알아차리기 바란다. 당신은 이런 경지를 받아들이고 이 지구에 일체감을 퍼뜨리기 시작할 것이다.

2부
신성한 연결고리

4장 일체감과 눈에 보이는 세계
5장 일체감과 보이지 않는 세계
6장 일체감과 업
7장 일체감과 몸, 마음 그리고 정신

4장 일체감과 눈에 보이는 세계

> 무엇이든 하나만 뽑아내려 해도 그것이 이 우주의 다른 모든 것들과 연결되어 있음을 깨달을 것이다.
>
> ―존 뮤어John Muir

헤르메스주의Hermeticism(고대의 신비주의 신앙)에서 사용되는 유명한 표현이 있다. "하늘에서 이루어지듯 지상에서도 이루어지리라." 물질세계에 있는 모든 존재의 모양이나 행동 혹은 본성은 서로를 반영한다. 은하계든 인간이든 세포든 모두 어느 정도 유사성을 지니고 있다. 그러므로 인간인 당신도 은하수나 몸속의 세포들과 그다지 다르지 않다. 세포생물학자인 브루스 립턴Bruce Lipton 박사는 자신의 책 『믿음의 생물학The Biology of Belief』에서 이렇게 썼다. "인간이 어두운 길에 도사리고 있는 강도나 퓨마에게서 도망쳤듯이, 세포 역시 독성으로부터 노망친 것이다. 또한 인간이 하루 세 끼 식사와 사랑에 끌리듯이, 세포 또한 영양소에 **끌린다**." 크기와 상관없이 모든 것은 전체의 한 부분이며, 그 속에서 움직이고 변화하고 다른 부분에 영향을 준다.

현대인은 그러한 놀라운 연관성을 무시하고 살아가지만, 고대의 우리 조상들은 자신들이 자연의 일부분이라는 사실을 잘 알고 있었다. 그들은 인간이 감각의 세계와 맺고 있는 연결고리, 신성하면서도 회복의 힘을 지닌 연결고리를 인식했다. 치료사들과 주술사들, 지혜로운 원로들과 철학자들은 인간의 몸도 지구와 마찬가지로 대부분 물로 이루어져 있으며, 달이 조수뿐 아니라 여성의 생리 주기에도 영향을 미친다는 사실을 알았다. 또한 이들은 별과 계절을 주의 깊게 관찰하여 달력을 고안했고, 여러 사건들과 순환 과정, 심지어 수천 년 이후의 미래까지 예상할 수 있는 과학적 이론들도 발견했다. 이들은 또한 복잡한 점성술 이론을 만들어내고, 신성한 기하학과 숫자의 힘을 발견하여 숫자점numerology을 발전시켰다.

오늘날 아주 뛰어난 과학자들과 기술자들조차 이집트와 멕시코, 남아메리카의 '원시적인' 사람들이 어떻게 그토록 오래전에 피라미드를 설계하고 세울 수 있었는지에 대해 머리를 긁적이며 대답하지 못한다. 거대한 오벨리스크를 조각하기도 했던 거대한 돌들을 어떻게 몇 마일이나 떨어진 채석장에서 옮겨올 수 있었는지 과학자들은 혼란스러워한다. 또한 그런 범상치 않은 구조물을 세운 목적이 무엇인지에 대해서도 궁금해할 뿐이다. 이 유적들은 왕이나 파라오의 자아를 드높이기 위해 세웠을까? 아니면 자연과 영적 존재와 인간 사이의 연결을 보여주는 상징일까?

지혜는 단순히 자연을 관찰하는 데서 얻어진 산물이 아니다. 고대인들은 기도나 명상 혹은 더 높은 존재와의 교감을 통해 숨겨진 지혜를 발견했다. 이들은 놀라운 구조물을 세우기 위해 신의 힘을 이용했으며, 시간의 시험을 이겨내는 위대한 지적 성취를 거두었다. 이를 설명할 수 있는 이론이 하나 있다. 그 이론에 따르면, 고대인들은 뇌를 지식의 보고로 여기지 않았다. 실제로 이집트인들은 죽은 파라오의 내생을 위해 신중하게 시체를 보존하는 과정에서도 뇌는 내던져버리고 다른 모든 내장 기관을 보존했다. 그런데도 오늘날 우리는 마음을 인간이 필요로 하는 모든 정보를 작동시키는 성능 좋은 계산기 정도로 여기고 있지 않은가! 물론 우리의 뇌는 아직도 무궁무진한 가능성으로 가득 차 있다. 우리는 신성한 연결고리를 활용하여 집단의 의식 안에 잠재된 영적인 능력을 이끌어내어 그 가능성을 현실화할 수 있다.

우리의 마음을 기계처럼 작동시킬 수 있다는 믿음도 서서히 변화하고 있다. 신경학자들도 인간이 지나치게 기계적으로 사고하고 자연 세계와 인간 사이의 상관관계에 대해 무관심하다고 지적한다. 과학자들은 또 우리 두뇌는 말하기나 읽기 혹은 음악 감상 같은 일상의 여러 일들을 동시에 수행한다는 사실도 발견했다. 경험을 통해 우리가 발견하는 복잡성은 자연과 우주의 복잡성을 반영한다. 우리는 아직 완전히 이해하지 못하지만 지구의 한 부분에서 일어나는 일이 다른 부분에 영향을 미친다는 사실을 받아들이기 시작했다. 우리 눈에는 이런 상호 관계가 보이지 않을 때가 많다.

또한 우리는 생각보다 생태계가 훨씬 복잡하고 그 안에서 살아가는 동식물들이 서로 연관되어 있다는 사실을 깨닫고 있다. 가령 강이나 호수에 외래종 균이 들어올 경우, 아니면 인간을 괴롭히는 늑대라든가 특정한 곤충이 멸종할 경우, 그 영향은 상상을 초월할 만큼 방대하다. 여기서 우리는 전체를 바라봄으로써 생태계가 실은 그 자체로 완전하고 조화로우며 균형 잡힌 세계라는 사실을 배워야 한다. 우리가 생태계를 뜯어고칠 필요는 없으며, 그러는 것은 오히려 위험을 초래한다.

우리의 몸이 자연 세계의 체계와 비슷하다는 사실, 우리 몸과 자연 세계가 서로 연결되어 있다는 사실은 부정할 수 없다. 예를 들어 우리는 몸에 문제가 생기면, 다른 부위에 어떤 영향을 미칠지 생각해보지도 않고 약을 복용하여 신체의 균형을 무너뜨리기도 한다. 물조차 지나치게 많이 마시면 몸 안의 전해질을 빼앗아 전체 균형을 해칠 수 있다. 인간과 자연 그리고 우주의 총체성을 보지 못하기 때문에 반복해서 건강을 해친다. 모든 것이 서로 연결되어 있다는 근본적인 진실을 우리는 깨닫지 못하고 있다.

신성한 연결고리의 회복

놀라울 정도로 정확했던 마야인들의 달력을 보거나 인도의 고대 신비주의 사상가들 혹은 철학자들의 저작을 읽을 때면, 인간과 자연과 우주의 관계에 대한 현대인의 지식이 하찮게 느껴진다. 우리는 감각으로 인지하는 세계에 대한 지식은 풍부하지만, 일체감에 대한 인식으로 얻을 수 있는 지혜는 부족하다. 그래서 그림을 전체적으로 보지 못하고 부분적으로 보는 데 익숙하며, 각각의 정보가 서로 어떻게 맞물리는지 고려치 않고 그저 개별적인 정보에만 의존한다.

과학 덕분에 인간은 놀라운 발전을 경험했지만, 이러한 '새로운' 지식들을 조화시켜온 과거의 지혜를 잃어버렸다. 지금은 변화의 시대다. 지금 우리는 잊어버린 것들을 회복해야만 한다. 눈에 보이는 세계와 제한된 시각만 제공하는 과학을 넘어, 우리는 하늘과 땅이 우리에게 일깨우는 교훈을 새롭게 배워야 한다.

인도에서 비롯된 아유르베다Ayurveda 치료법은 우리 몸이 자연의 네 요소, 즉 흙, 공기, 물, 불은 물론이고 대기 또는 정령의 요소마저 반영한다는 철학에 바탕을 두고 있다. 유럽의 고대 종교인 위카Wicca에서도 정령에 의해 결합된 이 다섯 요소를 강조했다. 중국 점성술에서도 기본적으로 이 다섯 요소(정령 대신에 금속을 받아들였지만)를 인식하고 이들을 특정 동식물 요소와 연관시켰다(예를 들어 수은은 물과 검은 거북이에 연관된다). 전 세계의 고대 문명에서는 일찍이 이런 신성한 연결고리를 인지하고 있었지만, 오늘날 우리는 너무 쉽게 그것을 간과하고 심지어 그런 신성함이 '원시적이며' 현대 과학의 지식보다 열등하다고 여긴다. 그럼에도 불구하고 과학에서는 우리가 주변에서 흔히 경험하는 마음을 통한 육체의 치유 같은 현상을 설명하지 못한다.

모든 존재가 연관되어 있다고 자각하게 되면, 인간이라는 존재와 우주, 자연 그리고 사후 세계라는 초감각적인 공간의 상호 교감에 눈을 뜰 수 있다. 이에 대해서는 나중에 다시 이야기하자. 우선 지금은 일체감이라는 개념을 더 쉽게 이해하기 위해, 우리와 눈에 보이는 세계 사이의 연결에 대해 자세히 살펴보기로 하겠다.

자연과 단절되어 기술의 세계로 빠지다

생존을 위해 별과 기후의 변화 혹은 자연현상에 주의를 기울였던 초기 인류와 달리, 우리는 기술이 우리를 이끌어주리라 기대한다. 최근에 나는 친구들과 함께 야외로 나간 적이 있었는데, 한 친구가 하늘을 보며 "저기 저 밝은 별이 뭐지?"라고 물었다. 그러자 일행 중 세 명이 곧바로 스마트폰을 꺼내 어플리케이션을 실행했다. 그리고 그 별은 금성이라고 선언했다. 친구들은 잇달아 여러 별자리를 가리키기 시작했다. 물론 밤하늘을 활용한 놀라운 기술인 것은 분명하다. 하지만 만약 실내에서 밖에 비가 오는지 알고 싶을 때 당신은 가까운 창으로 가서 밖을 내다보는가? 아니면 인터넷 사이트나 어플리케이션에서 지금 날씨를 확인하는가? 당신이 거대한 돌풍의 위력이나 야생 동식물을 보고 마지막으로 경이로움을 느낀 것은 언제인가?

자신이 살고 있는 세상의 리듬을 이해하기 위해 우리 조상들은 고유한 기술을 개발해야만 했다. 예를 들어 계절 변화를 파악하는 것은 살아남기 위해 아주 중요한 요소였다. 또 항해를 하려면 별의 위치를 잘 계산해야만 했다. 오늘날 우리는 자신이 어디 있는지 알기 위해 단지 차에 장착된 내비게이션을 보면 되지만, 거의 모든 사람이 그 기계가 어떤 원리로 작동하는지는 모른다. 그럼에도 불구하고 내비게이션 같은 장치들은 삶의 한 부분이 되었고, 보다 편리한 삶을 위해 우리는 더 많은 장치들에 의존하고 있다.

우리는 안전한 삶을 추구하느라 정말 필요한 지식과 경험이 무엇인지 대부분 망각하고 말았으며, 인터넷 연결이 잠시 끊어지기라도 하면 불안을 느낀다. 인공적인 빛과 냉각, 단열 기능에 둘러싸여 살다 보니, 우리는 이 땅과 물 그리고 하늘에 더 이상 관심을 두지 않게 되었다. 우리의 삶은 주위에서 벌어지는 현상이 아니라 만질 수도 없는 '가상' 세계에 뿌리내리고 있다. 자연과의 접촉이 너무나 제한되다 보니 미세한 박테리아와 곤충, 새와 나무, 숲과 생태계, 행성과 은하수 등 이 모든 것을 아우르는 거대한 존재와의 관계를 이해하지 못한다.

현재와 같은 시각으로는 우주에서 벌어지는 일들이 우리 일상에 영향을 미칠 수 있다는 사실을 상상하기 어렵다. 하지만 앞으로 다가올 몇 년 동안, 우리는 변화와 진화의 단계를 거치느라 더욱더 많은 일들을 겪게 될 것이다. 어느 날 친구들의 휴대전화가 말을 듣지 않거나 은행 계좌가 통째로 사라지더라도 놀라지 말라. 자연의 힘이 거대한 네트워크를 망가뜨리는 현상의 하나이니까. 이런 위기 현상은 인간이 자아와 기술에만 매몰되어가는 것을 중단시키고 지구와 인간 존재 사이에 가로놓인 신성한 연결고리를 기억하도록 신이 우리에게 보내는 일종의 신호와도 같다.

생명의 그물망

다른 행성들이 우리의 삶에 영향을 미친다는 원시적 관념은 현대의 우리가 듣기에 괴이하고 비현실적인 듯하지만, 이는 우리가 일체감을 그리고 우주와 우리의 관계를 이해하지 못하기 때문이다. 많은 사람들이 피타고라스의 천구의 음악Music of Spheres 이론을 들어보았을 것이다. 대부분은 이 이론이 행성의 움직임을 시적으로 표현한 것이라고 여긴다. 하지만 사실 그리스인들이 행성들의 움직임을 통해 발견한 수학적 비율은 음악적 의미가 있다. 일리너 매니스Elena Mannes의 책 『음악의 힘: 음악에 담긴 새로운 과학에 대한 획기적 발견The Power of Music: The Pioneering Discoveries in the New Science of Song』에 따르면, 행성들의 움직임에는 음악적 배열이 있고 지구상에 살고 있는 사람들 대부분이 기분 좋고 아름답다고 느낄 만한 음악적 배열과 일치한다고 한다. 또한 과학자들은 조화로운 음악이 사람들의 마음을 안정시키고 기분을 편안하게 하는 데 도움이 된다고 밝혔다. 또한 인간은 모체의 자궁에 있던 시기부터 특정한 음악을 들으면 안정되고 편안해진다고 한다. 이는 우리가 태어나기 전부터 음악에 길들여져 있다는 것을 의미한다. 그러므로 천구의 음악이라는 표현은 진실이다. 이는 우리가 실재하는 세계로부터 영향을 받는다는 또 다른 증거다.

우리는 자연과 단절되어 있다. 그럼에도 불구하고 음악은 우리가 살고 있는 눈에 보이는 세계의 중요한 한 부분이다. 그리고 음악이 우리에게 주는 가장 중요한 가르침은 일체감이라는 개념이다. 미국 시애틀에 사는 한 인디언 추장은 이렇게 말했다. "인류는 생명의 그물망을 아직 엮지 못하고 있다. 인간은 그 안의 실 한 가닥에 불과한데도 말이다. 우리가 그물망에다 무슨 짓을 하건 그것은 곧바로 우리에게 영향을 미친다. 모든 존재가 하나로 묶여 있기 때문이다. 모든 존재들은 서로 연결되어 있다." 그러므로 우리가 실 한 가닥을 건드리는 것은 우리 모두를 건드리는 것이나 마찬가지다.

우주나 인간과 마찬가지로, 자연도 끊임없이 변화하는 상태다. 어떤 종은 멸종하고 새로운 종이 출현한다. 하지만 인간은 단기간에 너무나 갑작스러운 변화를 거듭해왔고, 우리 별은 이 강력한 영향을 소화해내는 데 어려움을 겪고 있다. 과거 100년 동안 지구의 인구만 해도 4배 이상 증가했다. 그렇다고 해서 증가한 인구를 감당하기 위해 지구가 더 많은 땅이나 물 혹은 하늘을 만들어내지는 않았다. 또한 인구가 증가함에 따라 인간은 다른 생명체들의 생존을 방해하기 시작했다. 역설적으로 인간의 수가 증가하면서 더 많은 동식물이 지구에서 사라지기 시작했다. 멸종된 종들이 암이나 자폐증 혹은 치매에 특효가 있으면 어찌할 것인가?

여기서 배워야 할 교훈은 두 가지다. 우선 우리는 자신이 이 지구에 엄청난 영향을 끼친다는 사실을 깨닫고, 다른 생명들과 더 나은 상호작용을 하기 위한 선택을 해야 한다. 그리고 우리의 적절치 못한 행동이 가족과 공동체, 더 나아가 환경과 세상, 즉 **모든** 생명에 영향을 미친다는 사실을 깨달아야 한다. 아주 작은 실천이라도 아무런 행동을 하지 않는 것보다는 낫다.

일체감을 받아들이고 신성한 연결고리를 소중히 여기며 존중한다면, 당신은 책임감 있고 전체에 도움이 되는 삶을 살고 있는 것이다. 당신이 먹는 음식이 어디서 오는지, 쓰레기가 어디로 가는지 생각해보라. 물과 전기 그리고 연료를 절약함으로써 당신은 가정이 유지되는 데 기여하는 셈이다. 또한 지구의 자원을 덜 착취하면 평화와 기운을 얻을 수 있다. 지구를 부드럽고 소중하게 대하는 것이 모든 사람들과 생명체의 행복에 기여한다는 사실을 스스로 깨달을 수 있기 때문이다.

가이아, 우리의 어머니 지구

'가이아Gaia 이론'에서는 지구가 의식을 가진 존재라고 본다. 즉 지구를 유기체로 보고, 모든 동식물을 살아 숨 쉬는 신체의 일부분으로 이해해야 한다는 것이다. 고대 문명 중에는 가이아의 모습을 풍만한 허벅지와 커다란 가슴을 지닌 여성, 다산성이 강한 여성의 몸으로 표현한 경우도 있다(여성에게 있는 약간의 체지방은 임신이 잘되도록 도와준다).

지구를 생명체라고 생각하면 당신의 본성을 이해하고 받아들이는 데 도움이 된다. 앞에서도 말했듯이 지구는 대부분 물로 이루어져 있다. 우리의 몸이 탈수 상태에 이르거나 체액이 독성 물질로 오염되기를 바라지 않듯이, 지구의 신선한 수자원도 고갈되지 않기를 바랄 것이다. 지구의 대기는 여러 층으로 이루어져 있는데, 그중 하나가 망가지면(오존층에 구멍이 뚫리는 등) 전체에 악영향을 미친다. 이와 비슷하게 인간도 보이지 않는 고리로 연결된 시스템의 일종이며, 그중 하나가 에테르체Etheric Body로서 여기에는 일곱 개의 에너지 중심, 즉 차크라Chakra가 있다. 차크라는 척추를 따라 흐르는 에너지 통로로서, 머리 부분에는 외부로 향하는 차크라 두 개가 있다. 둘 중 하나가 건강하지 않을 경우, 어둡고 무거운 에너지가 신체에 영향을 주어 신체를 오염시키고 병을 일으킬 수 있다.

우리 모두는 일체감을 받아들이고 어머니 지구와의 관계를 회복해야 한다. 우리는 모두 어머니 지구가 건강하고 번성하기를 바란다. 하지만 슬프게도 버릇없는 아이가 엄마의 에너지를 빼앗듯이 지구를 힘들게 하고 있다. 말도 되지 않는 요구를 하고, 지구를 모욕하고, 함부로 취급한다. 드넓은 숲과 바다, 초원을 훼손하고도 지구가 우리를 관대하게 봐주리라고 생각한다. 우리가 잘 깨닫지 못하지만 자연재해는 어머니 지구의 부정적 감정이 폭력적으로 표출되는 현상이라고 볼 수 있다. 지진이나 지진해일(쓰나미), 허리케인 등으로 분노와 긴장의 에너지를 표출하는 것이 결코 이상한 일이 아니다. 지구의 참을성이 바닥난 것이다!

몸에 작은 뾰루지라도 나면 우리는 놀라서 치료를 받는다. 거의 본능적으로 뾰루지가 난 이유를 찾으며 되묻는다. "왜 피부에 트러블이 생길까? 무슨 독소가 몸에 들어왔기에 이런 반응을 보일까?" 우리는 조그만 문제라도 지나치지 않고 건강해 보이는 몸에 주의를 기울인다.

물론 이 지구의 어떤 나라 사람들은 다른 나라 사람들보다 행동 방식이 더 나쁠 수 있다. 우리 몸 어떤 부위에 난 뾰루지가 다른 부위보다 더 심할 수 있는 것과 마찬가지로 말이다. 그렇듯이 우리도 다음과 같이 이야기하면서 스스로를 속이는 일을 멈추어야 한다. "인간은 상당히 괜찮은 종족이야. 저 사람들을 봐. 높은 의식을 가지고 지구를, 서로를 대하고 있잖아." 하지만 문제는 지각없이 파괴적인 행동을 일삼는 인간이 너무나 많다는 것이며, 그런 행동은 중단되어야 마땅하다. 아무리 우리가 기여하는 몫이 작고 하찮더라도, 우리 모두는 제각기 세상을 치유하고 인류가 각성할 수 있도록 제 몫을 해야 한다.

어쩌면 당신은 암 환자가 빈번하게 나오는 지역에 살고 있을 수도 있다. 그럴 경우 각고의 노력을 기울여 암 검진을 받고 건강한 삶을 영위하려 할 수도 있겠지만, 자신과 이웃을 돕는 일을 넘어 더 폭넓게 사회에 기여할 수도 있다. 가령 그 지역의 암 환자 비율이 왜 높은지 연구해보는 것도 좋다. 혹시 악성 암을 유발하는 유독성 농약을 정원이나 나무 혹은 덤불에 뿌리지 않았는가? 그곳 주민들이 독소들을 대량으로 소비하거나 화학물질이 뒤범벅된 세제를 쓰고 있지 않은가? 스스로 좀 더 자연에 가까운 생활 방식을 영위해 나갈 것을, 그런 화학제품을 멀리할 것을 결정할 수도 있다. 하지만 당신이 속한 공동체의 사람들에게도 그렇게 하도록 권할 수 있다. 그래야 당신의 아이들, 당신의 반려 동물들이 더 건강하게 살아가고 지구 위를 좀 더 조용히 걸을 수 있다. 어머니 지구에게 좀 더 친절할 수 있도록 헌신하며, 다른 이들도 똑같이 행동할 수 있도록 가르치고 영감을 주기를 바란다.

어머니 지구에게 보다 친절하기

불행히도 우리가 사는 별은 현재 우리가 사용하는 만큼 자원을 끊임없이 재생하는 기계가 아니다. 우리는 이기적이고, 존경심이라고는 없으며, 지구의 균형과 조화를 끊임없이 해친다. 얼마 전 한 에너지 회사는 지하에서 천연

가스를 끌어올리기 위해, 오염된 물 수백만 갤런을 지표 아래에 있는 바위에 고압으로 주입해서 폭발시켰다. 그 결과 목표했던 프로판가스를 얻기는 했지만, 작업에 참여한 기술자들도 보이지 않는 곳에 가해진 피해의 결과를 통제하지 못했을 것이다. 가스나 화학물질은 지하수로 흘러들어가 물을 오염시켰을 가능성이 있다. 만약 지구가 감정을 지닌 동물이라면, 누가 감히 지구에 독소를 주입하고 지구더러 그 상처로부터 빨리 나으라고 기대할 수 있겠는가?

우리는 자원 사용을 조금만 억제하면 지구에 좀 더 친절할 수 있다는 생각을 하지 못한 나머지, 지구에 대한 폭력적인 착취가 정당하다고 느낀다. 정말로 우리 인간은 주어진 천연자원을 가장 공격적이고 야만적으로 착취하는 방식만 고수해왔다. 이제 어머니 지구가 건강을 되찾고 회복될 수 있도록 사랑의 손길을 내밀 때다. 인간들을 감당하느라 괴로워하면서도 여전히 지구는 온 힘을 다해 우리에게 스스로를 내주고 있기 때문이다.

물과 공기 그리고 하늘은 신성한 회복을 위한 매개체다. 고대인들은 세상이 균형을 잃을 때면 신성한 언덕이나 강 혹은 산으로 가서 평화와 치유의 힘을 갈구했다. 그런 곳은 신과 연결되기 쉬운 성소로 여겨졌다. 사람들은 그곳에서 영혼과 마음 또는 육신의 질병과 불균형을 치유하곤 했다. 그러한 자연의 힘은 인간의 몸에도 있다.

자연 속을 걷다가 주위의 나뭇잎이나 나뭇가지가 당신에게 말을 걸어오는 느낌을 받은 적이 있는가? 다음번 야외에 나가게 되면 사방에서 들려오는 새 소리와 매미소리에 귀를 기울여보라. 그리고 분주하게 생물을 창조하고 보존하는 가이아에 대해 새삼 느껴보라. 어쩌면 신성한 존재나 세상을 떠난 소중한 사람들 또는 주위의 사랑을 특별히 잘 감지할 수 있는 곳을 발견할지도 모른다. 그곳에 자주 가는가 아니면 너무 바빠서 가기 어려운가? 그곳은 당신

집 뒷마당일 수도 있고, 가까운 호수나 야생화가 가득 핀 초원일 수도 있다. 하지만 그곳이 어디든 당신만의 신성한 회복의 장소가 될 수 있다.

우리가 삶의 의미를 찾지 못해 힘겨워할 때 자연은 우리에게 영감을 준다. 자연은 우리 인간을 더욱 위대한 신성과 연결해준다. 이 지구가 신의 존재와 마찬가지로 사랑과 치유 그리고 창조적 에너지로 우리 삶을 재생시킨다는 것을 깨닫게 되면, 우리는 안도감을 느낀다. 야외에서 시간을 보내면 기분이 좋아질뿐더러 면역성이 증가하고 우울증이나 주의력결핍-과잉행동장애 ADHD, 저혈압 같은 증세가 완화된다는 연구 결과가 있다.

근래 들어 과학자들은 햇빛이 '행복' 호르몬인 세로토닌serotonin과 건강에 핵심적인 요소인 비타민D 생성에 중요하다는 사실을 밝혀냈다. 그런데도 우리는 할머니가 항상 말씀하시는 '좋은 공기와 태양'의 소중함을 무시한다. 인공 조명과 전자 기기들에 둘러싸여 살면서 어째서 집중력과 접속감이 떨어지는지 의아해한다. 실제로 가장 훌륭한 약은 신이 우리에게 제공하는 자연이라는 사실(나중에 이에 대해 좀 더 얘기하겠다)을 종종 잊어버린다.

이제 변화의 과정이 진행되고 있으며, 우리 모두가 주인공이다. 우리가 사용하는 이 **모든** 현대의 이기利器들이 꼭 필요할까? 이렇게 많은 제품들을 주변에 두고 살아야 할까? 결국 쓰레기가 될 수많은 물건들을 생산하고 운반하면서 이 지구를 오염시킬 필요가 정말로 있을까? 우리는 무엇을 위해 어머니 지구의 자원을 착취하는 것일까? 소크라테스는 시장을 걸어가면서 동료에게 이렇게 말했다고 한다. "필요 없는 물건이 너무 많아!"

만족과 행복 그리고 선상을 누리기 위해 당신에게 **진정으로** 무엇이 필요한지 한번 생각해보라. 다음번에 쇼핑을 할 때, 소크라테스의 말을 생각하며 자신이 해야 할 일을 생각해보라.

눈에 보이는 세계에 있는 힘과 지혜, 도움에 접속하는 법

관찰

휴대전화, 휴대용 MP3나 CD 플레이어, 그 밖의 각종 기기들을 떼어놓고 자연 속에서 어느 정도 시간을 보내보라. 해변이나 초원 아니면 강이 내려다보이는 흙길을 걸어보라. 주위를 둘러보며 한 시간 정도를 보내고 자신의 기분을 관찰해보라. 주위의 나무와 꽃, 바위를 바라보라. 이들의 이름을 몰라도 괜찮다. 그저 이들의 아름다움을 만끽하라. 먹이 부스러기를 지고 자기 집으로 돌아가는 개미 떼를 관찰해보라. 같은 목적을 가지고 일하는 개미들의 세계를 생각해보라. 모든 생명은 자신을 돌보고 다음 세대를 배려한다. 자연을 관찰하며 숨겨진 보물을 찾는 즐거움을 누려보라.

시간을 내어 도시를 벗어나 구름 한 점 없는 밤하늘의 별을 관찰할 수 있는 자연 속으로 나가보라. 별자리를 살펴보고 별들의 밝기를 관찰해보라. 현재 달의 상태는 어떤가? 밤중에 들리는 생명의 소리에 귀를 기울여보라. 별들과 먼 행성들로 가득 찬 드넓은 밤하늘 아래에 앉아 자신의 느낌을 관찰해보라. 이런 것들을 경험하는 순간 당신은 무한한 우주의 장엄함 속으로 인도되어, 작지만 강력한 구성 요소 중 하나인 자신과 인간이라는 존재를 되돌아보게 될 것이다.

(잠시라도) 내가 제안한 것들을 경험한 후 일기장에 그것을 기록해보라.

기도

세상을 위해, 바다와 강을 위해, 그 안에 사는 크고 작은 생명들을 위해 기도하라. 자신이 속한 이 지구를 위해 기도하면서 당신과 지구의 관계를 생각해보라. 지구란 소비하기 위한 대상이 아니라 생명과 부활을 가져다주는 자애로운 어머니라는 사실을 기억하라. 깨끗한 공기와 물에 감사하라. 이것들이 얼마나 소중한지 잊지 말라. 지구에 해를 끼치는 사람들이 다음부터는 자비로운 행동을 할 수 있도록 기도하라.

행동

우리의 행동은 더 큰 세계에 영향을 미친다. 달이나 구름을 보면서 매일 일체감을 받아들이며 실천하겠다고 맹세하라. 그리고 신이 창조하신 위대한 세계를 깨달으려 노력해보라. 주위를 둘러싼 모든 것을 존중하라. 땅과 물, 하늘을 더 소중히 여기면서 살기 위해 헌신하라.

잠시 시간을 내어 하늘을 올려다보라. 행동에 동참하는 다른 이들의 모습을 상상하고 당신이 이 세상에 표현하는 사랑을 느껴보라. 세상에는 당신의 자비로 힘을 얻는 사람들이 있다. 그 사람과의 연결고리를 느껴보라. 당신의 사랑이 그를 용기로 가득 채우는 모습을 보라.

지구를 아끼는 마음을 행동으로 표현하라. 행동에 중대한 변화를 주어 첫 걸음을 시작하라. 예를 들어 집으로부터 가까운 곳에서 생산되는 제품을 구입하라(연료를 절약해준다). 물건을 다 쓴 뒤에는 버리지 말고 좀 불편하더라도 가능한 한 재활용하라. 친환경 제품이나 '녹색' 제품만 사용하고, 적어도 이런 제품을 구입하기 위해 조금이라도 시간을 투자하라.

환경과 조화를 이루는 삶을 위해 매일매일 조금씩 무엇인가 할 수 있다는 사실을 명심하고, 어머니 지구를 위해 가능한 한 더 많은 노력을 기울이라. 당신의 습관을 바꾸라. 지구를 위한 당신의 실천이 지구와 당신을 포함한 모든 인간을 노울 것이다.

자연과 아름다움으로 가득 찬 눈에 보이는 세계와 더불어 보이지 않는 세계가 공존하고 있다. 이 보이지 않는 세계는 조화로운 곳, 균형을 이룬 곳이며, 일체감에 대한 수많은 교훈을 내포하고 있다. 우리가 보이지 않는 세계와의 신성한 연결고리를 자각하고 그것이 일체감의 상태라는 사실을 깨달으면, 우리의 삶도 극적으로 변화할 것이다. 이것이 다음 장에서 다룰 내용이다.

5장 일체감과 보이지 않는 세계

물리학을 믿는 사람은 과거와 현재 그리고 미래란 우리가 고집스럽게
유지해온 환상에 불과하다는 것을 안다.

―앨버트 아인슈타인Albert Einstein

일체감으로 돌아가고 우주와 지구와 자신 사이의 관계를 회복하려 한다면, 보이는 세계와 더불어 존재하는 보이지 않는 세계와의 관계에 주목해야 한다. 보이지 않는 세계는 우리 모두가 태어난 곳이며, 유한한 육신이 죽어서 돌아가는 곳이기도 하다.

물리학에서 초끈 이론string theory(만물의 최소 단위가 점 입자가 아니라 '진동하는 끈'이라는 물리 이론. 입자의 성질과 자연의 기본적인 힘이 끈의 모양과 진동에 따라 결정된다고 한다.)은 우리가 잘 모르는 복합적인 실체에 대한 관념을 설명하고 있으며, 역사상 위대한 학자들도 비슷한 관점을 자주 피력한 바 있다. 예수님도 당신 스스로 다음과 같이 말씀하셨다. "아버지의 저택에는 수많은 방이 있다." 바가바타 푸라나Bhagavata-Purana(산스크리트어로 '신에 관한 옛 이야기'라는

뜻이다. 푸라나는 산스크리트어로 쓰인 여러 힌두교 문헌 가운데 가장 유명한 성전이다.) 에도 다음과 같은 구절이 있다. "시바Shiva 신(우주의 여러 속성 중 파괴를 상징하는 힌두교의 신)이 말씀하셨다. '위대한 환영 속에서 이 우주를 윤회하는 내 아들과 나 그리고 브라흐마Brahma(우주의 여러 속성 중 창조를 상징하는 힌두교의 신)를 비롯한 여러 신들조차 최고 신의 힘에 비할 수 없다. 수많은 우주와 그 안의 생명체들도 최고 신이 가리키는 단순한 방향에 의해 태어나고 소멸하기 때문이다.'" 또한 알베르토 빌롤도Alberto Villoldo 박사는 저서 『주술사, 치료사, 성자Shaman, Healer, Sage』에서 스승이었던 페루의 주술사가 설명해준 복합 면으로 이루어진 세계에 대해 묘사하고 있다. 빌롤도 박사는 존재의 아래쪽 면을 차지하는 돌 인간Stone People이나 식물 인간Plant People 같은 존재는 위쪽 존재들보다 주파수가 낮다고 한다.

수많은 층으로 이루어진 보이지 않는 세계는 우리 주위에 항상 존재한다. 그 세상은 우리의 감각을 벗어난 다른 차원에 있다. 그곳에서는 시공간의 한계가 없으며, 오직 무한한 공간만이 있을 뿐이다. 보이는 세계와 보이지 않는 세계 사이에는 경계가 있고, 보이지 않는 세계는 주파수가 높지만 그 경계를 넘나드는 것은 **가능하다**.

죽은 이들로 이루어진 영령의 층은 주파수가 높기 때문에, 우리의 삶에 분명히 개입하여 우리를 지켜보고 보살펴줌에도 불구하고 이들을 인지하기가 어렵다. 어떤 영령들은 살아 있을 때 당신과 아무런 인연이 없었음에도 거듭되는 환생으로 이어지는 자신의 업을 풀기 위해 당신을 돕기도 한다. 이런 관계를 통해 당신은 영령으로부터 도움을 받고 그 영령은 당신을 돕는다. 그럼으로써 과거에 생긴 자신의 상처를 치유할 기회를 얻기 때문에 이 관계는 아주 조화로운 관계라 할 수 있다.

죽음 이후의 삶

초기부터 인류는 죽음 이후의 삶에 대해 사색해왔다. 의식은 육체가 사라지더라도 계속 존재하는가? 이미 이승을 떠난 이들도 어떤 방식으로든 우리와 서로 소통하고 있는가? 아니면 우리의 현실을 떠나 지옥에서 괴로워하거나 천국에서 즐거움을 누리고 있을까?

전 세계 모든 문화권에는 고통을 넘어선 존재에 대해 묘사하는 영능靈能을 지닌 사람이 항상 있었다. 그럼 누가 천국이나 열반에 들 수 있을까? 누구든 자유롭게 들어갈 수 있을까 아니면 올바른 행동이나 특정한 종교를 믿는 사람만이 그곳에 갈 수 있을까? 살아 있는 동안 고통 때문에 악업을 쌓은 사람들에게는 어떤 일이 일어날까? 고단한 삶을 살다가 자살을 선택한 불행한 영혼에게는 또 어떤 일이 생길까?

만약 우리가 천국이나 지옥을 특정한 장소가 아니라 주파수가 높거나 낮은 상태로 본다면, 보이지 않는 세계가 어떤 곳인지 짐작할 수 있으리라 생각한다. 한편 영령은 자신의 과거를 기억할 수 있다. 기억이란 일종의 생각 에너지로서, 일단 생겨나면 저절로 없어지지 않고 그저 변화할 따름이기 때문이다.

하지만 그 안에서는 슬픔이나 분노, 질투나 공포 같은 감정을 느낄 수 없다. 그곳에서 느낄 수 있는 유일한 감정은 고마움이나 기쁨 혹은 사랑 같은 긍정적인 것들이다.

영령은 보이지 않는 세계에서 자신의 존재를 즐기고 있다. 이들도 배우고 서로 어울린다. 영혼을 간직한, 생전에 키우던 반려 동물과 더불어 놀기도 한다. 육체가 없으므로 실제로 먹지는 못하지만, 생전에 가장 좋아하던 음식을 즐길 수도 있다. 보이지 않는 세계에서는 모든 것이 관념, 생각 또는 기억으로 존재한다.

살아 있을 때 다른 사람을 해침으로써 악업을 쌓은 사람은 그 업을 해소하기 위해 얼른 다시 태어나기를 갈구한다. 그래서 영령들은 가끔 생전에 자신이 저지른 행동을 후회한다는 메시지를 전하기 위해 보이지 않는 세계에서 살아 있는 사람을 찾아오기도 한다. 또한 다른 이에게 피해를 입은 영령이 있다면, 그 영령은 용서의 과정을 거쳐야만 한다. 부정적인 감정은 보이지 않는 세계에 머물 수 없기 때문이다. 영령은 치유하고자 애를 쓴다. 상처를 실로 봉합하듯이, 마음의 상처도 사랑의 힘으로 아물게 할 수 있다.

사는 동안에는 스스로 만들어낸 고통 속에서 괴로워하지만, 죽고 난 다음에는 보이는 세계에서 자신이 창조했던 '지옥'의 고통을 완전히 잊어버리는 것 같다. 실제로 사후 세계를 묘사한 고대 그리스의 문헌에는 종종 하데스Hades(지하 세계)에 사는 영혼들은 레테Lethe의 강물을 마신 후 지상의 기억을 잊어버리고 또다시 육체의 형태로 돌아간다고 한다. 높은 의식을 지닌 영혼은 거의 업을 쌓지 않았으므로, 한동안은 자신의 잘못을 되갚기 위해 굳이 환생할 필요가 없다. 그래서 보이지 않는 세계에 머물면서 물질세계에 사는 사람들이 선업을 쌓고 악업을 해소할 수 있도록 도와줄 수 있는 것이다.

아주 낮은 의식에 머물러 산 사람은 사후에 곧장 다시 환생한다. 해야 할 일이 그만큼 많기 때문이다. 하지만 그들이 이승으로 돌아오는 것은 의식적인 선택의 결과가 아니라 쌓은 업을 풀기 위해서다. '지옥'이란 이 세계에서 다시금 고통스러운 경험을 해야 한다는 뜻이다. 지옥이란 다른 세상에 존재하는 것이 아니다.

실제로는 예수님의 말씀처럼 보이지 않는 세계와 더불어 '천국은 우리 손

안에 있다.' 기쁨과 사랑 그리고 자비를 느낄 때, 우리는 천국을 경험한다. 또한 일체감의 상태에 있을 때 우리는 우리를 천국으로 이끄는 감정을 경험할 수 있다.

다른 세상에서 바쁘게 지냄에도 불구하고 영령들은 자신의 업을 해소하고 우리의 일체감 실현을 돕기 위해 인간과 소통한다. 보이지 않는 세계에 사는 이들은 이미 신성한 계획을 깨닫고 있지만, 지상에서 그랬듯이 이승에 있는 우리를 돌보고 어떤 방식으로든 우리의 삶에 구체적으로 관여한다. 또 우리가 괴로움이 아닌 사랑을 통해 교훈을 얻기를 바라고 있다. 그러므로 우리의 가장 지혜로운 선택은 영령들의 현명한 지도를 따르는 것이다.

영령들은 나쁜 습관이나 업을 만들어내지 않는다. 자신이 지켜보는 사람을 보호하고, 그 사람에게 물질적 부라든지 긍정적인 관계나 상황을 가져다주기 위해 애쓴다. 남을 조종하거나 속이는 행위 등 이전의 업에서 비롯된 습성들은 다른 세계에서는 영령에게 영향을 주지 못하며, 오히려 우리가 그런 습성들을 버릴 수 있도록 도와준다. 필요할 때면 사랑과 기억으로 연결된 영령이 우리에게 도움을 주는 것이다.

다섯 살 때 나는 강에 빠져 거의 죽을 뻔한 적이 있다. 당시 나는 특이하게도 보이지 않는 세계를 경험했다. 오늘날까지도 나는 녹음으로 우거진 강둑을 걸으며 들었던 믿을 수 없이 아름다운 음악 소리를 생생하게 기억한다. 나는 평화롭고 행복하며 애정이 넘치는 사람들에게 둘러싸여 있었다. 모두 흰옷을 입었고 말없이 서로 의사소통을 하고 있었다. 기분이 너무나 편안한 나머지, 천국과도 같은 그곳에서 갑자기 현실로 돌아왔을 때 나는 무척 실망했다. 그곳은 조화와 활력이 넘치고 욕망이나 욕구불만이 없는 공간이었다.

모든 이들이 진정으로 나를 돌봐주는 신성한 곳이기도 했다. 거기에 있는 모든 이들은 한 가족 같았다. 물론 이승에서도 우리는 모두 한 가족이다. 하지만 우리는 우리 모두가 신성한 연결고리로 이어져 있다는 사실을 모르고 있다. 만약 우리가 눈을 뜬다면, 보이는 세계에서도 천국의 아름다운 풍경이 실현될 것이다.

영령이 전하는 말

우리 곁을 떠난 소중한 이들은 우리 삶에서 너무나 중요한 부분이기 때문에, 부활절 미사라든가 자신의 장례식 같은 가족 모임이 있을 때면 영령으로 나타난다. 최근에 린다라는 고객을 상담하던 중에 그녀의 죽은 어머니가 나타나 자신의 장례식에서 딸이 낭송한 추모시가 굉장히 마음에 들었다는 말을 전해달라고 했다. 이 말을 들은 린다는 무척 기뻐했다. 어머니를 위해 자신이 정말 좋은 시를 골랐는지 그동안 자신이 없었기 때문이다.

린다의 어머니는 살아생전 늘 배우고 싶었던 요리를 사후에 배우고 있다는 말을 전했다. 그 말을 들은 린다는 이상하다며 고개를 갸웃거리다가, 곧 자신이 어머니의 장례식 추도사에서 가족들이 종종 어머니의 시원찮은 요리 실력을 놀리곤 했다는 일화를 얘기하려 했던 사실을 기억해냈다. 하지만 마지막 순간에 린다는 그 부분을 빼고 읽었다. 나는 린다의 어머니가 자신의 장례식에 참석했다는 사실과 린다의 놀람에도 불구하고 기분이 나쁘지 않다는 사실을 전하고 싶어한다는 것을 곧 깨달았다. 우리가 살고 있는 세계와는 달리, 저쪽 세상에는 자아나 방어적 태도가 존재하지 않는다.

상담을 하면서 나는 영령이 생전에 사랑하던 사람에게 건강을 잘 살피라고, 여행 계획을 바꾸라고 혹은 몰래 담배 피우는 일을 중단하라고(그렇다, 당신이 몰래 담배를 피우는 것까지 이들은 다 볼 수 있다.) 충고하는 경우를 많이 보았다. 상담을 하다 보면, 가끔 영령들이 정말 사소한 부분까지 다 알고 있다는 느낌이 들 때도 있다. 그 이유는 보통 두 가지다. 첫째, 이러한 사소한 부분을 이야기하는 이유는 영령이 자신의 정체를 드러내기 위해서인데, 그런 것들은 영매가 거의 알 수 없는 사항들이다. 둘째, 무엇인가를 전하기 위한 암시일 수 있다. 당신의 오랜 지인을 언급하면서 그가 보스턴에 살고 있다고 영령이 이야기하면, 그것은 가까운 미래에 그 사람이 보스턴으로 이사할 것이라는 암시일 수 있다. 영령의 말을 전해 들을 때마다 그것이 의미할 수 있는 모든 가능성을 생각해보라. 영령과의 소통을 무의미하거나 하찮게 여기면 안 된다.

2009년 12월 나는 딸과 함께 뉴욕에서 플로리다 주로 이사를 했다. 이사를 할 때 가장 큰 골칫거리는 집에서 키우는 고양이 세 마리와 개 두 마리를 다른 주로 이동시키는 방법이었다. 플로리다행 비행기로 고양이 한 마리를 직접 데리고 갈 수는 있었지만, 나머지는 방법이 마땅찮았다. 그래서 할 수 없이 딸이 나머지 네 마리를 차에 싣고 새집으로 옮기는 힘든 일을 떠맡아야 했다. 그중 가장 골치 아픈 녀석은 여우를 닮은 시바 이누Shiva Inu종 개 발렌티노였다. 이 녀석은 너무나 고집이 세고 제멋대로여서 누구의 말도 들으려 하지 않았다. 딸이 버지니아 주 피터스버그라는 작은 시골 마을의 한 주유소에 잠시 멈춰 섰을 때, 발렌티노는 목줄을 풀고 가까운 숲으로 달아나버렸다. 딸은 한밤중에 눈 오는 숲을 네 시간이나 헤매면서 발렌티노를 찾으러 다녀야 했다. 다음 날 플로리다의 새집에 도착한 딸은 사랑하는 발렌티노를 잃어버렸으니 용서해달라며 펑펑 울었다.

피터스버그의 동물 보호소 직원과 경찰이 최선을 다해 협조해주었지만, 끝내 발렌티노를 찾지 못했다. 발렌티노가 사라지고 나서 사흘 동안 나는 셀 수 없이 많은 광고를 지역 신문과 라디오 방송에 내보냈다. 나는 포기하지 않고 발렌티노를 찾겠다고 생각했다. 발렌티노는 죽은 남편이 무척 사랑하던 개였기에, 남편이 도와주리라는 확신도 있었다. 결국 나는 직접 사고 현장에 가보기로 결심하고 크리스마스에 버지니아행 비행기를 탔다.

그로부터 이틀 동안 나는 피터스버그의 인근 숲과 마을을 다니며 전봇대마다 전단지를 붙였다. 그리고 차를 빌려 한밤중까지 발렌티노의 이름을 부르며 돌아다녔다. 그곳에서 만난 사람들은 제각기 다른 말을 했다. "여기서 동쪽으로 10마일쯤 떨어진 곳에서 보았어요." "저쪽에서 검은 개랑 돌아다니고 있는 걸 보았답니다." "간밤에 우리 집 마당에서 자고 갔어요." 나는 이틀째 밤에 모텔로 돌아와 침대에 쓰러져 슬픈 마음으로 생각했다. 이젠 희망이 없어. 이 무슨 끔찍한 크리스마스란 말인가. 나는 다음 날 플로리다로 돌아가는 비행기 표를 예약해놓았기 때문에, 이제 유일한 희망은 비행기를 타기 전에 발렌티노를 찾는 것뿐이었다. 나는 기적을 바라며 신에게 기도하고 잠자리에 들었다.

그날 밤 세상을 떠난 남편이 꿈에 나타났다. 눈부신 흰 셔츠를 입고 여전히 큰 키에 잘생긴 모습으로 나타나서는 발렌티노를 찾을 수 있으리라는 희망을 주었다. "발렌티노를 잃어버린 장소에 가봐요." 남편이 말했다. "차에 타고 내가 이끄는 대로 가면 돼요." 나는 그 말을 듣고 깨어나 새벽녘에 차를 몰고 나섰다. 그리고 개를 처음 잃어버렸던 주유소를 찾아 주차를 했다. 그러고 나서 주위를 돌아다니다가 일터로 가는 듯한 한 여성을 불러 세워 발렌티노를 보았는지 물어보았다.

"아, 그놈이 부인의 개예요? 10분 전에 바로 저기서 봤어요. 바로 저기 앉아 있었는데 경찰이 여우라고 생각하고 총을 쏘려 하지 뭐예요." 고맙다는 말을 남기고 쏜살같이 그곳으로 달려갔다.

나는 숲으로 들어가 완전히 본능에 의지한 채 남편의 목소리를 들었다. "계속 직진." 그러다 갑자기 오른쪽에 있는 구덩이를 발견했다. 그곳에 발렌티노가 있었다. 무릎을 구부리고 귀에까지 진흙을 묻힌 채 불쌍한 목소리로 낑낑거리며 도움을 청하고 있었다. 나는 너무 흥분한 나머지 거의 구르다시피 발렌티노에게 달려가 두 팔로 감싸 안았다. 추위에 몸이 얼어붙어 있지만 않았더라면 발렌티노도 내게 달려들어 몇 시간이고 얼굴을 핥았을 것이다. 발렌티노는 내가 안전한 곳으로 안고 가는 동안 그저 힘없이 올려다보기만 했다. 말을 할 줄 알았다면 천 번이라도 '고마워요'라고 감사하고 싶어하는 표정이었다. 진정으로 내가 바랄 수 있는 최고의 크리스마스 선물이었다.

집으로 돌아오는 길에 나는 우연의 일치에 대해 곰곰이 생각해보았다. 발렌티노Vallentino가 버지니아Virginia에서 길을 잃었고, 내 남편의 이름은 버질Virgil이다. 모두 V로 시작하는 단어가 아닌가. 더 놀라운 것은 발렌티노가 22일 밤 2시에 숲으로 달아났는데, 그날 그 시간은 바로 내 남편이 세상을 떠난 순간이기도 했다. 결국 나는 그 사건이 진실을 전하기 위한 메시지가 아니었나 생각한다. 사랑하는 이들을 다시 만나는 것이 거의 불가능하게 여겨질지라도 우리는 인내와 기다림을 배워야 한다.

인내심과 믿음

영령은 기꺼이 우리를 도우려 하지만, 최근에 세상을 떠난 영령들은 우리가 접촉하고 싶다 해도 소통하기까지 다소 시간이 걸릴 수 있다. 고대의 가르침에 따르면, 사람이 죽은 후 40일 동안은 변화의 시기이므로 영령을 방해하지 말아야 한다. 정말로 이 때문인지 세상을 떠나고 나서 한동안 우리와 접촉하기를 원하지 않는 영령도 있다. 하지만 나의 아버지는 돌아가신 지 하루 만에 나타나 내게 쓰다 만 편지가 당신의 바지 주머니에 들어 있다고 알려주셨다.

최근에 나는 4주 전에 사고로 죽은 남편에게 연락을 받은 한 여성과 상담을 한 적이 있다. 그러므로 누가 언제 우리와 이야기할 수 있는지에 대한 일반적인 규칙은 없다는 것을 알아야 한다. 영령이 결정할 부분이기 때문이다. 예를 들어 세상을 떠난 지 얼마 되지 않아서 혹은 다른 친척을 방문하느라 또는 다른 사람의 부름에 응하느라 영령이 당신의 부름에 답하지 못할 수도 있다. 하지만 영령은 대부분 당신이 간절히 부르면 저승에서 내려올 준비가 되어 있다.

우리가 너무나 사랑하던 사람이 다른 세상으로 건너가버리는 것은 비극이다. 버림받거나 자신의 일부를 잃어버린 듯한 느낌이 들기도 한다. 게다가 마음이 찢어질 듯 아프고 혼란스러울 때는 떠나버린 사람과 다시 연결되기도 어렵다. 내면이 고통으로 가득 차 있을 때는 그의 영령이 주위를 맴돌고 있다는 사실조차 믿기 힘들다. 하지만 아무리 슬픔에 사로잡혀 있더라도, 사랑하는 이의 영령이 우리와 함께한다는 사실을 믿기 어렵더라도 **믿으라**. 우리가 부르면 영령은 나타난다. 아무리 고통스럽더라도 영령이 당신에게 온다는 것을 믿으라.

  믿음으로써 당신은 영령의 힘을 삶으로 끌어들여 진정으로 그 효과를 **느낄** 수 있다. 이는 아주 힘든 싸움임에 틀림없지만, 물질세계에서의 이별이 사랑하는 이와의 마지막이 아니라는 사실을 이해하면 불신을 극복할 **수 있다**. 이런 믿음이 가슴속에서 가장 소중한 이를 잃은 비극에도 불구하고 삶을 이끌어갈 수 있는 동력이 되어준다. 일단 영령과 처음 접촉하게 되면 계속해서 접촉을 이어 나가기를 바란다. 사랑하는 영령이 바로 곁에 있는 듯이, 같은 집에 있는 듯이 대화를 하라.

  영령이 꿈에서 우리에게 찾아오는 일은 아주 흔하다. 세실이라는 고객은 돌아가신 그녀의 어머니가 꿈에서 자동 응답기에 메시지를 남기는 방식으로 찾아왔다고 한다. 어머니의 메시지는 특히 세실이 자신과 어머니에 관련된 특별한 일을 처리하는 데 큰 힘이 되었다고 한다. 어머니가 자동 응답기에 남긴 인사에는 어버이날이 기대된다는 말도 포함되어 있었다(어버이날은 사실 몇 달 전에 지났다). 어머니의 메시지는 직접적이라기보다 암시적이었지만, 세실은 그 의미를 곧바로 이해했다. 세실은 꿈속에서도 그 상황이 그저 상상이 아니라 실제라는 것을 생생하게 느꼈다고 했다. 돌아가신 분을 꿈에서 만났을 때 현실처럼 생생하게 느껴지면, 그 영령이 당신과 소통하고 싶어하는 것이다. 그러니 주의를 기울여야 한다.

  또한 세상을 떠난 이들은 당신과 함께한다는 사실을 알리는 실마리를 남길 수 있다. 어느 날 문득 개를 데리고 지나가는 남성을 보았는데 죽은 오빠를 닮았다고 생각할 수 있다. 죽은 배우자의 이름을 텔레비전에서 자주 듣거나, 지나가는 트럭에서 사랑하는 사람의 이름을 발견할 수도 있다. 또한 돌아가신 할머니가 난로 곁에서 이야기를 들어주시거나 음식을 만들어주시는 등 일상적인 모습으로 나타날 수도 있다. 아니면 누군가가 집 안의 방에서 방으로 눈에 띄지 않게 움직이는 느낌이 들거나, 분명히 불을 끄고 외출했는데도 집에 오면 집 안에 불이 켜져 있는 것을 경험할 수도 있다. 이러한 신호들을 무시하지 말라. 이는 이 세상을 떠났음에도 불구하고 그 사람이 당신을 여전히 사랑한다는 명백한 증거다. 그러한 일들이 일어나면, 하던 일을 멈추고 조용히 그 사람에게 집중하라. 그 사람의 존재를 느낄 수 있는지 살펴보라.

영령은 보통 에너지의 형태로 생각과 꿈을 통해 우리와 소통한다. 하지만 당신이 운이 좋고 예민하다면 사랑하는 이가 자신을 안거나 만지는 것까지 느낄 수 있다. 물론 그런 일은 굉장히 강렬한 경험이고 그러기 위해 기도할 수도 있겠지만, 그런 경험이 항상 찾아오지는 않는다는 사실도 받아들여야 한다.

가끔 나에게 영령에 대해 알기 위해 찾아오는 사람들도 있다. 잃어버린 물건(보험증서나 유서 같은 것들)이 어디 있는지 혹은 영령이 어떻게 죽음을 맞이했는지 물어보러 오는 것이다. 만약 어떤 사람이 죽임을 당했다면 그것이 자살인지 아니면 타살인지 혹은 사고사인지 고객은 아주 자세하게 사인을 알고 싶어한다. 하지만 영령은 저차원적인 감정을 느끼지 않기 때문에 중요하게 여기는 것이 우리와는 다르다는 사실을 명심하라. 영령은 자신과 다른 이들의 치유에 가장 중점을 둔다. 이들은 신성한 목적을 잘 깨닫고 있다. 영령이 살아 있는 이들이 원하는 정보를 주지 않는 데는 나름대로 이유가 있으므로, 당신도 그것을 받아들일 수 있어야 한다. 당신도 나중에는 이해할 수 있을 것이다.

그리고 나면 이제 영령들의 존재를 납득할 만한 증거를 보여달라고 요청할 수도 있다. 영령들에게 자신을 이끌어달라고 큰 소리로 부탁해보라. 이들을 초대한다는 의미로 영령이 생전에 가장 좋아하던 자리에 차나 와인 혹은 물을 놓아두라. 당신이 소중한 이의 메시지를 들을 준비가 되어 있으면, 그도 소통하려 할 것이다.

만약 세상을 떠난 소중한 이가 어느 순간 문득 떠오른다면, 마음을 가라앉히고 영령의 존재를 느끼도록 마음을 열어보라. 그리고 그에게 말해보라. "당신을 사랑해요. 그리고 당신이 그리워요." 이때 울고 싶으면 울어도 괜찮다. 울면서 부정적인 감정을 내보내는 것이다. 우리와 세상을 떠난 사람 사이의 경계는 아무리 희미하다 할지라도 분명하다. 그러나 이제 죽은 이와의 관계가 달라질 수밖에 없다는 사실을 받아들이기는 쉽지 않다.

이는 내 개인적 경험에서 나온 이야기이기도 하다. 나는 마음으로 의사소통하는 능력이 남들보다 뛰어난 덕분에, 죽은 남편이 나를 찾아오는 것을 훨씬 잘 받아들일 수 있었다. 그렇다고는 해도 같이 식사를 하거나 해변으로 드라이브를 갈 수는 없다. 다른 사람들처럼 나도 상실을 슬퍼하고 울었다. 하지만 나 자신을 열고 그와 함께하는 모든 순간을 소중하게 여길 수 있다.

보이지 않는 세계에서 온 소중한 이가 꿈에 나타나고 집에 와 있다는 증거를 분명히 느끼면, 안도감과 함께 감정이 고양되는 느낌을 얻을 수 있다. 용기와 열린 가슴으로 다른 세상에서 온 영령을 받아들여 접촉해보라.

인간 사회에서 영령을 표현하는 방식에는 문제가 있다. 영령은 밤에 돌아다니는 무시무시한 '유령'으로 표현되는 탓에, 살아 있는 이들에게 무서운 존재로 여겨진다. 하지만 사실 이런 이미지는 돈을 벌기 위해 텔레비전이나 영화에서 만들어낸 것일 뿐이다. 다정한 유령이 우리를 찾아온다는 이야기는 별로 사람들의 흥미를 끌지 못하기 때문이다.

하지만 당신과 가까웠던 영령과 소통하는 것은 이와 완전히 다르다. 영령은 당신에게 겁을 주지 않는다. 다만 당신이 그 존재를 알아주기를 원할 뿐이다. 당신이 생각과 마음을 더 많이 열어둘수록, 영령은 당신의 문제와 걱정거리 그리고 당신의 일들에 대해 더욱 많이 이끌어줄 것이다. 더 이상 곁에 없는 이가 보내는 메시지를 듣기 위해 자신을 더 많이 열어둘수록 치유는 더 쉬워질 것이다.

우리가 영령이 보내는 메시지를 받아들일 준비가 항상 되어 있지는 않다는 것을 영령들은 잘 이해하고 있기 때문에, 예기치 못한 느닷없는 일들을 언제라도 받아들일 수 있도록 씨앗을 심어놓아야 한다는 것도 영령들은 잘 알고 있다. 예를 들어 아버지의 장례식에서 나는 갑자기 아버지의 음성을 들었다. "내 무덤 뒤에 있는 묘비에 새겨진 이름을 기억해두렴. 미국에 도착하면 이름이 똑같은 남자를 만나게 될 거야. 그 사람은 네 인생에서 아주 중요한 사람이란다. 그가 네 인생을 바꿀 거야." 아버지의 무덤 뒤로 돌아가 묘비를 살펴보니 그 구역이 버질이란 사람 소유라는 글귀가 새겨져 있었다. 아버지의 메시지 덕분에 나는 내게 큰 행복을 가져다줄 사람과의 만남을 구체적으로 기대할 수 있었다.

뉴욕에 도착한 지 며칠 되지 않아 나는 한 콘서트홀에서 노래를 부르기로 되어 있었다. 콘서트가 끝난 뒤, 아주 잘생기고 매력적인 남자가 나에게 다가와 손을 내밀었다. 그러면서 이름이 버질이라고 자신을 소개했다. 물론 나는 너무 놀라 쓰러질 뻔했다! 몇 주 지나지 않아 나는 그 사람과 결혼했다(그가 나의 소울 메이트라는 건 확실했다!). 우리는 버질이 세상을 떠나기 전까지 27년을 행복하게 살았다.

불행히도 내가 남편의 이름을 맨 처음 들었던 그 묘지는 남편의 때 이른 죽음까지 예언해주었다. 세월이 흘러 남편이 세상을 떠나고 나서 얼마 지나지 않았을 때 나는 루마니아로 돌아가 아버지의 묘지를 방문했다. 나에게 처음 버질이란 이름을 알려주었던 그 묘지에도 이미 묘지 주인이 들어와 있었다.

보이는 세계와 보이지 않는 세계는 비슷하게 움직인다. 죽음이 개별적인 의식의 끝이라는 거짓 믿음에 사로잡힌 자아를 놓아주면, 당신과 이 세상을 떠난 이들을 연결하는 놀라운 고리를 더 쉽게 느낄 수 있다. 또 이들이 전하는 말과 교훈에 더 활짝 자신을 열 수도 있다. 그렇게 되면 살면서 더 지혜롭고 신중하게 결정을 내릴 수 있게 되고, 실수를 저질러 괴로워하는 일이 줄어들 것이다. 다른 세계와 접촉함으로써 당신은 평화와 힘 그리고 치유된 삶을 누릴 것이다.

보이지 않는 세계와 소통하는 법

관찰

당신은 이미 영령과 접촉한 적이 있을 수도 있다. 하지만 무섭거나 혼란스러워서 혹은 상상이라고 생각해서 그 경험을 무시해버렸을지도 모른다. 만약 그런 경험이 있었다면 그 일에 대해 한번 써보라. 이 세상 너머에서 온 방문자에 대한 마음속 두려움을 떨쳐버리려 애써보라. 무서워할 이유가 전혀 없으며, 유령이란 텔레비전이나 영화에서 만들어낸 거짓된 이미지라는 것을 기억하라. 영령을 믿으라. 그리고 당신이 신뢰할 수 있는 사람과 이에 대해 대화를 나누어보라.

생활 속에서 영령의 존재를 관찰하고 깨달음으로써 이들이 전해주고 이끄는 대로 받아들일 준비가 되어 있음을 보여주자.

기도

물론 신에게 우리를 이끌어달라고 기도하는 것도 중요하다. 하지만 이와 더불어 수호천사나 성인 혹은 보이지 않는 세계로 넘어간 죽은 이들에게도 기도해보라. 이들이 당신을 돕고 있다는 그 신호와 연결고리를 느껴보라. 영령들은 기꺼이 당신을 도울 것이다. 예를 들어 내 고객 중 한 사람은 재정적으로 도움을 달라고 돌아가신 할머니께 기도했는데, 다음 날 할머니가 보석 상자에 남겨둔 은화 더미를 발견했다. 은화가 비록 그렇게 큰 가치는 없다 해도, 이 일을 겪음으로써 할머니가 어려운 상황에서 자신에게 도움을 주고 있다는 사실을 알게 된 셈이다.

나는 저쪽에 있는 모든 이들에게 영적인 도움을 구한다. 신과 예수님, 가족들……. 그 누구든 내 기도를 들어주기만 한다면! 그들은 모두 다른 방식으로 나를 돕는다. 아버지에게는 재정적인 조언을 구하고, 어머니에게는 정서적 안정을 구하며, 다른 영령들에게는 내가 가진 것에 감사하는 마음을 표현한다. 성 안토니St. Antony에게는 잃어버린 물건을 찾아달라고 기도한다. 또한 특별히 부탁할 일이 있을 때는 당신을 사랑했던 이들에게 기도해도 좋다.

행동

아직 영매가 영령을 불러내는 것을 본 적이 없다면, 직접 상담을 청해 이들이 영령을 불러내는 과정을 지켜보라. 느낌을 통해 당신이 접촉하고 확인할 수 있는 영령을 찾아내어 이들에게서 이끎을 받으라. 이를 통해 당신은 보이지 않는 세계와 서로 연결되어 있다는 진실에 눈을 뜰 것이다. 그저 영령이 존재한다는 막연한 믿음을 넘어, 이들이 우리 속에 존재한다는 것을 확실하게 **깨달을** 수 있다.

소위 과학적으로 검증할 수 없는 현상을 통해 저쪽에 있는 존재들과 접촉한다는 것은 우리가 우리 자신을 위해 존재하는 신과 영령에게 직접 연결되어 있음을 깨닫는다는 의미다. 영적 존재와의 접촉을 두려워하지 말라. 문제를 일으키는 영령들도 있지만, 이들의 힘은 미약하고 당신이 정말로 부정적이고 어두운 상태에 있지 않는 한 당신과 연결되지 않는다. 설령 연결된다 하더라도 당신을 해치는 일은 없다. 그저 당신을 더 우울하게 만들 뿐이다. 이미 세상을 떠난 이들과 영령들을 부른다고 해서, 원치 않는 기운까지 불러들여 감동을 약화시키고 당신을 속상하게 하지 않을까 염려할 필요는 없다.

보이지 않는 세계에 존재하는, 당신을 치유하는 신성한 연결고리를 깨닫게 되면, 당신은 용기를 얻어 당신 자신이 불러일으킨 부정적 에너지와 직면할 수 있게 된다. 예수님이 말씀하셨듯이, 누구도 죄로부터 자유롭지 못하다. 정말로 우리 중에 서로 사랑하고 착하게 살라는 도덕규범을 한 번이라도 어기지 않고 사는 사람은 없다. 그렇지만 잘못을 했다고 해도 그것을 뉘우침으로써, 자신과 타인으로부터 받은 상처를 치유하며 살 수 있다. 사실 많은 사람들이 종종 오해하기는 하지만, 다음 장에서 확인할 수 있듯이 그저 일체감을 받아들이는 것만으로도 업業을 치유할 수 있다.

6장 일체감과 업

>서로 분리된 전체인 듯 보이는 개별적 존재는
>다른 이들을 차례차례 순회한 다음에
>다시 자아의 모든 자락들을 한데 모으고는 사그러진다
>그리고 커다란 영혼 속에 통합된다
>
>―앨프리드 테니슨 Alfred, Lord Tennyson

서양인들은 동양인들만큼 업業이라는 개념에 익숙하지 않기 때문에, 업이 정확히 어떻게 작용하는지 모른다. 업이란 잘못된 행동을 처벌하는 우주의 법칙이나 단순한 '인과응보'의 법칙이 아니라 '우리의 행동들이 쌓여 우리에게 되돌아온다는 자연의 섭리'라 할 수 있다. 카르마는 산스크리트어로 '인간의 행동으로 야기되는 힘'이라는 뜻이다. 업의 법칙은 내가 말하는 열한 가지의 영원한 법칙 중 하나다. 우리에게 일어나는 일은 배움을 얻기 위해 지상으로 내려온 영혼이 선택한 결과라고 정리할 수 있을 것이다.

업이린 영혼의 기억이라고 생각할 수도 있다. 부정적인 기억은 치유해야만

하는 상처나 해결해야만 하는 정신적 내상을 남긴다. 반면에 긍정적인 기억이나 '선업'은 부정적인 기억에 균형을 맞추고, 상처를 회복하고, 일체감에 가까워지도록 도와준다. 또 개인의 자아와 집단의 자아가 존재하듯이, 개인의 업과 집단의 업도 있다. 다시 말해 다른 사람이 행동한 결과로 당신이 상처받을 수 있다. 다른 이들이 한 행동의 결과로 당신이 고통받고 **있다**면, 집단의 업은 확실히 당신 탓이 아니다.

누군가를 비난하겠다는 생각은 아예 버리는 것이 좋다. 업의 중요성은 누구 잘못인가를 따지기보다 상처를 치유하고 상처로 파괴된 감정을 회복시키는 데 있다. 업에 대한 공부란 당신에게 상처를 준 사람을 잊어버리는 것이 아니라, 그 기억에 달라붙은 어두운 감정을 놓아주는 것 **그리고** 그런 감정을 더 이상 만들어내지 않는 것이다. 분노나 미움 혹은 슬픔은 진동수가 매우 낮아 우리의 차크라에 달라붙는다(하지만 우리가 죽으면 자동적으로 정화되어 저세상으로 간다).

한동안 잊어버렸던 과거의 나쁜 기억을 떠올릴 때 이런 일을 경험한 적이 있을 것이다. 앞에서도 말했듯이, 보이지 않는 세계에 사는 이들은 전생의 기억을 그대로 지니고 있다. 하지만 그들은 지상에서 겪은 고통스러운 기억에 더 이상 매달리지 않는다. 반면 보이는 세계에서는 이런 기억이 우리의 일부분이 되기 때문에, 여기에서 벗어나기는 매우 어렵다.

마음이 돌아선 애인이나 매섭게 다그치던 부모님을 떠올리면, 누구나 격해지는 감정을 참기 어려워진다. 그러다 보면 감정에 더 많은 힘이 실리고 이는 더 큰 고통을 낳게 된다. 그러면서 이런 생각이 든다. '맞아, 그가 떠났을 때 난 너무 괴로워서 다 잊어버리기로 했지. 그래서 다 잊었다고 생각했는데……. 왜 아직도 과거의 상처에서 벗어나지 못하는 걸까? 도대체 난 왜 이

럴까? 정말 나 자신에게 화가 나!' 우리는 다 아물었다고 생각했던 오랜 상처와 마주쳤을 때, 또다시 부정적인 반응을 보이기 쉽다. 또한 고통스러운 기억을 떠올리지 않기 위해 노력하는 과정에서 더 어두운 감정이 생겨나 커지기도 한다. 그러다 보면 상처는 점점 회복되기 어려워진다.

업의 수레바퀴가 돌아가면서 똑같은 감정과 상황이 돌아올 때마다 우리는 선택의 기로에 선다. 예전과 같은 방식으로 반응할 것인가 아니면 오랜 습성을 끊고 자유로워질 것인가? 살면서 이런저런 부정적인 업을 경험할 수밖에 없겠지만, 그렇다고 해서 늘 상처를 입거나 반복되는 행동의 악순환에 갇힐 필요는 없다. 먼저 업의 원리를 이해하고, 자신을 사랑하며 타인을 용서하려고 노력하라. 그리고 일체감의 원칙을 마음에 새기고 행동한다면, 업을 해소하는 데 커다란 발전을 이룰 수 있다.

나에게 왜 이런 일이 일어날까

나는 몇 년 동안 많은 사람들을 상담해왔다. 그들은 자신의 괴로움을 이야기하고 나서 보통 이렇게 묻는다. "대체 왜 이런 끔찍한 일이 일어나는 걸까요?" 그것은 운이 없거나 과거에 저지른 일 때문에 받는 천벌이 아니다. 업의 수레바퀴, 어쩔 수 없는 운명의 수레바퀴에 걸려 넘어지는 것이다.

환생이란 영혼이 하나의 몸에서 다른 몸으로 옮겨가는 것을 지칭한다. 따라서 영혼이 전생에서 해결되지 않은 업을 내생에 고스란히 안고 간다는 사실을 깨닫게 되면, 이번 삶에서 한 행동의 결과로 고통받는 이유뿐만 아니라 도저히 이해되지 않는 부당한 일로 고통받는 이유도 이해할 수 있을 것이다. 태어나자마자 목숨을 잃는 아기들, 끔찍한 질병에 시달리는 아이들, 학대하는 부모 아래에서 크는 아이들, 비극적 결말을 맞는 착한 이들은 어쩌면 과거의 업을 푸는 과정인지도 모른다.

신약성서에조차 환생에 관해 언급되어 있다. 어느 날 제자들이 예수님께 어떤 사람이 눈이 멀게 태어나는 것은 그가 죄를 지어서인지 그의 부모가 죄인이어서인지 물었다. 그러자 예수님은 이렇게 대답한다. "이 사람이나 그 부모의 죄로 인한 것이 아니라 그에게서 하나님이 하시는 일을 나타내고자 하심이라."(요한복음 9:2-3) 또 예수님은 세례 요한이 엘리야의 환생이라고도 언급한다. "만일 너희가 즐겨 받을진대 오리라 한 엘리야가 곧 이 사람이니라."(마태복음 11:14)

앞에서 간단히 언급했듯이, 운이 없어서 좋지 않은 일에 휘말린 듯 보이는 사람의 업은 그 사람이 속한 가족이나 공동체 같은 집단에 의해 생겨났을 수도 있다. 서구 사회에서는 개별성을 너무 중시하기 때문에, 이런 부분에도 일체감이 적용될 수 있다는 것을 믿기 어려워한다. 우리는 서로 연결되어 있으므로, 가까이 있는 사람이 상처를 입으면 자신도 상처를 입기 마련이다. 비극을 목격하면, 자신이 직접 살해나 학대 혹은 질병 같은 것들을 겪지 않더라도 같은 인류로서 자연스러운 감정이입이 일어나 정신적 내상을 입는다. 예를 들어 전쟁에 나가 죽음이나 부상을 당하지 않고 무사히 돌아왔다손 치더라도, 다른 이들의 고통을 목격한 괴로움에 시달리는 것과 마찬가지다. 그 업을 풀지 못한다면 미래의 삶에도 영향을 미칠 수밖에 없다. 이런 식으로 다른 이의 고통은 우리에게 큰 충격을 준다.

우리가 서로 어떻게 연결되어 있는지를 깨닫거나 우리가 서로의 고통에 괴로워한다는 사실을 깨달으면, 업이란 것이 우리에게 벌을 의미하는 것만은 아님을 알 수 있다. 신은 결코 국민을 보호하려는 착한 병사를 처벌하기를 바라지도 않고, 아이가 몸에 선천적인 병을 가지고 태어나기를 바라지도 않는다. 우리가 잘못된 부분을 고치고 치유하지 않으면, 환생을 통해 이어지는 업에서 고통과 비극이 생겨난다.

업의 영향에 대해 제대로 알고 있는 사람은 아무도 없다. 그러므로 자신이 어떻게 어떤 사건들을 불러왔는지 궁금해하기보다 이렇게 곰곰이 생각해보는 편이 낫다. '이 경험을 통해 나는 무엇을 배울까? 어떻게 하면 이 경험을 나 자신이 성장할 수 있는, 업을 해소할 수 있는, 나 자신의 회복과 행복에 기여할 수 있는 기회로 활용할 수 있을까?' 이런 물음에는 아주 강력한 힘이 담겨 있다. 답을 찾는 그 과정만으로도 치유에 이를 수 있기 때문이다. 그러다 보면 당신은 트라우마를 통해 사물을 올바로 볼 수 있게 되고, 삶에서 균형과 조화를 찾을 수 있게 될 것이다.

심리학에서는 부정적인 행동을 되풀이하려는 경향을 '반복 강박repetition compulsion'이라 부른다. 다시 말해 자각만으로는 부정적 행동 패턴을 극복할 수 없다. 바뀌겠다고 맹세해놓고도 자신이 극복했다고 생각한 똑같은 행동으로 다시 돌아가버리면, 결국 좌절과 혼란만 커질 뿐이다. 문제의 해답은 악업을 만들어내는 좋지 않은 기억을 제대로 파악하는 것이다.

우리의 영혼은 자신의 문제를 직시할 기회, 그것을 인식할 기회, 그 문제를 야기한 자신을 용서할 기회, 기억에 새겨진 슬픔과 분노 그리고 두려움을 해소할 기회를 기꺼이 받아들인다. 이렇게 치유될 기회에 저항하다 보면, 불균형과 부조화만 더 커질 뿐이다. 우리가 두려움과 고통을 안겨주는 상황이나 사람에게 이끌리는 것은 바로 이 때문이다. 그러므로 이런 현상을 자각하고 곧바로 해결하는 것이 중요하다.

물론 자신의 문제를 직시하는 것은 오래된 상처를 들쑤시듯 불편한 일이겠지만, 피할 수는 없다. **해결되지 않은 업을 의식적으로 풀려고 노력하지 않는다면, 똑같은 행동 패턴에 갇히고 말 것이다.** 과거에 저지른 잘못에 사로잡힐수록, 자기혐오라는 함정에서 헤어나기가 점점 힘들어진다. 자기혐오는 고통을 심화하고 아픈 상처를 더 아프게 할 뿐이다. 그러다 보면 기억을 묻어두고 다시는 들춰보려 하지 않게 된다.

아픈 기억을 잊기 위해 술이나 마약에 의존해서는 절대 안 된다는 사실을 기억하라. 술이나 마약이 신성한 도움에 비교될 리 없다. 대신 용기와 희망 그리고 사랑을 위해 영적 존재들에게 도움을 청하라. 당신이 얼마나 큰 잘못을 저질렀든, 영적 존재들에게서 힘을 얻으면 자신이 한 일을 되돌아보고 의식적으로 자신을 용서할 수 있게 된다.

용서란 일어난 일을 망각하고 자신의 고통을 부정하는 것과 다르다. 자신 속에 부정적 감정을 쌓아두는 대신에 **흘려보내는 것**이 용서다. 자신의 경험을 정직하게 돌아보고, 다음번에는 똑같은 상황을 피할 수 있도록 교훈을 얻어야 한다.

그 일에 관련된 다른 사람이 전혀 후회하는 기색이 없더라도 용서하라. 그러면 더 큰 고통에서 해방될 수 있다. 자신과 다른 사람을 사랑하면, 더 나은 선택을 할 수 있고 자신과 다른 이들에게 더 큰 고통을 안겨주지 않을 수 있다. 또한 다른 사람들이 일체감으로 돌아갈 수 있도록 도움을 줄 수도 있다. 그들이 부정적인 감정에 사로잡히기를 바라지 말고, 그들이 후회하고 풀어놓기를 바라자. 그래서 그들이 자신들이 쌓은 업으로부터 치유될 수 있기를 바라자.

개인의 총체성을 받아들이기

우리 모두는 어두운 면을 가지고 있고, 잘못된 행동에 대한 괴로운 기억을 안고 살아간다. 하지만 그 사실을 스스로 인정하고 싶어하지는 않는다. 그래서 대신 어두운 면이 드러난 사람을 지목해서 '적어도 나는 저 사람만큼 나쁘지는 않아'라고 자위하곤 한다. 사실 실패에 대한 책임을 다른 사람에게 전가하고 자신의 잘못을 모른 척하는 것이 인간의 본성인지도 모른다.

하지만 나쁘기만 하거나 착하기만 한 사람은 없다. 인간은 모든 본성의 총체이며, 무의식적인 충동과 의식적인 충동 두 가지 모두를 지니고 있다. 한 남자가 자신은 일부일처제를 신봉하고, 부부 사이의 감정적인 친밀감을 중시하며, 결혼식에서 상대에게 충실할 것을 맹세했다고 치자. 하지만 그는 풀리지 않은 업 때문에 생각대로 살아가지 못할 수도 있다. 어쩌면 자신이 그런 행복을 누릴 가치가 없다고 생각할 수도 있고, 한 사람과 평생 정서적으로, 성적으로 친밀함을 유지하면서 사는 것을 두려워할 수도 있다. 어쩌면 그런 감정에 휩쓸려 다른 여성을 유혹한 뒤 나중에 부인을 배신했다는 엄청난 죄의식에 빠질 수도 있다. 이렇듯 풀리지 않은 업 때문에 그의 행동은 더 나쁜 업을 낳게 된다.

물론 이 사람의 행동을 비난하기는 쉽지만, 그를 나쁜 사람이라고 단정하는 것은 옳지 않다. 자신의 행동에 따른 정서적 영향을 부정하면서 전혀 괴로움을 느끼지 않을 수도 있지만 그의 영혼은 알고 있다. 자신의 에너지가 매우 심하게 불균형을 이루고 있다는 사실을 말이다. 또한 이런 영혼의 불균형으로 인해 육신에 병을 얻을 가능성도 배제할 수 없다.

업을 해소하고 일체감으로 돌아오기 위해서는, 자신과 타인을 완전한 선과 완전한 악으로 구분하고 피해자와 가해자로 생각하는 태도를 버려야 한다. 모든 이들이 지닌 일체감을 이해하고 개별적인 행동의 복잡성과 모순을 받아들여야 한다. 평소에 사랑으로 가득 찬 사람도 긴박한 상황에 놓이면 엄격하고 가혹해질 수 있으며, 아주 자기중심적인 사람도 다른 사람을 도울 기회가 오면 너그러움을 보일 수 있다. 또한 다른 이들의 삶에 단순히 개입하여 그 사람의 숨겨진 상처를 넘보려 하지 말라. 그 사람은 어쩌면 자신의 상처를 자각하고 있지 못할 수도 있다. 나쁜 행동이 과거의 감정적 상처와 단절감에서 기인할지도 모른다고만 단순히 믿어보자. 일체감을 받아들이면, 타인이 상처를 치유하도록, 연결고리를 찾도록, 더 이상 악업을 쌓지 않도록 도울 수 있다.

우리는 우리 자신과 가까운 사람들을 진정으로 잘 알고 있다고 생각할 수 있다. 그리고 그들의 행동을 예측할 수 있다고 생각할 수도 있다. 그러나 그런 생각 자체가 자아가 지혜와 통제에 대한 환상을 즐기고 있다는 증거임을 명심해야 할 것이다. 그런 까닭에 온화하고 성격 좋은 친구가 갑자기 오랜 스트레스를 견디지 못하고 끔찍한 행동을 저지르면, 극심한 혼란에 빠지게 된다. 이런 일들을 통해 우리는 모든 이들에게 어두운 면이 있으며, 표면적으로 드러난 모습과 실제가 다를 수 있다는 사실을 새삼 깨닫게 된다. 다른 사람이 당신보다 풀어야 할 업이 더 많아 보이더라도 그것은 당신이 상관할 문제가 아니다. 그 사람을 '교정'하거나 비교하고 판단하는 것은 당신의 몫이 아니다! 그런 행동은 오히려 자신의 업을 해결하지 않으려는 자아의 변명일 뿐이다.

유명 스타들에게 환호하는 우리 문화에서는 이렇게 문제의 초점을 잘못 건드리는 경우가 잦다. 이들이 잘못된 행동을 한 사실이 드러나면, 우리는 자신의 문제는 잊고 그에 대한 잡담에 몰두한다. 스타는 완벽해야만 한다는 부담감에 시달린다. 이들은 언제나 얼굴에 웃음을 띠고 예의 바르게 행동하며 이해와 인내로 모든 이들을 대해야 한다는 압박을 가지고 있다. 사람들 앞에 나서는 공인은 항상 즐거워 보여야 한다는 대중의 기대는 이들에게 거대한 부담으로 작용한다.

다른 분야에서 일하는 사람들도 비현실적인 기대를 충족시켜야 한다는 부담 속에서 살아간다. 모든 사람들에게 기쁨을 주어야 한다는 생각은 개인을 불안과 우울에 빠뜨린다. 다른 이들을 끊임없이 만족시키지만 자신은 결코 만족하지 못하는 삶은 피곤할 뿐이다. 모든 사람은 자신이 사랑하는 이들에게 단절되고 거절당하는 일 없이 불행과 분노를 표현할 필요가 있다. 자신의 문제를 해결하지도 못하고 자신이 돌봐야 하는 이들을 항상 실망시킨다고 생각하는 사람들은 종종 극단적인 고독에 빠져 살아간다. 그들은 일체감을 보지 못하기 때문에, 아무도 사랑하지 못하고 누구에게도 사랑받지 못한다고 느낀다. 업을 해소하기 위한 첫 단계인 자신의 다양한 측면을 깨닫지 못하는 것이다.

자신의 **어떤** 부분을 숨기면(그것이 어두운 면이건 자비로운 면 혹은 창의적인 면이건 간에) 그것은 일체감과 모순되고 부조화를 발생시킨다. 당신이 자신을 사랑한다면, 자신의 실패를 바라보고 받아들이며 파악하는 일이 한결 쉬워진다.

영적 존재는 자신의 총체성을 받아들이는 어려운 과정에서 항상 큰 힘이 되어준다. 격동과 비극의 시기를 헤쳐 나가는 동안 길잡이나 천사 혹은 영령이 나서서 도와주는 일이 없는 듯 보일 테지만, 이는 업의 법칙에 따라 당신이 소중한 교훈을 얻을 수 있도록 하기 위해서다. 이들은 당신이 좀 덜 고통스러운 방법으로 교훈을 얻기를 바라지만, 다른 모든 사람들과 마찬가지로 업에 대한 깨우침을 얻으려면 고통받을 수밖에 없는 경우도 있다. 영적 존재의 목적은 개인이 고통을 받지 않게 하는 것이 아니라 업을 치유하는 것이다. 하지만 그것도 당신의 영혼이 먼저 치유되고 난 다음의 일이다.

사실 집단의 의식 속에 있는 모든 영적 존재와 영혼이 가장 우선순위를 두고 있는 일은 인류의 업을 해소하고 모든 이들을 일체감 안으로 데려가는 것이다. 신의 지혜는 인간의 이해 범위를 능가한다. 직장이나 집을 잃고 나면 엄청나게 불행하다고 생각하겠지만, 나중에는 그런 경험이 없었더라면 더 나은 삶을 살 수 없었으리라는 사실을 깨닫곤 한다. 그러므로 기억하라. 어떤 일이 생각처럼 되지 않을 때는 더 나은 일이 기다리고 있다.

집단의 업이 지닌 힘

자신의 업에 고통받는 사람들은 대부분 자신에게 피해를 입힌 사람을 처벌하고 그들에게 복수하고 싶어한다. 이렇게 반응하는 것은 우리가 일체감과 단절되어 있기 때문에, 그래서 결국 용서하지 못하고 더 나아가지 못하기 때문이다. 그리고 종국에는 더 부정적인 결과를 불러온다. 다른 사람을 적대시하고 불신과 의심에 굴복한다면, 이 끝없는 악순환에서 벗어날 수 없다. 자신이 속한 집단과 다른 집단이 분리되어 있다는 환상에 매달리다 보면, 악업은 치유되지 못하고 지속될 수밖에 없다. 편협한 사고나 인종주의가 바로 그런 예다. 오늘날에도 여전히 많은 사람들은 피부가 흰 사람이 피부가 검은 사람보다 우월하다는 낡은 관념을 신봉하고 있다. 수천 년 전부터 내려오는 믿음이기는 하지만, 너무나 잘못된 생각이다. 예를 들어 부유한 브라만 계급이 '불가촉천민'으로 취급되는 가난한 사람들보다 피부가 더 하얀 인도에서는 아직도 노예제도의 유산을 느낄 수 있는 미국과 동일한 분할이나 편견이 발견된다.

우리를 계속 병들게 하는 이런 행동에서 벗어나는 유일한 방법은 일체감을 받아들이고 모든 이들을 사랑으로 대하는 것이다. 가령 당신은 캐나다인이고 나는 유럽인일 수 있지만, 더 크게 보면 그저 지구의 일원일 뿐이다. 당신은 동성애자이고 나는 이성애자일지라도, 우리 모두 배우자의 사랑과 포용을 필요로 하지 않는가? 당신은 무신론자이고 나는 신을 믿지만, 우리 모두 삶에 대한 해답과 삶에 의미를 부여하는 더 큰 무엇과의 연관성을 찾고 있지 않은가?

이념이나 인종, 성별이나 지난 역사와 상관없이 우리 모두의 길은 서로 연결되어 있다. 이제 우리의 차이점을 극복하고 서로 화합하기 위해 집중해야 할 때다. 미국에서 남북전쟁이 일어났을 때 에이브러햄 링컨은 성경을 인용하여 다음과 같이 미국인들에게 경고했다. "집이 갈라지면 똑바로 서 있을 수 없다." 내부가 분열되면 제국도 무너질 수 있음을 링컨은 잘 알고 있었다. 미국의 화합이 엄청난 위기에 처하자, 링컨은 서로 분리되어 싸우는 대신 뭉쳐야 한다고 호소했다.

오늘날 우리는 오랫동안 당연하게 여겨왔던 미국이라는 큰 나라조차 너무 많은 욕심과 두려움 때문에 기반이 흔들리고 있다고 느낀다. 자연재해에 일상이 흔들리고, 회복되기까지 몇 년이 걸릴 주택 위기와 어떻게 해결해야 할지 아무도 모르는 재정 위기에 직면해 있다. 그러면서도 우리는 끊임없이 악업을 만들어내는 단절이라는 근본적인 원인보다 겉으로 드러나는 증세를 치료하기에 바쁘다.

　최근에 나는 친구들과 고객들에게서 민간 채권자나 정부 소속 채권자들의 공격적이고 비도덕적인 태도에 대해 듣고 충격을 받았다. 나는 그들에게 인간은 대개 두려운 상황에 놓이면 공격적인 태도를 취하기 마련이라는 사실을 환기하려 애썼다. 우리는 대부분 부당하거나 불법적인 대접을 받기 싫어하지만, 겁에 질린 상황에서는 이렇게 생각하기 쉽다. '자, 이제 세상과 나 사이에 싸움이 시작되는 거야.' 이때부터 다른 사람에 대한 배려는 흔적도 없이 사라진다. 하지만 이런 광기는 멈추어야 한다.

　자신의 안전을 위해서라면 이웃에게 잘못을 저질러도 괜찮다는 생각을 버려야 한다. 그리고 부패와 남용에 가담한 사람도 부당한 대접을 받은 사람들과 마찬가지로 언젠가는 자신의 자리를 박차고 일어서야 한다. 다른 인간에 대한 배려 없이 권력에만 집착하는 집단에 들어가봤자 전혀 안전하지 않다. 결국 마지막에는 자신의 차례가 돌아올 것이다.

　로마 제국을 예로 들어 제국이 권력을 오용했을 때 어떤 결과가 나타나는지 살펴보자. 알다시피 로마인들은 다른 이민족을 정복하고 착취함으로써 자신들의 안전을 도모하려 했지만, 결과적으로는 이민족들의 저항에 부딪혔을 뿐이다. 로마의 황제 디오클레티아누스Diocletianus는 부족한 정부 재원을 메우기 위해 어처구니없을 정도로 세금을 올렸다. 제국은 너무나 방대하게 확장되어 거의 통제 불능에 놓였다. 게다가 관료들은 서로 싸우기 바빴고 로마인이 되기를 강요받은 이민족들은 새로운 국가의 가치를 존중하거나 그것에 공유되지 않고 끈질기게 저항했다. 이런 불협화음은 제국이 무너질지도 모른다는 신호였다. 그럼에도 불구하고 로마 제국 사람들은 자신들이 무적이며 자신들이 창조한 것들이 영원하리라고 믿었다. 어디서 많이 들어본 소리 같지 않은가? 미국도 국내외 문제들에 대해 지금이라도 당장 더 깊이 고민해야 한다. 모든 나라와 정부, 제도는 결국 와해되지 않는가.

아틀란티스에 대한 이야기도 빠뜨릴 수 없다. 이 도시가 정말로 존재했는지 아니면 이야기 속에만 존재하는지 모르겠지만, 서구 문명의 진로를 놓고 상상할 때면 아틀란티스는 오랫동안 많은 부분을 차지하고 있었다. 제국이 내부에서부터 흔들리면 어떤 일이 일어나는지를 명백하게 보여주었기 때문이다. 플라톤의 추정에 따르면, 아틀란티스는 기술이 발달한 도시였지만 검은 피부의 레뮤리아Lemuria인들을 비롯한 여러 민족과 전쟁을 벌이기 시작했다. 욕망과 잔인함이 결부된 아틀란티스인들의 악업은 결국 섬이 바닷속으로 가라앉는 원인이 되었다.

미국인들은 아틀란티스의 전설을 듣고 편협함과 욕심 그리고 공격성에 물든 자신의 모습을 돌아보아야 한다. 우리는 우리의 선조들이 지은 죄에 대한 대가를 치러야 한다. 총체성의 법칙에 따르면, 우리가 곧 그들의 후손이기 때문이다. 얼마나 많은 세월이 지났건 얼마나 많은 제국이 나타났다 사라졌건 상관없이, 우리는 해결해야 할 문제들로부터 영원히 도망치지 못한다. 한 사람이 혹은 한 집단이 다 죽는다고 해서 악업이 해소되지는 않는다.

미국은 전 세계의 역할 모델이 될 가능성이 있다. 역사상 빛나는 순간들도 많았다. 일체감에 깊은 관심을 가졌던 건국의 아버지들과 그 밖의 다른 애국자들이 있었으며, 그들이 세운 이상에 따라 살던 시대도 있었다. 이제 우리는 통일성과 조화를 갖춘 세계로 돌아갈 것인지 아니면 갈등과 의심 그리고 편협함과 힘에 대한 욕심에 더 깊이 빠질 것인지 선택해야 한다. 조화가 다시 전면에 부각될 때만 끝없는 하강의 움직임을 멈출 수 있다. 하지만 상위 2% 인구가 대부분의 부를 움켜쥐고 수백만의 인구가 기본적인 자유와 안전을 찾아 발버둥치는 한, 우리는 계속 불안정할 수밖에 없다.

　매일 수천 명의 개인들이 선업을 쌓고 우리가 계획한 시스템을 개선하기 위해 최선을 다하고 있다. 예를 들어 젊은이들은 안전함으로 향하는 전통적인 경로에서 떨어져 나와, 새로운 삶의 방식을 설계하고 창조하려 노력하고 있다. 그러므로 더 이상 누구도 행복을 느끼지 못하는 사회구조와 물질적인 방식에 질문을 던져보자. 오로지 그래야만 긍정적인 결과를 얻을 수 있다. 발전은 아주 작은 변화에서 시작된다. 가령 지하실과 다락, 창고에 싸구려 물건(어떤 물건에는 상표가 그대로 붙어 있을 지경이다)을 가득 쌓아두고 있는 사람들이 있다. 이들은 '물질'이 절대로 자신을 행복하게 해주지 못한다는 사실을 깨닫게 될 것이다. 사실 그런 물건은 사람을 오히려 더 갑갑하게 할 뿐이다. 모든 사람이 보다 소박하고 단출하게 살려고 노력한다면, 우리 사회는 긍정적으로 달라질 것이다.

　당신도 물질주의의 손아귀에 붙들린 적이 있는가? 더 구매하고 더 소유하고 더 수집하고 싶은 압박을 느낀 적이 있는가? 그렇다면 당신도 모르는 사이에 물질에 정신을 빼앗겨, 자신이나 다른 사람들 그리고 영적 존재와의 관계에 마음을 쏟을 때 느낄 수 있는 기쁨과 안정감을 잊어버린 것이다. 소유욕에 사로잡혀 자제력을 잃어버린 적이 있다 하더라도 부끄러워할 필요는 없다. 돈으로 행복을 살 수 있다는 환상에 빠져 있었던 자신을 용서하고, 앞으로는 다르게 살겠다고 맹세하라.

　전 지구적인 경제 위기는 인류를 일체감으로 복귀시킬 중요한 기회다. 미래에 대한 희망도 안전도 느낄 수 없는 가난한 사람들을 희생해서 얻는 부가 바람직하지 않다는 사실을 많은 사람들이 깨닫고 있다. 서로 나누며 소박하고 조화롭게 살아간다면, 우리는 다 함께 지구의 혜택을 고루 누리며 살 수 있다. 그리고 선업을 쌓음과 동시에 지속적으로 생산되는 부정적인 업에 관한 문제를 해결할 수 있다. 이 세상 모든 남성과 여성 그리고 아이들이 보다 겸허한 태도로 살아갈 수 있다고 믿으며, 앞으로 그런 삶의 자세가 점점 확대되어 더 많은 사람들이 일체감을 향해 나아갈 수 있으리라 생각한다.

우리는 구원받기 위해 여기 있는 것이 아니다

누군가 우리를 구원하여 곧장 문제를 해결해주기를 바라는 열망이 이해는 가지만, 우리의 업을 해소하려면 다 함께 노력해야 한다. 지도자들이 우리를 구해주리라는 기대는 부질없는 바람이다. 물론 자기통제에 능숙한 지도자라면, 다른 이들을 도우려는 마음으로 충만해 있을 수 있다. 하지만 그도 역시 힘의 한계에 부딪힐 수밖에 없으며, 아무래도 다른 사람보다 부패의 유혹에 시달릴 가능성이 크다. 우리는 지도자들이 전지전능하다고 생각하고, 그가 기대에 미치지 못할 때는 분노하며 흉을 본다. 그러므로 우리는 그(그녀)가 해낸 일을 자랑스러워하되 너무 크게 기대하지는 말아야 한다. 결국 치유는 외부에서 오는 것이 아니라 내부에서 시작되는 것이 아닌가.

자신의 업을 치유한 경험이 있는 사람은 거의 없다. 그러다 보니 자신을 믿고 스스로 문제를 해결할 수 있다고는 생각히지 못한다. 나는 몇 년 동안 이혼한 사람들을 상담해왔는데, 많은 이들이 과거에 대해 아직도 쓰라린 상처를 간직하고 있었다. 그러다 보니 불신하고 냉소하는 태도가 반복되며, 이후에 새로운 사람을 만날 때마다 부정적 영향을 미친다. 이들은 완벽한 소울 메이트가 나타나 자신을 외로움에서 구원해주리라 믿지만, 그런 믿음이 자신들이 찾는 사랑을 방해한다는 사실을 알지 못한다. 나는 이들에게 말하곤 한다. "행복의 핵심은 외로움에서 당신을 구원할 수 있는 것이 바로 자신뿐이라는 깨달음입니다."

내게 찾아온 고객 중 몇몇은 내 충고를 깊이 받아들여, 용기를 내어 관계 속에서 자신의 역할을 숙고하고 새로운 관계 속에서 자신과 상대방을 조화시키기 위해 어떤 태도를 취할지 고민했다. 그중 가장 발전적인 태도를 보인 이들은 과거의 관계를 돌아보고 오래 묵은 문제들을 해결하려는 의지를 보이기까지 했다. 그리고 완벽하지 못했던 부모님과 더 나은 방향을 알지 못했던 자신을 동시에 용서했다. 사랑은 쓰라림과 고통을 극복하게 하고, 다음에 찾아올 더 건강한 관계를 위해 무엇이 필요한지 가르쳐준다. 궁극적으로는 구원에 대한 환상을 극복하고 스스로 업을 해소해야 한다는 깨달음을 준다.

우리 사회, 정부, 기업들과 단체들에도 똑같은 방식으로 접근할 필요가 있다. 구원자나 영웅을 찾아봐야 아무 소용이 없다. 모든 사람이 자신의 업을 직시할 수 있는 용기가 필요하며, 부정하고 다른 이들에게 문제를 전가하는 대신 스스로 노력을 기울여야 한다.

더 나은 내일을 위해서는 용기와 창의성이 필요하다. 하지만 새로운 시스템이나 관계, 세상을 이루겠다는 의지만으로는 충분하지 않다. 의지 하나만으로는 당신을 퇴보시키는 업을 해소할 수 없다. 다시 말해 마음속 결심만으로는 이 물질세계에서 우리의 삶을 치유할 수 없다. **행동에 나서야만 한다.**

신은 당신이 도움을 필요로 할 때 손길을 내밀겠지만, 마치 무기력한 어린아이가 위기에 처했을 때처럼 무조건 달려들어 구조하지는 않는다. 괴로움을 경험함으로써 영적 존재는 우리가 업을 스스로 해결하고 더 높은 의식 수

준에 도달할 수 있도록, 자신과 타인에게 자비로워져서 사랑을 베풀도록 도와준다. 또한 신은 도움을 필요로 하는 다른 사람들을 당신이 돌봐주기를 바란다. 하지만 궁극적으로는 일체감을 택할지 아니면 단절을 택할지, 자신을 치유할지 아니면 타인에 대한 복수와 상처를 선택할지 결정하는 것은 당신의 몫이다.

어쩌면 당신은 업에 대해 상반되는 태도를 취할 수도 있다. 마음속 깊은 고통을 회피하기 위해 그저 긍정적인 생각으로 자신의 업을 감추는 편이 낫다고 생각하기 때문이다. 하지만 그런 행동 역시 부정의 한 형태일 뿐, 아무런 효과가 없다. 치유란 저절로 이루어지는 것이 아니며, 일체감을 받아들일 때 더 쉽게 이루어진다.

악업을 해소하기 위해서는, 자신이 신성한 법칙에 위배되는 행동을 할 때마다 그것을 자각하고 더 새롭고 건강한 행동으로 바꾸기 위해 노력해야 한다. 또한 이를 실천하려면 훈련이 필요하므로 인내심을 길러야 한다. 관찰을 통해 일단 실천의 발걸음을 내딛고, 신의 사랑과 자비로움으로 힘을 얻은 후 행동에 나서면 된다.

자신의 문제를 해결한다면, 우리 모두에게 공통된 업을 해소하고 전 세계를 치유하는 일에 기여할 수 있다.

세상의 업을 치유하는 데 도움이 되는 법

이 세상에서 개별적인 혹은 집단적인 문제를 탐구하도록 용기를 주는 문화는 그리 많지 않다. 서구는 특히 표면적인 문제에 주로 치중하곤 한다. 우리 주변에는 자기중심주의와 배타주의를 부추기는 광고와 언론의 선동이 넘쳐난다. 우리 집단이 다른 집단보다 뛰어나다고 생각하는 사람들이 너무나 많다. 반성하지 않고 속죄하지 않는 분위기 탓에, 자신의 잘못을 인정하는 것이 더욱 어려워지고 다른 사람에게 쉽게 상처를 주게 된다.

개인적으로나 사회적으로 악업을 쌓아놓고도, 그 상황에서 교훈을 얻기는커녕 그저 모른 척하기 일쑤다. '남 탓'에 사로잡히거나 과거에 얽매이고 싶지 않다는 핑계로 자신을 너무 쉽게 용서한다. 경험을 통해 어떤 교훈을 얻을 것인가 숙고하기보다 그저 앞으로 달려가려고만 한다. 결혼에 실패한 책임을 '저 빌어먹을 전 남편 또는 아내'에게 돌리는 사람이 있는가 하면, 전 지구적 문제의 원인을 다른 나라에 돌리며 비난하는 사람들도 있다. 이 모든 태도가 고통스러운 업의 문제를 외면하려는 인간의 공통된 습성에서 비롯된다.

개인이면서 더 큰 전체의 일원으로서 우리는 속도를 늦추고 실패를 인정해야 한다. 동시에 그 원인을 분석하고 깨달음을 통해 용기를 가지고 상처를 치유해야 한다. '할 수 있다'는 신념을 바탕으로 한 재창조는 분명한 장점을 가지고 있다. 하지만 자신의 행동을 분석하고 과거의 실수에서 교훈을 얻어 조화를 이루어야만 한다. 그래야만 우리는 비로소 진화하며 일체감을 구현할 수 있게 된다.

우리는 더 큰 균형을 성취하여 교훈을 얻기도 전에 과거를 흘려보내기도 하는데, 이런 함정을 피하기 위해서는 자의적인 태도를 버려야 한다. 개인으로서 사고하지만 전체의 이익을 위해 행동해야 한다. 자신의 내면적 상처뿐 아니라 자신이 상처를 준 다른 이들의 상처와 자신이 속한 집단의 상처 또한 치유하려 애써야 한다. 그것은 오직 우리가 신성한 연결고리를 기억해내고 우리 모두가 원래 속한 총체성(빛과 어둠, 선과 악)을 받아들일 때만 가능하다.

세상이 아무리 업을 공유한다 하더라도, 그저 당신의 착한 행동 하나만으로 그 업을 해결할 수는 없다. 물론 도움을 주려 노력할 수는 있지만, 지구를 혼자서 고치지는 못한다. 그러니 분노와 슬픔이 생겨나고 사라지는 것을 지켜보라. 신성한 연결고리로부터 그리고 거기서 오는 사랑과 희망, 용기로부터 힘을 얻으라.

당신이 행하는 선이 악을 치유할 것이다. 하지만 그 반응을 바로 확인하지 못할지도 모른다. 다시 말해 실제로 직접적인 효과를 보지 못할 수도 있다. 당신의 행동에 모순이 있어서가 아니라, 업의 법칙이 워낙 복잡하기 때문이다. 당신의 긍정적인 에너지가 전혀 알지도 못했던 의도치 않은 곳에 영향을 줄 수도 있다. 중요한 것은 그 영향으로 변화가 생겼다는 점이다.

당신은 특정한 누군가를 '교정'하거나 특정 집단의 의식 수준을 끌어올리려는 강렬한 욕심을 버려야 한다. 어쩌면 친구들이나 가족들 혹은 동료들에게 변화하도록 설득했는데, 그것이 실패할 수도 있다. 그래도 일체감에 대한 믿음을 버리지 말라. 누군가가 당신의 자비로운 행동을 지켜보고 그것에서 영감을 얻을지 누가 알겠는가. 또한 당신의 행동이 사랑에서 비롯되었다면, 다른 사람을 변화시켜야 한다는 의무감에서 해방될 뿐 아니라 더 높은 의식을 지닌 이들과 가까워질 수 있다. 서로 비슷한 업이 있는 이들을 만나, 서로 도움을 주고받을 수도 있다.

숨겨진 업을 발견하는 방법으로 꿈과 최면을 들 수 있다. 이 두 가지는 아주 중요하다. 꿈은 의식 속에 감추어진 기억이나 문제를 표면으로 끌어올려 보여주며, 당신과 소통하고자 하는 영령을 만나는 장이 될 수도 있다. 악몽이나 생생한 꿈이 되풀이되면 그 꿈을 주시하라. 그리고 꿈이 무엇을 상징하는

지 생각해보라. 만약 심리 치료를 받고 있다면 치료사에게 당신이 꾼 강렬한 꿈이나 되풀이되는 꿈에 대해 이야기하라. 심리 치료를 통해 업을 치유하고 무의식 속에 감추어진 생각을 드러낼 수 있다.

숨겨진 기억을 드러내는 보다 직접적인 방법으로 최면요법이 있다. 최면은 꿈의 상태를 재구성하는 것이며, 노련한 심리학자는 당신의 무의식 속에서 정확한 정보를 뽑아낼 수 있다. 최면이 풀린 뒤에는 최면 상태에서 본 여러 이미지들을 통해 평소 같으면 많은 노력을 들여야 얻을 수 있는 치료 효과를 단시간에 거둘 수 있다. 책의 첫머리에서 이야기했듯이, 나는 최면 치료학으로 박사 학위를 받았다. 최면 치료가 얼마나 큰 효과가 있는지 잘 알고 있으므로, 그것을 이용하여 환자들을 신속하게 치료할 수 있다고 생각했기 때문이다.

몇 년 전 나는 직업상 여행을 자주 다니는 마커스라는 고객을 상담한 적이 있다. 그는 비행 공포증이 있어서 일에 상당한 지장을 받고 있었다. 경제적 손실도 컸는데, 표를 사놓고도 불안과 공포 때문에 비행기에 타지 못하는 일이 종종 있었다. 마커스는 자신이 어떤 자기 합리화로 비행기 타는 일을 회피하는지 그 수법에 대해서도 나름대로 잘 알고 있었다. 그것을 극복하려는 의지와 열망은 대단했지만, 그것만으로는 부족했다. 공포증을 극복하려면 누군가의 도움을 받아야 했다.

첫 번째 최면요법을 시작하자마자, 나는 과거에 마커스가 항공기 조종사였으며 대서양에 비행기가 추락해 승객 전원이 사망한 사건이 있었다는 기억을 읽어낼 수 있었다. 그 사건에서 비롯된 여러 감정들을 최면 상태에서 다시 경험하더라도 전혀 위험하지 않을 것이라고 그를 안심시킨 다음, 마커스를 완전한 각성 상태로 깨어나게 했다. 마커스는 최면 상대를 기억했고, 자신의 무의식이 누설한 비밀에 놀라움을 금치 못했다. 전생의 비극적 사건이 현재의 비이성적인 비행 공포증을 설명해준 것이다. 우리는 비행에 관련된 부정적 감정을 긍정적으로 바꾸기 위해, 몇 차례 더 치료 시간을 가졌다.

다음번에 항공기를 타게 되었을 때, 마커스는 처음 몇 분 동안은 평소와 같은 공포를 느꼈지만 그 순간이 지나고 나자 설명할 수 없을 정도로 마음이 차분해졌다고 한다. 그는 이때부터 자신감을 얻고, 항공기를 타면 여전히 불편하기는 하지만 그래도 불안함이 훨씬 줄었다고 했다.

꿈에 대한 분석이나 최면요법은 공포증이나 강박증, 중독증이나 조울증처럼 업에 뿌리를 둔 여러 문제들을 치료하는 데 큰 도움이 된다. 의식이 있는 상태보다 최면 상태에서 불편한 상황을 마주치는 것이 치료에 훨씬 도움이 된다. 판단하지 않고 당신을 있는 그대로 받아들이는 치료사의 도움을 통해 치료하는 것이 이상적이다. 그래야 고통스러운 기억을 들추더라도 완전히 신뢰할 수 있기 때문이다.

업을 치유하는 법

관찰

꿈이나 꿈속의 메시지에 주목하면서, 자주 마주치는 생각이나 이미지에 주의를 기울여보라. 당신이 자주 꾸는 꿈이나 악몽은 무의식의 문을 두드리는 부정적인 업의 반영일 수 있으니, 꿈의 의미를 곰곰 생각해보라. 그리고 반드시 신과 영적 존재에게 도움을 청하라. 이들은 꿈의 의미를 해독하고 아무리 고통스럽더라도 거기서 무언가를 배우고 받아들일 수 있도록 도움을 줄 것이다.

당신의 과거와 현재가 어떻게 연관되어 있는지 생각해보라. 당신이 삶에서 계속적으로 직면하는 과제는 무엇인가. 과거에 당신에게 상처를 입힌 사람들의 행동을 당신 스스로 되풀이하고 있지는 않은가? 또는 스스로 좌절하고 마는 삶의 패턴을 되풀이하고 있지는 않은가?

어떤 상황에서 지나치게 감정적이 된다고 해서, 예민하게 반응하는 자신을 비난할 필요는 없다. 그 상황을 자신의 업을 탐색할 기회로 삼는 게 좋다. 과거를 떠올려 어떤 상황이 그토록 당신을 예민하게 만드는지 정확하게 파악해보라. 어떤 뉴스에 예민하게 반응한다면 그중 가장 당신을 동요시키는 부분이 무엇인지 생각해보라. 그 뉴스가 당신의 삶에서 어떤 사건을 상기시키는가? 해결되지 않은 채 당신 안에 그대로 남아 있는 문제는 무엇인가? 일기장에 자신의 생각을 적어보라.

기도

해결해야 할 업을 찾고 그것을 치유할 수 있도록 도와달라고 신에게 청하라. 자신의 업을 직시하고 해소함으로써 더 이상 고통받거나 남에게 상처 입히지 않을 수 있도록 용기를 달라고 기도하라. 자신의 부정적인 업과 직면할 때 감정적으로 고통받지 않게 해달라고 기도하라.

자신이 속한 집단, 가족이나 인종, 종교, 국가의 업을 어떻게 치유하면 좋을지 영령에게 물어보라. 개인적으로 집단의 잘못에 동참하지 않겠다는 결심뿐만 아니라 그 속의 집단적 오류를 성찰하라. 부정적인 성향을 고칠 수 있게 해달라고 기도하라. 자신의 집단에 속하지 않은 이들을 위해 일어설 수 있는 힘을 달라고, 업을 치유할 수 있는 용감한 영혼이 되어 이 세상에 도움이 될 수 있게 해달라고 기도하라. 세상의 치유를 위해 기도하라.

행동

타인과의 친밀한 관계를 회피하거나 중독성 강한 행동에 빠지는 등 파괴적인 행동 패턴을 되풀이하고 있다면, 심리 치료사에게 도움을 청해 업의 뿌리를 찾아보라고 권하고 싶다. 최면은 무의식에 접근해 문제의 근원에 도달할 수 있도록 의식의 표면을 걷어내는 데 도움이 된다.

자신의 업이나 심리적 문제를 깨달았다고 생각한다면, 당신이 변화하고 싶은 모습과 내면화하고 싶은 품성에 대해 묘사해보라. 부정적인 업으로부터 해방되고 치유된 자신의 모습을 그려보는 것이다. 스포츠 팀이 경기를 시작하기 전에 계획을 세우듯이, 어떤 모습으로 변화하고 싶은지 써보라. 당신이 특정 상황에서 분노하거나 좌절하는 경향이 있다면, 앞으로 그런 상황이 닥쳤을 때 어떻게 대처할지 구체적으로 상상해보라.

당신에 대해 나쁜 소문을 퍼뜨리는 사람이나 사기꾼 혹은 당신을 괴롭히는 사람에게 실제로 분노와 좌절을 느끼는 상황이 온다면, 어떻게 대처할지 구체적으로 상상해보라. 어떻게 반응할지 미리 생각하고 변화된 모습을 보이라. 닥쳐올 시험의 시간에 대비하라. 당신이 되고 싶은 사람을 상상하라. 자신의 비전을 그려보고 자주 떠올리면서 미래의 모습을 확신하라.

원하는 사람이 될 수 있다는 사실을 절대로 의심하지 말라. 용기 있는 행동은 아무리 사소하더라도 힘이 된다. 변화의 날은 바로 오늘이다. 다른 날과 마찬가지로 치유를 시작하기에 완벽한 날이다. 치유의 의지를 다진다면 전 우주가 당신의 마음을 받아들여 곧장 반응을 보일 것이다.

부정적인 업은 당신이 일체감을 받아들이고 회복되는 것을 방해한다. 마치 영혼에 커다란 상처가 생긴 것처럼 말이다. 파괴적인 생각이나 감정에 빠질 때마다 상처는 깊어져서, 실제로 육신에 병을 야기할 수도 있다. 육신의 병 형태로 나타나는 감정적 상처는 당신을 벌주기 위해서가 아니라, 해결되지 못한 당신의 업을 치유하고 일체감의 상태로 돌려놓는 데 목적이 있다.

7장 일체감과 몸, 마음 그리고 정신

> 당신의 과거는 변형되어 몸속에 쌓인다. 누군가가 단순화한 것처럼 '골 칫거리는 신체 조직에 뿌리내린다.'
>
> —디팍 초프라 Deepak Chopra

앞에서도 말했듯이 일체감은 우리의 가장 자연스러운 상태이며, 신체적으로 그리고 정신적으로 행복하고 건강한 상태다. 우리는 모두 질병으로부터 자유롭고 건강하고 완전한 존재다. 몸과 마음 그리고 정신이 서로 조화를 이루게 되어 있다. 하지만 생각과 감정에 지나치게 집중하거나 신체에 지나치게 관심을 쏟다 보면, 균형이 깨지고 만다. 마치 육체적 욕구를 희생해가며 영성을 탐구하다 보면 균형이 깨지듯이 말이다. 몸, 마음 그리고 정신이 모두 공평하게 깃든 사람에게는 평화와 만족이 함께한다. 이 세 요소가 조화로운 상태일 때, 매일 눈을 뜨는 순간 삶이라는 선물을 보다 더 사랑하게 된다.

어떤 상태에서든 행복을 추구하는 삶의 스타일은 질병과 불균형의 위험을 감소시킨다. 활력 있는 육체와 또렷한 정신 그리고 평화로운 영혼은 오래 살기 위한 전제 조건이기도 하다. 매일 운동하려고, 신적 존재와 오랫동안 교류하려고, 가공되지 않은 유기농 음식을 섭취하려고, 스트레스 지수를 낮추려고 노력하자. 중독성 있는 물질을 멀리하고, 긍정적 관계를 유지하고, 훌륭한 스승들의 지혜를 실천하자. 이 모두가 건강을 유지하는 최고의 비결이다.

건강의 상호 연결성

어쩌면 당신은 자신과 다른 이들의 행복 사이에 어떤 연관이 있는지 깨닫지 못할 수도 있다. 하지만 한 발짝 물러서서 행복을 추구하는 데 도움이 되지 않는 거대 집단의 일원으로 사는 것이 당신에게 어떤 영향을 미치는지, 당신의 균형 잡히지 않은 마음과 몸 그리고 정신이 다른 이들에게도 어떤 영향을 미치는지 잘 살펴볼 필요가 있다. 혹시 주위 사람들이 항우울증 약에 의존하거나 삶이 요구하는 스타일 때문에 스트레스를 받고 있지는 않은가? 이웃이나 친구 혹은 가족 중에 당뇨병이나 그 초기 증세에 시달리면서도 단 음식의 유혹을 뿌리치지 못하는 사람은 없는가? 자신의 감정을 돌보지 않고 스스로를 너무 혹사한 결과로 감기나 독감에 걸렸을 때, 주위 사람들의 행동에 뭔가 변화가 생기지 않았는가?

다른 이에게 불편을 초래하지 않기 위해 균형 잡힌 삶으로 돌아가라는 신호를 무시할 수밖에 없는 경우도 있다. 전염성이 강한 질병에 시달리면서도, 증세를 완화해주는 약을 복용한 채 다른 사람에게 피해가 없기를 바라며 직장에 계속 나가는 경우도 있다. 정서적으로 불안해 자신을 돌보아야 함에도 불구하고, 다른 이의 의견에 따라 자신의 요구는 뒤로한 채 남의 문제부터 신경 써야 하는 경우도 있다.

당신에게 질병이나 불균형이 찾아오는 이유 중 하나는 다른 사람에게서 영향을 받기 때문이다. 이렇게 해결되지 못한 자신의 문제는 또다시 다른 사람에게서 동요와 불편한 반응을 이끌어낸다. 당신이 아픈데도 혹은 정신적인 보호나 마음의 휴식이 필요한데도 자신을 돌보지 않는다면, 그 결과 당신 주위에 있는 사람들도 고통받게 된다.

이때 당신은 자신이 고립되어 있다는 생각을 그치고, 자신과 관련된 모든 사람들의 행복을 위해 일체감을 받아들여야 한다. 사실 생각과 감정들 사이의 균형을 유지함으로써, 영혼을 보살핌으로써 질병과 아픔을 예방할 수 있다. 그리고 자신의 육체적, 정서적, 정신적 요구에 귀 기울일 때 우리 사회도 그에 따른 혜택을 받는다. 당신의 건강은 진실의 그물망에 연결된 모든 이들을 건강하게 한다.

암처럼 전염병도 아닌 질병이 어째서 이 지구상에 들불처럼 빠르게 번져 갔는지 당신은 의문을 품어본 적이 있는가? 사실 부정적이든 긍정적이든 각 개인의 에너지는 다른 이들에게 지속적으로 전파된다(이는 앞에서 내가 얘기했던 나비효과 개념과 비슷하다). 환자를 간호하던 사람이 종종 나중에 같이 병들게 되는 것도 이 때문이다. 또한 증오와 분노, 질투 그리고 괴로움을 다른 이에게 떠넘기기 좋아하는 사람일수록, 이러한 부정적 감정의 여파로 나중에 자신은 물론 다른 이들까지 육체적으로 병들게 할 가능성이 크다.

이와 마찬가지로, 전쟁이나 상실 혹은 학대의 경험은 당사자뿐 아니라 관련된 이들과 그 사실을 아는 이들에게까지 영향을 미친다. 업을 해소하려고 노력하지 않는다면, 고통도 내물림될 수 있다. 우리는 다른 사람과 교감할 수 있도록 건강을 잘 살펴야 하며, 그런 노력이 정신적, 감정적, 신체적 상태에 어떤 영향을 미치는지 관찰할 필요가 있다.

행복으로 가는 길에 올라 건강한 식습관을 기른다면, 당신의 기분은 훨씬 덜 갈팡질팡할 것이고 당신의 정신은 더 투명해질 것이다(더 이상 '브레인 포그 brain fog' 증상은 없을 것이다). 영적 존재와의 연결을 통해 영혼을 치유하려고 노력하면, 몸도 점점 건강해지고 원기가 왕성해진다. 이는 또한 다른 사람들의 부정적 에너지에 동요되지 않는 힘을 줄 것이다.

다시 말해 일체감을 획득하고 모든 측면에 일체감이 깃들도록 하려면, 다음과 같이 시작해야 한다. 몸을 잘 돌보고 감정을 다스리는 법을 배우며, 긍정적으로 생각하도록 노력해야 한다. 이와 함께 당신의 연결고리를 강화할 수 있는 영적 의식을 지속적으로 실행해야 한다. 이런 노력은 모든 측면에서 치유 효과를 가져다주겠지만, 그중에서도 가장 치유가 시급한 부분부터 시작하는 것이 좋다. 가령 당신은 몸이 아프고 고통스럽다고, 정서적으로 통제하기 어렵다고, 내면의 소리가 너무 염세적이고 자기비판적이라고 느낄 수 있다. 그중 무엇이 가장 중요하든, 앞에서 말한 노력을 기울여 당신의 행복에 긍정적인 효과가 온다면 커다란 용기를 얻을 것이다. 그리고 실제로 노력을 통해 심신Psychosomatic(psyche-는 마음을, -somatic은 몸과의 연관성을 나타낸다)의 질병이 아닌 심신의 건강을 얻을 수 있을 것이다.

솔직히 말해 모든 질병은 궁극적으로 심신에 연관되어 있다. 이 말은 '모든 것이 머릿속에 있다'거나 실제로 존재하지 않는다는 뜻이 **아니다**. 질병은 인간이 만들어낸 것이므로, 감각으로 이루어진 이 세계에서는 아주 현실적이라는 의미다. 기억하라. 당신의 마음은 다른 모든 이들의 마음과 연결되어 있다. 그러므로 집단의 의식에 부조화와 불균형이 생겨나면, 아무리 당신이 마음과 감정 속에 있는 독소로부터 스스로를 보호하려 해도 직접적으로 영향을 받지 않을 수 없다. 텔레비전 뉴스에서 지구 반대편의 끔찍한 소식을 접하고 나면, 당신도 미묘하게나마 우울해진다. 그러므로 계속해서 불편한 뉴스를 보거나 우울한 음악을 들으면, 당신도 비관적인 생각을 하기가 쉽다.

당신의 상태는 어떤 유형이든 분열이나 균열 같은 일종의 단절과 관련되어 있어 치유를 필요로 하며, 그래야 일체감이 얻어진다. 어쩌면 당신은 가슴 깊이 의식해야 할 생각들로부터 단절되어 있을지도 모른다. 즉 당신의 몸으로부터 단절되어, 신체가 요구하는 것들을 돌보지 않고 있다는 신호를 무시하고 있을지도 모른다.

마음과 몸 그리고 정신을 건강하게 유지하는 일은 무엇보다 신성하다. 자신이 온전하다고 느낄 때, 신과 모든 창조물에 더 가까이 다가갈 수 있기 때문이다. 역설적으로 들릴지 모르지만, 행복과 조화의 핵심은 행복을 얻으려 노력하고 자신의 삶을 있는 그대로 받아들이는 자세에 있다.

일체감을 위해 노력하다 보면 몸도 저절로 회복되고, 자비와 용서를 경험하면서 마음도 함께 회복된다. 그러다 보면 가슴속에서 불안함이 가시고, 새로운 가능성을 향해 생각이 열린다. 또한 창조성도 넘쳐난다. 당신을 짓누르는 모든 문제들이 넘쳐나는 에너지와 활력 덕분에 더 이상 위력을 발휘하지 못하게 된다. 그러면 긍정적인 에너지가 모든 부분에서 넘칠 것이다.

건강에 대한 단절된 접근 방식

몸이 아플 때는 보통 시간과 비용이 많이 들지 않는 해결책을 찾기 마련이다. 빠른 처방을 장려해야 돈을 많이 벌어들일 수 있는 제약 회사나 의학 전문가들은 이런 태도를 더욱 부추긴다. 약을 먹거나 외과 수술을 하면, 표면적으로는 빨리 낫고 긍정적인 결과를 가져오는 듯 보인다. 그러나 자신의 영양 상태를 검토하고 운동과 다른 스트레스 해소법을 통해 질병의 원인을 파악하며 우리의 생각과 감정에 영향을 주는 업의 해결을 도모하는 일, 이 모든 일에는 시간과 노력 그리고 헌신이 필요하다.

질병과 죽음에 대한 인간의 공포를 이용하여 이익을 노리는 무리들은 건강하지 않은 수단을 사용하여 병을 고치라고 우리를 협박한다. 이러한 방식은 일체감을 염두에 두지 않고 전체의 균형을 고려하지 않으므로, 장기적으로는 별 효과가 없다. 질병의 원인이 되는 정서적인 스트레스를 들여다보지 않고 증세 자체만 바라보기 때문에, 이후에도 질병은 계속 반복되기 쉽다.

당신은 웰빙이라는 큰 그림, 즉 **일체감**을 살펴봐야 한다. 당신이 지혜롭고 직관적인 마음을 가졌다면, 무엇인가 잘못되었다는 것을 알게 될 것이다. 어떻게 표현해야 할지 모르겠지만 무엇인가 '잘못'된 느낌이 든다고 의사에게 솔직히 말하라. 부끄러워할 필요가 없다. 비록 약이나 수술로 치료될 수는 없다 할지라도, 겉으로 드러나지 않는 정신적인 증세를 무시하지 않는 자세는 중요하다. 그것은 약이나 수술로 치료될 수 없다. 아유르베다Ayurveda 의학에 따르면, 심한 감정 기복이나 피로 혹은 아픔 같은 정서적 불균형은 약이나 수술로 고칠 수는 없지만 발진이나 골절 같은 외과 증상과 마찬가지로 의사에게 상담해야 할 것들이다. 만약 의사가 외과적 처방으로 치료할 수 없다고 판단한다면, 보다 전체론적인 치료법을 사용하는 치료사에게 도움을 받아야 한다.

실제로 질병이 시작되기 오래전부터 당신의 몸은 불균형에 대해 경고를 보냈겠지만, 당신은 속도를 늦추고 필요한 부분을 챙기라는 경고를 무시해왔을 가능성이 크다. 가령 먹는 게 필요해지면 허기를 느낄 것이고, 충분히 먹었으면 포만감을 느낄 것이다. 하지만 화가 나서 감정적으로 압박에 시달리거나 다이어트를 한답시고 굶다가 폭식을 하는 경우도 사실상 있지 않은가? 또 어떤 음식을 섭취하면 배가 아프거나 다른 신체적 불편을 느끼면서도, 그 음식이 자신의 몸에 맞지 않는다는 사실을 깨닫지 못한 채 살고 있지 않은가? 식단 조절보다는 단지 소화제나 우황청심환을 먹는 것이 훨씬 손쉬운 처방인 듯 보인다. 시중에 위궤양 약 광고는 많지만 섬유질이나 무, 배추 따위의 채소를 많이 먹으라는 광고는 찾아보기 어렵다. 슬프게도 우리 사회는 몸이 필요로 하는 것과의 단절을 부추긴다. 당신도 이미 이 건강하지 못한 메시지에 길들여져 있지는 않은가?

몸의 경고를 무시하면, 처음에는 가벼운 증세로 시작하겠지만 시간이 갈수록 문제가 심각해질 것이다. 몇 년 동안 소화불량에 시달리던 친구는 결국 응급실로 실려가 소아지방변증(아기의 창자에서 지방을 흡수하지 못해 생기는 증상)이라는 진단을 받았다(소아지방변증이란 밀가루 같은 특정한 곡물에 알레르기 반응을 일으키는 증상으로서 근래 들어 흔해졌는데, 많은 사람들이 원인을 찾으려 하기보다 무시한 채 살아간다).

고혈압을 단지 약으로 치료하고 저혈당 증세는 더 많은 설탕 섭취로 대신하려 하면서 지나친 체중 증가를 무시한다면, 결국 제2형 당뇨병에 걸릴 위험이 커진다. 제2형 당뇨병은 유전적 질병이기는 하지만, 생활 습관이 원인인 경우가 많다(아이들과 젊은이들에게 많이 발병하며, 생활 습관과는 상관없는 제1형 당뇨병과 다르다). 또한 제때 치료하지 않으면 시력을 잃거나 심장병, 심장 발작, 신경 장애 등을 유빌할 수 있다.

서구 사회에서는 충분히 발병을 예방할 수 있었던 당뇨 환자들 사례가 폭발적으로 증가하고 있다. 그럼에도 불구하고 아직도 너무 많은 이들이 몸의 아우성을 모른 체하며 살아간다. 다른 질병과 마찬가지로 제2형 당뇨병도 심리학적(유전적) 요인과 더불어 업과 관련되어 있다. 그렇다고 해서 그런 질병에 시달리는 개인을 비난하거나 과거의 생활 습관에 책임이 있다고 느끼는 일은 **반드시** 삼가야 한다. 질병에 대해 혹독하게 비난하는 태도는 서로를 더더욱 단절시키고, 모두에게 좋지 않은 업만 만들어낼 뿐이다.

질병에서 배우는 업에 대한 교훈

개인으로서, 거대 공동체의 일원으로서 우리는 고통을 직시하고 그것으로부터 업에 대한 어떤 교훈을 얻을 수 있을지 질문해야 한다. 이를테면 당뇨병과 관련해서는 다음과 같은 질문을 던질 수 있다. "일체감을 통해서만 찾을 수 있는 달콤함을 왜 굳이 음식에서 찾으려 하는가?" 업의 관점에서 보자면, 당뇨병은 우리가 전체로부터 얼마나 단절되어 있으며 잘못된 방식으로 '달콤함'을 충족시키려 하는지 보여주기 위해 인류에게 찾아온 질병일 수도 있다. 또한 이런 질병을 다스리려면 자기 훈련과 깨달음이 필요한데, 우리의 문화는 탐닉을 부추기고 반성을 허락하지 않는다. 타인과 조화롭게 지내고 신성한 존재와의 연결고리를 키워갈수록 당뇨병 환자 수는 점점 줄어들 것이다.

또한 모든 상황의 이면에 존재하는 업에 대해 검토해볼 필요가 있다. 근원을 따져보면 많은 질병이 염증에서 시작된다는 것을 알 수 있다. 또한 염증은 종종 분노와 관련이 있다. 왜 우리는 그토록 분노하는가? 분노가 우리 몸에 독소로 작용한다는 것을 알면서도, 어째서 우리는 끊임없이 감정적으로 동요하는가? 분노라는 감정에 대해 이웃이나 친구, 종교나 공동체 그리고 우리가 속한 문화는 어떤 반응을 보이는가?

자가면역 질환은 단절에서 비롯되는 질병이다. 다시 말해 몸의 한 부분이 다른 부분과 단절되어 있는 것이다. 몸의 한 부분이 도움을 필요로 하는데, 어째서 다른 부분은 이를 깨닫지 못하는가? 여기서 우리는 일체감에 대한 교훈을 얻어야 한다. 자가면역 질환이 발병한다는 것은 우리의 몸, 감정 그리고 정신이 마음과 동떨어져 있다는 신호다. 이처럼 건강하지 못한 상태에 주의를 기울이다 보면, 당신은 스스로 건강한 삶에 가까워질 것이다.

물론 우리 모두 자신과 소중한 이들의 건강을 가장 우선시하지만, 질병을 없애기 위해 우리 사회의 부조화를 치유할 책임에서도 벗어날 수 없다. 모든 질병의 이면에는 업으로 설명할 수 있는 부분이 존재한다. 우리가 다 함께 일체감을 더 많이 추구한다면, 개인과 집단의 업이 해소되기 시작하고 결국에는 질병도 사라질 것이다.

여기서 또 하나 중요한 점이 있다. 과거의 흔적이 유전자에 각인되어 있는 것은 사실이지만, 그 유전자만이 육신의 건강에 영향을 미치는 유일한 원인은 아니라는 점이다. 발생기구학epigenetics이라는 새로운 과학 분야에서는 유전자의 발현 형태에 대해 다음과 같은 질문을 던진다. "어째서 어떤 유전자는 잠복 상태인 데 반해 어떤 유전자는 활동적인가?"

당신의 몸이나 마음이 불균형 상태일 때, 병을 일으키는 유전자는 활동적이 되기 쉽다. 스트레스를 많이 받을수록 감기에 걸리기 쉬운 것과 같은 이치다. 신체적 건강을 살피고 감정적 스트레스를 줄이며 행복과 조화를 불러오는 마음가짐을 활성화하다 보면, 이러한 유전자가 표출되는 것을 막을 수 있다. **모든 질병은 마음속 스트레스와 관련되어 있다는 사실을 기억하라.** 해로운 유전적 병인病因은 '저주'가 아니라 당신이 업으로 풀어내야 할 장애다. 스트레스를 없애고 업을 해소하기 위해 노력한다면, 유전적 병인이 있다 하더라도 병이 심각해질 가능성은 줄어든다.

한편 새롭게 형성된 부정적인 업이 세포조직에 영향을 미쳐 질병을 발생시키는 유전자가 생길 수도 있다. 이때 생긴 질병이나 몸 상태가 당신의 DNA에 남아 다음 세대에까지 이어질 수도 있다. 당신의 내부에는 수많은 기억들이 자리잡고 있는데, 유전자도 그중 하나다.

하지만 부모님이 유전적 장애로 고통받고 있고 당신이 그 유전자를 대물림받았다고 해서, 당신도 미래에 똑같은 유전적 질병으로 고통받으리라 생각할 필요는 없다. 당신이 그 유전자를 물려받은 이유는 가족의 업을 해소하기 위해서다.

또한 주위의 누군가가 당신 주변의 환경에 독소를 퍼뜨리는 악업을 저질러, 그 바람에 병이나 감정적 스트레스가 생겨날 수도 있다. 만일 누군가가 독성 에너지를 내뿜거나 질병에 시달린다고 가정해보자. 이때 개인적, 집단적 업을 해소하기 위해 당신이 독성 에너지나 질병을 대신 흡수하기로 결정할 수도 있다. 하지만 이런 행동은 커다란 부담이며, 실제로 이를 감당할 수 있는 사람은 극소수라는 사실을 기억해야 한다. 오직 소수의 진화된 영혼만이 전체의 이로움을 위해 그런 짐을 짊어질 수 있다. 예를 들어 기독교에서는 하나님이 예수의 형상으로 나타나 인간을 대신해 희생함으로써 인간의 죄를 사했다고 이야기한다.

어떤 영혼은 실제로 다른 존재를 위한 희생 차원에서 이 세상에 사람과 동물로 환생하기도 한다. 나는 버실이 폐암 신고를 받은 다음 날을 결코 잊어버릴 수 없다. 그날 우리 집에서 키우던 고양이는 버질의 침대 곁에 12시간 동안 꼼짝도 하지 않고 누워 있기만 했다(하지만 그 고양이는 특별히 내 남편을 좋아하지도 않았다). 내게는 고양이가 버질 곁에서 병든 에너지를 흡수하고 있다고 느껴졌다. 그 고양이는 다음 날 우리 집 앞 길에서 죽은 채 발견되었다. 왜 죽었는지 이유는 알 수 없었다. 또한 버질이 암으로 몇 달밖에 살지 못한다고 의사가 이야기한 직후부터, 집에서 키우던 개의 머리에 원인을 알 수 없는 혹이 솟아오르기 시작했다. 믿을 수 없겠지만, 그 혹이 커지는 동안 버질의 종양은 오히려 줄어들었다! 또 불가사의하게도 그 개는 버질이 이 세상을 떠날 것이라고 예상했던 시점을 전후로 목숨을 잃었다. 나는 우리 집 반려 동물들이 스스로 희생해 주인의 암 에너지를 빨아들인 것이라고 믿는다. 동물들은 어떨 때 놀라우리만치 이타적이 될 수 있다.

다른 사람의 어두운 에너지를 흡수하거나 그 때문에 고통받고 싶지 않다면, 부정적 에너지로부터 자신을 보호할 필요가 있다. 신성한 하얀 빛에 둘러싸여 있다고 상상하며 보호막을 둘러쳐보라. 마치 어떤 해로운 에너지도 뚫지 못하는 거품 막을 만들어내는 것과 비슷하다. 타고난 개인적, 집단적 업을 스스로 조절하기는 어렵지만, 적어도 감정적, 정신적 독소를 피함으로써 업에 지배당하지 않고 그것을 해소할 수 있다.

한 영혼이 환생하게 되면, 그 영혼은 살아 있는 동안 감정적 독소와 스트레스를 조절하는 것이 얼마나 어려운지 망각해버린다. 하지만 자신이 짊어지고 가야 할 업이 너무 무거운 나머지 심정적으로 이 세상을 포기해버린 사람들을 종종 보게 된다. 우울증이나 정신장애 혹은 치매나 알츠하이머 같은 질병을 앓음으로써 정신적, 감정적으로 이 세상을 놓아버리는 것이다. 그다음에는 질병과 고통이 몸을 덮쳐 결국 그 사람의 삶을 앗아간다. 정신이 이 세상에 있기를 원하지 않으면, 몸과 마음도 세상을 떠나려 한다.

어떤 때는 마음과 정신의 소멸 욕구와 육체의 본능적 생존 욕구 사이에서 내적 투쟁이 벌어지기도 한다. 예를 들어 당신이 젊은 나이에 죽고 싶어한다고 치자. 당신의 영혼은 죽음을 바랄지 모르지만, 당신의 이성은 그것을 부정하고 당신의 몸도 그런 경험을 거부할 수 있다.

오래전 나는 몇 시간 동안 복잡한 점성술 차트를 뒤적이다가 내 엄마의 업과 운명에 관해 알게 되었다. 엄마에 관한 자료를 곰곰이 살펴보니, 하나같이 예순넷에 세상을 뜰 것이라는 암시로 가득 차 있었다. 내 계산은 정확했지만, 나는 믿고 싶지 않은 마음에 몇 번이고 다시 확인했다. 하지만 결과는 같았다. 엄마가 예순네 살 되던 해 우리 가족은 끔찍한 교통사고를 당했다. 엄마는 중상을 입었지만, 목숨만은 부지했다. 그 후 엄마는 7년 동안 병석에 누워 지내야 했다. 내 생각에 엄마는 교통사고를 당해 죽을 운명이었지만, 몸과 마음 그리고 영혼을 다해 그 운명에 저항하셨던 것 같다. 어쩌면 가족들과 조금 더 이 세상에 머무르고 싶어했는지도 모르겠다.

마음이 몸에 미치는 영향은 엄청나게 크다. 너무나 강력한 나머지, 만약 어떤 약이 당신의 병이나 증세를 치유해준다고 믿으면 위약(僞藥, 환자들이 진짜 약이라고 믿고 복용하는 가짜 약)을 복용하고도 긍정적인 결과를 얻기도 한다. 힘은 약에 있는 것이 아니라 당신의 믿음에 있다. 위약 효과라는 개념을 이해한다면, 다른 약의 도움 없이도 당신은 스스로를 치유할 수 있다.

그렇지만 질병의 원인은 다양하고 많은 사람들의 업이 얽혀 있는 경우도 있으므로, 마음만으로는 육신의 병을 치유하기에 충분하지 않을 수도 있다. 만약 그렇다면 분명히 당신이 모르는 어떤 원인이 육체의 질병을 치유할 수 없게 하는 것이리라. 그렇다 하더라도 자신의 정신적 능력을 이용해 모든 부분의 질병을 치료하려는 노력을 멈추지 말아야 한다.

다른 이와 자기 자신 돌보기

육신의 병은 종종 감정적 불안과 함께 시작되어 몸의 세포를 파괴한다. 많은 간병인들은 계속해서 환자들 곁에 있다 보니, 종종 병에 걸리거나 자신의 병세를 키울 수 있다. 그들은 자신들의 애정 넘치는 행위로 선업을 쌓는다. 심지어 보살핌을 받는 이들이 완전히 만족하지는 못한다 할지라도 그렇다. 하지만 다른 이의 삶을 책임져야 한다는 스트레스나 위기의 순간에 늘 곁에 있어야 하는 심적 부담은 아주 무거울 수밖에 없다.

이런 상황에서는 감정적, 정신적 독소를 피할 수 없다. 건강이 심각한 사람들(혹은 우울증에 걸린 사람들)을 보살피는 일에는 에너지가 많이 소모되므로, 누구라도 이런 상황에 처한다면 당연히 분노와 슬픔, 적대감이나 두려움을 느끼는 순간이 있을 것이다. 다행히 이런 심각한 책임감을 덜어줄 방법이 있기는 하다. 즉 스트레스를 경험의 일부분으로 받아들이고, 좌절감에 빠지지 않도록 스스로를 다독이는 것이다. 또 착한 일을 하고 있다고 자신을 격려하며, 스스로를 사랑과 연민으로 대하는 것이다.

만약 화가 나거나 낙심하는 순간이 오면, 스스로를 곧장 용서하고 기도로써 다시 신에게 접속하라. 친구나 가족들에게 도움을 요청하고, 자신의 나약함 때문에 당신이 필요로 할 때 도움을 주지 못하는 이가 있다면 그 사람도 용서하라. 또한 보살핌을 받는 이에게 최선을 다하지 못한다 할지라도, 우선 자신의 몸을 충분히 챙기라. 그러다 보면 악업을 쌓지 않고, 더 큰 스트레스를 불러오는 부정적 요소를 극복하면서, 일시적으로 힘든 상황을 잘 넘길 수 있을 것이다.

엄마와 남편이 병들었을 때, 나는 둘 모두를 돌보아야 했다. 물론 좌절감은 이루 말할 수 없었다. 음식을 떠먹이는 일부터 시작해 침대보를 갈고 스펀지로 몸을 닦아주는 등 모든 일을도 맡아서 해야 했다. 이들이 잠들면 수건으로 이마의 땀을 닦아주기도 했다. 당신이 나처럼 힘든 시간을 보내고 있다면, 마음속 염증이 곪을 때까지 내버려두지 말고 이렇게 해보기를 권한다. 소중한 이가 당신 곁에 아직 머물러 있고 그에게 사랑을 표현할 기회가 주어져 다행이라고 신에게 감사하라. 그리고 더 큰 힘과 인내심, 너그러움을 얻고 당신의 업을 해소할 기회를 얻었다고 감사하라. 당신이 돌보고 있는 이와 그리 좋은 관계가 아니었다면, 그럼에도 불구하고 그를 돌보는 당신 자신을 칭찬하라. 배려 깊고 관대한 당신은 칭찬받아 마땅하다.

장애를 겪은 배우자나 특별한 보살핌이 필요한 아이처럼 당신에게 전적으로 의존하고 있는 아픈 이들을 돌보기 전에, 매일 그 사람과 자신을 위해 기도하라. 오늘은 어제보다 덜 힘겹고 진전이 있기를 기도하라. 무엇보다 신의 도움을 느낄 수 있도록, 당신과 당신이 돌보는 '환자'의 영혼에 힘이 샘솟기를 기도하라. 힘들기는 하겠지만, 돌봄을 통해 당신은 소중한 이와 더 가까워질 수 있다.

타인을 돌보는 일에서든 단지 자신을 보살피는 일에서든 하지 말아야 할 것이 있다. 마음속에서 부정적인 생각을 일소하고 낙관적이고 긍정적인 생각을 채워 넣음으로써 자신의 정신적인 욕구를 충족시키는 것이 얼마나 중요한

지를 평가절하하지 않는 것이다. 당신에게 즐거움과 활력을 주는 행동이 무엇인지 파악하고 실천에 옮겨보라. 자신을 돌봐야겠다는 마음만 가진 채 시간을 허비하지 말라. 중요한 것은 실천이다! 기분이 좋아진다면 노래를 해도 좋다. 착한 사람들이 세상의 악업을 치유하는 이야기를 읽는 것도 좋다. 유쾌한 오락이나 소일거리로 슬픈 현실을 잊고 자신을 달래는 방법도 괜찮다.

감정의 조화와 건강을 지키려면, 자신의 감추어진 믿음과 감정, 생각을 잘 알아야 한다. 불편한 점이 있다면 원인을 밝히는 데 시간을 투자하라. 그러다 보면 자신의 생각이 바뀌고, 어려움이 기쁨과 희망으로 바뀌게 된다.

요즘은 너무나 많은 사람들이 분노에 사로잡히고 부정적인 생각에 흔들린다. 이럴 때는 분노를 부채질하는 상황이나 글 또는 사람에서 떨어져 조용히 시간을 보낼 필요가 있다. 당신이 아무리 자극을 지향하는 외향적인 사람이라 할지라도, 정신적으로 해로운 습관들에 사로잡히지 않도록 휴식기가 필요하다. 당신이 일 벌이기를 좋아하거나 극적인 삶을 지향하는 성격이라면, 어쩌면 고통스러운 감정을 차분히 직시하기가 두렵기 때문일지도 모른다.

우리는 모두 다른 누구도 아닌 자신과 소통할 공간이 필요하다. 끊임없이 직장 상사에게 억지웃음을 짓다 보면, 아이들에게 즐거운 모습만 보여주다 보면, 배우자를 늘 사랑으로 대하다 보면, 친구들과 잡담을 나누어야만 한다는 강박 속에 살다 보면, **자신**의 참모습을 잊어버리기 쉽다. 진정한 자신은 바깥 세계에 보여주는 '행동'의 뒤안길로 밀려나버리는 것이다.

감정적 응원은 균형을 유지하는 데 아주 중요하다. 친구나 가족은 큰 힘이 되어줄 수 있으며, 종종 반려 동물도 무조건적인 사랑으로 놀랄 만큼 정신적인 격려가 되기도 한다. 반려 동물이 없다면, 동물을 기르는 친구가 집을 비울 때 그 집 개를 돌본다거나 하는 방식으로 동물과 가까이할 기회를 만들어보라. 또 만약 반려 동물을 키우고 있다면, 이들을 집에 머무르기 위한 변명이나 문제를 회피하려는 핑계로 삼지 말라. 내가 알기로, 동물은 인간보다 더 순수하기에, 동물을 대하는 것이 인간을 대하는 것보다 더 쉬울 것이다. 하지만 업을 직시하고자 한다면, **인간**을 대해야 한다.

그리고 모든 관계의 기본적인 원칙은 주고받는 것임을 잊지 말라. 관계의 불균형은 분노와 상처로 이어지며, 가슴에 상흔을 남긴다. 적극적으로 도와주는 사람을 만나, 그들과 관계를 키워 나가기 바란다.

슬픔과 좌절 그리고 분노가 차오를 때는 눈물을 흘리는 것도 효과적이다. 남들이 어떻게 보든지 에너지를 해소하는 데 눈물만 한 도구는 흔치 않으며, 우리는 때때로 울 필요가 있다. 눈물을 흘리고 나면, 긍정적인 쪽으로 마음을 집중하기가 한결 쉬워진다.

행복을 향한 조화롭고 자연스러운 접근

외과 수술과 투약, 서양 의학에서 선호하는 이 두 가지는 육체적 자아를 훼손한다. 동시에 건강과 회복을 불러오는, 몸과 마음과 영혼 간의 신성한 연결고리를 무시한다. 외과 수술에서 살과 내장은 잘리고 분리된다. 종양은 주변의 세포조직과 함께 제거된다. 접합 부분은 인공의 이물질로 대체된다. 처방약이든 일반 의약품이든 약은 자연에는 없는 물질에서 비롯되며, 특허를 받기 위해 연구실에서 분자 성분이 뒤바뀌기도 한다. 우리의 몸은 자연에서 오지 않은 것이 분명한 그 인공 물질이 뭔지 몰라 혼란에 빠진다.

우리 몸의 각 부분은 아직 완전히 이해할 수 없는 복잡한 방식으로 서로 연결되어 있기 때문에, 자연치료에서 멀어질수록 신체 구조의 균형을 다시 찾기가 아주 힘들어진다. 아무리 유능한 과학자라도 황폐화된 생태계를 다시 돌려놓기란 매우 어려운 것과 마찬가지다. 어쩌면 약 성분이 자연에서 오지 않기 때문에, 식이요법이나 허브 치료에는 없는 부작용이 생길지도 모른다. 그 부작용이 예기치 않게 강해서, 어떤 때는 질병 자체보다 더 심각해질 수도 있다. 게다가 엄청나게 많은 신약이 쏟아지고 있어, 모든 약이 다 완벽한 검증 과정을 거쳤는지도 알 수 없다.

신체적, 감정적 불균형을 치유하기 위해 약에 의존하게 되면, 또 다른 문제점이 생겨난다. 우리 몸에 내재된 치유 능력이 사라져버린다는 것이다. 몸에 자연 성분 대신 강력한 약을 투입하거나 인위적인 치료를 하게 되면, 우리 몸은 균형을 잃어버린다. 예를 들어 몸에서 자연 호르몬이 생성되지 않는다고 인공 호르몬을 주입하면, 얼마 후 몸은 그 호르몬을 생성하는 법을 아예 잊어버리게 된다.

만일 몸이 균형을 잃어버린다면, 더 많은 약으로 충격을 더할 것이 아니라 균형을 되찾으려고 노력해야 한다. 자신의 업과 스트레스를 파악하고 몸의 전체 상태를 자연스럽게 살피며 전체론적인 치유법을 찾다 보면, 당신의 몸은 자연스레 원래대로 기능할 것이다. 그렇게 되면 몸은 저절로 필요한 만큼 호르몬을 다시 만들어낼 수 있다.

한편 항생제를 남용하면 우리 몸에 내성이 생겨버린다. 범용 항생제에 내성이 생겨버린 박테리아는 곧 다른 사람의 몸에도 영향을 미칠 수 있다. 몸이 아플 때는 대개 다른 사람보다 자신의 건강에 더 집착하기 마련이지만, 당신이 사용한 약물이 이 지구상 모든 이들의 몸에도 영향을 미친다는 사실을 명심해야 한다.

육체적, 정신적으로 극단적인 스트레스를 받으면 일시적으로 약의 도움을 받을 수는 있다. 하지만 그것이 결코 첫 번째 선택이 되어서는 안 된다. 결국 몸에 이롭기보다 해로울 게 뻔하다. 에너지 치료와 자연치료, 햇빛과 균형 잡힌 식사 그리고 충분한 수면이 약보다 훨씬 효과적이라는 사실을 점점 많은 연구자들이 깨닫고 있다. 엄청난 불안과 슬픔의 시기가 오면, 마음과 몸 그리고 영혼을 치유할 수 있는 기술에 눈을 돌려보라. 예를 들어 성 요한의 풀Saint John's wort과 규칙적인 운동은 우울증 치료에 아주 효과적이다.

몸이 아플 때는 건강을 되찾기까지 많은 시간과 노력이 들 터이다. 하지만 몸의 면역 체계는 독소와 박테리아 그리고 바이러스의 공격에서 당신을 지켜주고 있다. 몸이 아프다는 것은 모든 측면에서 회복될 기회임과 동시에, 전체를 위해 현실의 조그만 한구석에 균형을 가져올 기회임을 인식해보라.

이 세상에 일체감을 구현하기 위해 당신이 해야 할 일

사회의 일원으로서 우리는 인간의 고통을 좀 더 너그럽게 받아들여야 한다. 그 고통은 질병일 수도 있고, 정신 질환일 수도 있으며, 정서적인 위기를 불러오는 영혼의 딜레마일 수도 있다. 또한 과잉행동장애가 있는 아이는 약으로 치료하기보다 교육을 통해 변화하도록 이끌어야 한다. 감정의 흐름을 정지시키는 마약 대신, 인생의 자연스러운 부분인 슬픔을 이겨내려는 과정이 필요하다. 동료와 상사가 화합하기보다 끊임없이 갈등을 일으키는 직장에 다니고 있다면, 불안 속에서 일하지 않도록 스트레스 없는 업무 환경을 만들어야 한다.

다른 이들에게 (그리고 자신에게) 참을성 없이 너그럽지 않게 행동하게 되면 문제가 초래되기 십상인데, 우리는 이를 억지로 해결하려 애쓴다. 우리 모두는 다른 이들의 기대를 만족시키지 못했다고 잘못 인식하고는 괴로워한다. 그것이 종종 처음부터 비현실적이고 부당한 것인데도 말이다. 완벽해야 한다는 내적 압박, 누구도 실망시키지 말아야 한다는 내적 압박은 엄청난 감정적 스트레스를 유발하며, 결국은 몸에 병을 불러온다.

모든 사람들이 그러듯이, 당신도 이런 생각에 영향을 받고 있다는 것을 깨닫지 못할지도 모른다. 불균형한 상태에 대해 부끄러움과 죄의식을 느껴야 한다는 속삭임, 가능한 한 빨리 '이를 극복해야' 한다는 속삭임이 머릿속에서 들려온다면, 그것은 일체감에 부합되지 않는 가치들이 당신 안에 내재되어 있다는 증거다. 진정한 치유란 시간과 인내 그리고 몸과 마음, 정신과 환경의 연결고리를 통찰하는 것을 전제로 하기 때문이다.

우리는 세상 모든 이들의 건강과 행복을 추구하는 방법으로 일체감을 받아들여야 한다. 인간의 총체성과 경험을 중시하는 대안적 치유 방식을 통해 우리는 일체감에 더 가까이 다가갈 수 있다. 그럼에도 불구하고 물질적 부에 지나친 가치를 둔 나머지, 병든 사람들, 정말로 도움이 필요한 사람들보다 이윤을 추구하는 의료 시스템을 탄생시켰다.

우리 사회는 점점 고령화되고 있다. 이런 시대에 우리는 어떻게 하면 노인들이 존엄성과 품위를 잃지 않도록 그들을 돌볼 수 있을지 고민해야 한다. 일체감은 균형에 바탕을 두고 있으며, 아픈 이들과 죽어가는 이들을 돕는 일은 단지 무언가를 주는 행위를 넘어 무언가를 받는 행위이기도 하다. 도움을 줌으로써 우리는 인내와 겸손함을 얻을 수 있고, 우리가 다른 이의 행복을 도울 수 있다는 성찰을 선물로 받게 된다. 다른 이의 건강을 중시하고 그들이 건강을 되찾도록 애쓸 때, **우리는** 바로 이런 것들을 선물로 받게 된다.

외롭거나 단절되어 있다고 느낀다면, 병원이나 요양원에 있는 이들과 함께 시간을 보내면 어떨까? 연로하여 편찮은 어르신들의 영혼을 즐겁게 해줄 수 있는 당신의 능력에 새롭게 눈뜰 것이다. 그리고 스스로를 돌보지 못하는 이들을 돕다 보면, 그것이 당신 내면의 생각과 감정을 돌아보게 만든다는 사실을 알게 될 것이며, 그것이 얼마나 신성한 일인지를 느낄 수도 있다. 또한 그런 행위는 일체감에 대한 깨달음으로, 주고받는 사랑의 조화로움 속으로 당신을 안내할 것이다. 이와 더불어 다른 사람에게 좋은 영향을 미치고 기운을 북돋을 수 있는 능력이 자신에게 있다는 점을 알아차리고는 목적의식을 가지게 될 것이다.

<u>스스로</u>를 치유하기 위해 당신은 어떤 노력을 하는가? 기도나 명상, 직관에 귀 기울이기, 자신의 선택을 신중하게 성찰하기 그리고 지구와 모든 생명체를 존중하는 방식으로 생산되고 유통되는 음식물 섭취하기 등의 방법을 통해 당신의 노력은 좋은 성과를 거둘 수 있다. 에너지 치료나 자연치료, 규칙적인 운동과 자연에서 시간 보내기 등 건전하고 생명을 살리는 치유법은 셀 수 없이 많다.

일체감이라는 관념을 생활에서 실현하기 위해서는 변화의 일환으로 화학물질과 약의 사용을 제한할 필요가 있다. 그런 성분들이 결국 이 지구에 영향을 미치기 때문이다. 그 물질들은 변기에 버리거나 쓰레기 매립지에 묻는다 해도 없어지지 않고 결국 생태계로 흘러 들어간다. 또 유기농 식품을 제외한 모든 식품은 어떤 형태로든 농약이나 인공 호르몬 혹은 항생제 같은 성분으로 오염되어 있다는 사실도 알아야 한다. 그러므로 유기농 식품을 먹는 것은 지구와 그 안에 사는 모든 이들의 건강을 지키는 일이다.

또한 인공 세제 같은 화학제품을 쓰지 않는 것만으로도 모두의 건강에 기여할 수 있다. 가령 프라이팬에 달걀이 눌어붙지 않도록 하기 위해 연구소에서 개발된 합성 물질이나 방충제 같은 성분은 인체에 아주 해롭다. 이렇게 생산된 물질 분자는 물에 씻거나 땅에 묻는다고 마법처럼 사라지는 것이 아니다. 단지 물건에서 사람의 몸으로, 또 물과 흙, 대기로 옮겨 다니며 해를 끼칠 뿐이다. 물론 인간의 몸에는 독성을 해독하는 놀라운 능력이 있으며, 유해 물질을 처리할 수 있는 방법도 다양하다. 하지만 우리가 사용하는 독성 물질과 화학제품은 너무나 다양하다. 그러니 자신과 어머니 지구 그리고 그 속의 모든 생명체들을 위해 좀 더 단순한 생활 방식을 택하겠다고 맹세해보는 건 어떨까.

건강의 미래

매일매일 더 많은 사람들이 일체감과 행복에 이르는 길을 선택하고 있다. 앞으로는 전체론적인 의학이 놀라운 발전을 거듭하리라 예상되는데, 이는 일체감을 중시하고 신성한 연결고리를 튼튼히 하며 단절과 불균형을 배제하는 양생 방식이다.

에너지 의학은 주류 의학에서 점점 영역을 넓혀갈 것이다(이미 많은 민간 보험에서 침술을 적용 범위에 포함했으며, 이는 올바른 길을 향한 작지만 중요한 발걸음이다). 몸과 마음 그리고 정신의 균형을 위해 에너지 의학적인 방법을 사용하는 일은 점점 늘어날 전망이다. 인간이 일체감의 영감을 받아 건강한 에너지의 흐름이 얼마나 중요한지 깨닫게 되면서, 에너지 치료는 점차 일반화할 것이다. 에너지 치료사는 당신의 에너지를 느낌으로써 무슨 문제가 있는지 '감지'하고 파악한다. 에너지 치료사는 손바닥의 기운이나 싱잉 볼singing bowl(주로 불교, 특히 티베트 불교에서 명상이나 치유의 도구로 사용하는 그릇)을 가지고 환자의 에너지를 바꿀 수 있는 힘을 가지고 있다. 에너지 치료사 중 한 사람은 놀라운 능력을 발휘해, 공간의 제약을 받지 않고 다른 지역이나 나라에 사는 환자를 치료하기도 한다.

전체론적 접근 방식을 통해 에너지 치료사는 종종 환자의 감정적, 육체적 상황을 파악하고, 삶의 방향을 짚어낸다. 또한 사춘기나 갱년기 여성들의 공통적인 문제가 무엇인지 잘 파악하고 있으며, 분노와 고통을 참고 사는 이들이 어떤 질병에 노출되기 쉬운지도 잘 안다. 예를 들어 한 치료사는 내 남편이 폐암에 걸린 이유가 오래전 끔찍한 교통사고로 돌아가신 시어머니를 구하지 못했다는 죄책감에서 온 것이라고 말하기도 했다. 현실적으로 버질은 자신이 할 수 있는 일이 아무것도 없다는 사실을 잘 알고 있었다. 사실 버질은 어머니가 운전을 했다는 사실조차 모르고 있었다. 그럼에도 불구하고 비이성적인 죄책감이 그의 무의식에 자리잡은 것이다. 어머니가 돌아가시고 난 뒤, 버질은 곧 담배를 피우기 시작했다. '어머니를 위해 뭔가 할 수 있는 일이 있었을 텐데'라는 마음속 자책은 불균형과 더불어 육신의 약화를 불러왔다.

에너지 치료사가 당신의 에너지를 파악할 때는 보통 불균형한 부분을 찾는다. 치료사는 에너지의 구조(척추에서 이어지는 차크라의 움직임)를 보거나 느낌으로써 어느 부분의 에너지가 흐릿한지, 어느 부분의 에너지가 너무 빠르게 흐르는지, 어디가 건강하지 않은지 파악한다. 이를 통해 치료사는 문제가 생기기 몇 달 전에 몸의 움직임을 파악하여, 심장병이나 발작, 혈압이나 다른 심각한 질병을 자연스럽게 알 수 있다.

에너지 치료사가 치료하는 차크라의 각 부분은 소화기관이나 순환기 같은 특정 부위의 기능과 관련이 있다. 다시 말해 육체적 자아는 당신을 에워싸는 정신적 자아와 합치된다. 차크라는 또한 특정한 마음가짐이나 감정적 상황과 관련이 있다. 몸속 액체의 자유로운 흐름이 중요하듯 감정도 자유롭게 오가야 하고, 차크라도 방해받지 않고 통해야 하며, 에너지의 영역에 흐르는 핵심적 에너지인 기의 흐름도 자유로워야 한다.

미래에 이용될 에너지 의학에는 복잡한 레이저 시술법도 망라되어 있는데, 이는 벌써 눈이나 치아 혹은 피부 질환을 치료하는 데 쓰이고 있다. 새 치료법은 우리가 상상할 수 없는 방식으로 사용될 것이다. 몸에 칼을 대거나 화학 성분의 약물로 우리 몸을 괴롭히는 대신, 빛을 이용한 덜 공격적인 방법으로 치료받을 수 있게 될 것이다. 레이저 시술은 유해한 종양의 성장을 억제하고 보통 크기로 줄이는 시술로서, 암 같은 질병의 치료에도 사용된다.

또한 몸이 지닌 본원적인 기억에 의존하는 백신이 더 많이 출시될 것이다. 간암으로 진행되기 쉬운 B형간염 바이러스나 자궁경부암을 유발하는 인체유두종바이러스HPV처럼 암 발생률을 증가시키는 바이러스나 질병을 예방하는 백신이 이에 속한다. 건강의 핵심은 신과의 정신적 연결고리이며 건강은 그것과 불가분의 관계라는 사실이 일반적으로 더 많이 받아들여지고, 전체론적 치료법이 더 광범위하게 전파될 것이다.

또한 우리는 식습관에 보다 많은 관심을 보이고, 더 나은 식습관이 정착될 수 있도록 노력을 기울여야 한다. 사실 아직 많은 이들이 일체감에 대한 배려 없이 음식을 구입하고 섭취한다. 다시 말해 식재료 생산 방식과 유통 방식이 우리의 건강에 어떤 영향을 미치는지 생각하지 못하는 것이다. 앞으로 우리는 영양 성분과 올바른 식습관 그리고 우리가 선택하는 음식이나 자주 가는 식료품 가게가 우리의 건강, 나아가 지구의 건강에 얼마나 중요한 역할을 하는지 배울 것이다.

또한 질병 치료에 기반을 둔 건강법에서 전체론적인 치료법과 예방법을 일체화한 웰빙 기반의 건강법으로 일대 전환을 이룩하면, 우리는 더 많은 혜택을 누릴 수 있다. 인류가 이 같은 접근 방식의 가치를 모든 측면(모든 사람의 육체, 정신, 영혼의 웰빙이 다른 이들에게도 영향을 주는 것)에서 받아들이기 시작하면, 당신 **자신**이 몸과 마음의 조화를 유지하기가 훨씬 쉬워진다.

우리는 그때까지 자신의 마음을 치유하고, 자신의 정신을 살찌우고, 자기 몸의 건강을 위해 노력을 기울여야 한다. 또한 휴식과 운동을 통해 그리고 긍정적인 기분을 유지하는 데 도움이 되는 음식을 섭취함으로써, 부정적인 감정을 가라앉힐 수 있다. 앞에서도 말했듯이, 전 방위적인(몸과 마음 그리고 영혼) 치유 방식은 전체론적인 존재의 본성상 다른 모든 부분도 같이 향상시킨다. 그러므로 주의와 관심을 골고루 기울이며 노력하다 보면, 더 많은 평화와 힘 그리고 원기를 얻을 수 있을 것이다.

몸과 마음과 영혼의 일체감을 획득하는 방법

관찰

당신의 몸과 마음 그리고 영혼의 연결고리를 바라보라. 건강에 나쁜 음식, 가공된 음식을 먹었을 때 어떤 감정을 느끼는가? 또 농민에게서 직접 농산물을 사거나 지역사회에 먹을거리를 기부하는 영농 조합 같은 곳에서 식품을 구입할 때면 어떤 느낌이 드는가?

불안하거나 분노와 슬픔을 느낄 때, 몸의 어떤 부위에 불편함을 느끼는가?

언제 가장 건강하다고 느끼고, 언제 가장 활력을 느끼는가? 영양소가 골고루 당신의 몸과 마음을 채우고 있을 때인가?

어떤 일을 할 때 에너지가 차오르는 것을 느끼는가? 언제 육체적으로 강인하다고 느끼며, 언제 긍정적인 방식으로 반응하는가? 당신에게 즐거움을 주고 힘을 주는 활동은 무엇인가?

이렇듯 모든 면을 충족하려면, 필요한 사항을 기억하기 위해 자신이 관찰한 내용을 일기장에 기록해두는 편이 좋다.

기도

자신과 세상의 다른 모든 이들, 생명체들, 어머니 지구의 건강과 웰빙 그리고 균형을 위해 기도하라. 몸이 지닌 자연적인 치유의 힘을 믿고, 인간이 만든 약에 의존하지 않고도 병에 걸리지 않을 수 있도록 기도하라. 자신과 다른 사람들 그리고 환경이 서로에게 주고받는 영향을 깨달을 수 있도록 기도하고, 불균형을 바로잡고 일체감을 얻을 수 있도록 기도하라. 자신의 몸, 마음 그리고 영혼과 신 사이의 연결고리를 받아들이라.

또한 다른 사람들이 몸과 마음 그리고 영혼 사이의 신성한 연결고리를 자각하고 스스로를 더 잘 보살필 수 있도록 기도하라. 분노와 좌절과 미움을 버리고, 부정적 감정이 이 세상에 어떤 영향을 미치는지 깨닫도록 기도하라.

치료사들이 건강하고 행복하게 살면서 신성하고 소중한 치유 작업을 계속 이어 나가기를 기도하라.

행동

행동은 당신의 외부에서 일어난다. 풍요로운 감정과 생각으로 내면을 채우는 것은 중요하다. 그러나 아무리 긍정적인 생각일지라도 자신의 머릿속에 갇혀 실천의 중요성을 망각해버리면 아무 소용이 없다. 몸과 마음, 영혼의 웰빙을 추구하고 실천하기 위해 달력이나 휴대전화 일정표의 도움을 받아야 한다면 그리하라. 더 건강한 삶을 추구하겠다는 꿈이 있다면, 허송세월을 보내지 않도록 애써야 한다.

이 장에서 내가 말한 내용을 다시 한 번 확인하고, 행복을 향한 첫발자국을 내딛기 위해 다음과 같이 실천 항목을 간추려보았다.

몸에 좋은 유기농 음식을 섭취하라. 자신이 사는 지역에서 생산된 음식을 구입하고 섭취하면, 오염을 줄이고 지구의 에너지 자원을 덜 사용할 수 있다. 또 독성을 제거한 청정한 땅에서 건강한 곡식을 생산하는 데 도움이 된다. 농민이 직접 판매하는 식품, 건강식품 가게나 영농 조합에서 판매하는 식품을 사면 더욱 좋다. 가능하다면 직접 텃밭을 일구는 것도 괜찮다. 통곡물과 집에서 가꾼 허브와 채소를 섞은 식단은 당신의 건강에 도움이 된다.

가공식품과 설탕, 소금, 지방을 지나치게 섭취하지 말라. 당신의 몸은 가공된 정크 푸드를 낯설어한다. 만약 몸이 말을 할 수 있다면, "대체 이것들은 뭐야?"라고 할 것이다. 하지만 몸은 말을 못하기 때문에, 대신 최선을 다해 '음식'을 지방질로 바꾸어 몸속에 저장한다. 그렇더라도 지방질에는 비타민과 미네랄 같은 핵심 영양소가 결핍되어 있으므로, 몸이 제 기능을 다하기가 어려워진다.

자신이 직접 요리를 하면 독소 섭취를 쉽게 피할 수 있다. 시간이 없다면, 한꺼번에 많은 음식을 만들어 며칠 동안 보관하면서 먹어도 된다.(채소는 날것으로 또는 살짝 찌거나 구워서 먹는 것이 가장 좋다. 채소를 삶으면 비타민과 무기질이 흘러나와 사라진다.)

음식의 진정한 값어치를 생각하라. 식품 안전망이 허술하고 동물을 함부로 다루는 대형 축산 업체는 오염된 식품을 생산할 가능성이 더 크다. 소비자와 농민 그리고 지구를 동시에 생각하는 생산구조를 위해 비용을 좀 더 지불하는 것은 가치 있는 일이다.

물을 많이 마시라. 우리의 몸은 대부분 물로 이루어져 있다. 그러므로 끊임없이 수분을 보충해주어야 한다. 하루에 여덟 잔 정도의 물은 필수적이다. 또한 물을 알칼리성으로 바꿔주는 정수기를 권하고 싶다. 몸속의 산도PH는 아주 민감해서 지나치게 산성이 강해지면 부조화와 질병을 일으킨다.

오후에는 탄산수를 마시지 말라. 탄산수에 든 설탕은 탈수 작용을 일으키며, 다이어트 식품에 포함된 인공 감미료는 잘 소화되지 않는다. 또한 시중에 팔고 있는 과일 주스는 대부분 진짜 과일로 만들어지지 않았다. 과일 원액을 희석한 주스가 아니라 100% 주스라고 확실히 명시되어 있는 것만 사자. 100% 오렌지 주스에 직접 탄산수를 타서 마시는 것도 좋다.

규칙적으로 운동하라. 건강을 전체적으로 지키고 몸의 독소를 배출하려면, 운동을 하는 것이 좋다. 요가나 기 체조는 마음을 가다듬고 몸의 에너지 흐름을 원활하게 해주므로 아주 효과적이다. 그리고 일상적으로 기회가 있을 때마다 몸을 움직여보라. 에스컬레이터를 타는 대신 계단을 이용하면, 심장 근육이 활성화되고 체액 순환이 원활해지며 전체적으로 몸이 건강해진다. 또 사무실과 일부러 먼 곳에 주차하거나 내릴 곳보다 한 정거장 먼저 내려 15분 정도 걸으면, 건강에 많은 도움이 된다.

다른 이와 함께 식사하라. 다른 이들과 같이 음식을 먹으면, 감성과 지성 그리고 영혼이 풍요로워지는 것을 느낄 수 있다. 당신이 소중하게 생각하거나 더 가까워지고 싶은 사람과 함께 식사를 해보라. 저녁에 친구들이나 가족들, 아이들과 함께 음식을 만들어보라. 그러면 같은 공간에서 서로의 존재를 확인하고 즐거워하는 특별한 시간이 될 것이다. 그리고 그 순간은 당신에게 소중한 추억으로 영원히 남을 것이다.

자신의 몸을 사랑하라. 상처받거나 균형을 잃은 부분에 집중하라. 손을 그 부위에 대고 사랑의 에너지를 전하라. 긍정적인 에너지를 상처 입은 부위에 보내면, 따뜻하고 부드러운 진동이 느껴질 것이다. 이런 방법은 여러 기 치료법들 가운데 하나이며, 에너지 치료의 기본이기도 하다.

자신에게 다정하게 이야기하라. 당신의 생각을 크게 소리 내어 말하건 아니면 조용히 되뇌이건, 우선 그 생각이 긍정적인지 부정적인지 잘 살펴보라. 혹독한 자기 검열 대신 자신의 힘과 능력에 칭찬을 보내라. 늙고 아프고 괴로운 건 정말 싫다고 생각하는 대신, 자신의 건강에 감사하며 "몸을 이렇게 멋지고 건강하게 잘 돌보다니 내 자신이 정말 자랑스럽구나"라고 말해보라.

감정적, 정신적 독소를 줄여라. 감정과 정신에 독이 되는 혹독한 자기 검열 습관을 버리고, 부정적인 영향을 미치는 사람들을 멀리하라. 누군가가 우울해한다면 연민을 가지고 도움을 받도록 권유하라. 하지만 그 사람의 가라앉은 기분에 덩달아 동요하지는 말라. 긍정적으로 사고하는 사람들과 함께 시간을 보내고, 기분을 고양해주는 일들에 참여하여 스스로를 충전하라. 그러지 않으면 감정에 불균형이 생기기 쉽다.

심리 치료를 받아도 좋다. 하지만 이때는 치료사의 도움을 받아 문제를 파악하는 것을 넘어서, 자신의 행동 습관을 치유하는 단계까지 나아가야 할 것이다.

명상을 하라. 몸과 마음의 웰빙을 도와주는 명상법에는 여러 가지가 있다. 규칙적으로 명상을 하라. 특히 심란하거나 마음의 조화가 깨졌을 때, 몇 분 동안이라도 호흡에 집중하고 부정적인 생각을 비워낸다면 크게 도움이 될 것이다. 명상은 거칠게 흐르는 강물을 다시 평화롭게 잠재우는 행위다.

야외로 나가라! 비타민D는 육체 건강에 핵심적일 뿐 아니라 세로토닌 Serotonin 분비에 결정적인 역할을 한다. 이런 비타민D를 얻으려면 햇빛을 충분히 받아야 한다. 그러므로 매일 자연 속에서 시간을 보내도록 노력하고, 적어도 야외에서 조금이라도 운동을 하라. 하루 종일 실내에서 지낼 수밖에 없는 환경이라면, 창문을 열든지 자연광이나 식물 혹은 반려 동물을 가까이해서 지구와의 연결고리를 잊지 않도록 하라.

에너지 치료사들의 도움을 받으라. 세상에는 당신의 감정과 정신 그리고 몸에 큰 도움이 되도록 에너지의 흐름을 바꿔줄 수 있는 치료사들이 많다.

몸과 직관의 소리에 귀 기울이라. 몸에 맞지 않는 음식이나 평정을 깨뜨리고 낙관적 전망을 흐려 당신을 혼란에 빠뜨리는 뉴스 등 지금까지 당신이 받아들여온 외부의 것들을 변화시켜야 할 필요가 있다면, 그 신호에 귀를 기울여라. 당신이 보고 듣고 만지고 냄새 맡고 느끼는 모든 것은 당신에게 영향을 미치는 파장을 내보내므로, 긍정적인 영향을 받아들일 수 있도록 늘 신경 써야 한다.

신에게 돌아가라. 신적 존재야말로 당신의 치유를 돕고 웰빙을 북돋우는 끊임없는 사랑의 근원이다. 한 연구 결과에 따르면, 기도에는 정신적이면서도

> 육체적인 치유 효과가 있다. 그렇다고 해서 기도가 신과 소통할 수 있는 유일한 방법은 아니다. 신의 현현顯現을 느낄 수 있게 해주는 다른 방법, 당신이 건강을 유지할 수 있도록 신의 힘을 받을 수 있게 도와주는 다른 방법이 있다면, 그 방법을 사용해도 좋다.

신성한 연결고리는 당신의 모든 측면(몸, 마음, 정신)뿐 아니라 당신과 보이는 세계 혹은 보이지 않는 세계 사이에서 영향을 미치고 있다. 이 사실을 이해한다면 당신의 인식에도 변화가 생길 것이다. 그리고 당신의 자아는 더 이상 생각을 통제하지 않을 것이며, 당신이 직면한 위기는 벌이 아니라 업을 해소하고 내면을 치유하는 계기로 바뀔 것이다. 몸과 마음과 영혼과 주변 환경 간의 관계를 깨닫고 보살피다 보면, 우리의 삶도 행복해질 것이다. 단절감을 불러오고 고통을 적대시하는 태도를 부추기는 자아의 환상을 버리면, 도전을 받아들이기가 훨씬 수월해질 것이다.

3부에서는 시간이나 종교, 과학에 대한 제한된 이해가 우리를 얼마나 붙들어 매는지, 그래서 결국 인간의 진화에 어떤 식으로 저항하는지를 살펴보려 한다.

평생 신봉해오던 생각을 버리기는 쉽지 않겠지만, 일체감을 내부에서 경험할 수 있다는 점에서 내면의 변화는 중요하다. 내면의 변화를 통해 우리는 시간의 흐름에 희생되고 있다는 억울함에서 벗어날 수 있으며, 종교와 과학의 가르침으로 형성된 한계에서 벗어날 수 있다. 시각을 바꾸면 세상은 변화하기 시작한다.

3부
새로운 시각

8장 새로운 시각으로 보는 시대
9장 종교와 과학, 영성에 대한 새로운 시각

8장 새로운 시각으로 보는 시대

> 자연의 리듬과 패턴을 통해 우리는 과거의 순환 주기를 정확하게 예측할 수 있다. 마찬가지로 그것들을 통해 우리는 해롭고 파괴적인 과거의 방식을 바꾸어 새로운 시대를 맞이할 커다란 기회도 함께 얻을 수 있다. 삶의 새로운 순환을 만들어내는 선택의 순간을 말이다.
>
> —그렉 브래든Gregg Braden

눈에 보이는 세계에서의 경험을 이해하기 위해 인간은 시간이라는 관념을 발전시켰다. 눈에 보이는 세계에서는 우리의 감각이 무엇이 현실인지 가르쳐 준다. 비록 시간 자체를 듣고 볼 수는 없지만, 우리는 감각을 통해 시간을 경험한다. 우리는 몸을 통해 시간의 효력을 느끼고, 일출이나 일몰, 계절의 변화를 통해 시간의 흐름을 본다.

그럼에도 불구하고 플라톤은 감각의 세계와는 별개로, 저 어딘가에 영원하고 순수한 세계가 존재한다고 했다. 플라톤이 말한 그곳은 완벽한 아름다움과 정의 그리고 진실이 존재하는 보이지 않는 세계다. 일체감을 통해 우리는 보이지 않는 세계도 실재하는 세계의 일부분이므로 무시해서는 안 된다는 교훈을 얻는다. 그 세계에서는 몇 년 몇 월 며칠 몇 시 몇 분 몇 초인지 계산할 필요가 없다. 시간이 완전히 다른 방식으로 흐르기 때문이다.

플라톤은 이렇게 말했다. 진정한 지성이란 보이지 않는 세계를 깨닫는 능력이며, 우리가 보이는 세계에서 창조한 것은 완벽한 형상의 어설픈 복제에 지나지 않는다고. 예를 들어 내가 지금 앉아 있는 의자는 보이는 세계에서는 단 하나의 형상이다. 하지만 보이지 않는 세계에서는 현재 실재하는 의자를 넘어서, 존재한 적이 있는 갖은 종류의 의자, 의자가 될 수 있는 것들에 대한 갖은 종류의 이론과 개념이 동시에 존재한다고 한다. 거기에는 '과거의 의자'나 '미래의 의자'가 존재하지 않는다. 이런 차이는 보이지 않는 세계에서 아무런 의미가 없다.

우리는 시간의 흐름을 이해하는 데 플라톤의 이론을 적용할 수 있다. 보이지 않는 세계는 모든 가능성(과거와 현재, 미래)을 한꺼번에 갖추고 있다. 눈에 보이는 것을 넘어선 이 세계에서는 이미 과거의 일도 현재가 되며, 미래의 일도 현재 속에서 하나의 현실이 된다.

시간에 대한 우리의 관념은 보이지 않는 완벽한 세계를 이해하려는 제한적인 시도의 결과다. 하지만 시간의 구조는 사건 사이의 관계를 정확하게 반영하지 않는다. 헨리 판 다이크Henry Van Dyke는 시간을 다음과 같이 표현했다.

시간은
기다리는 이들에게는 너무 느리고
걱정하는 이들에게는 너무 빠르고

슬퍼하는 이들에게는 너무나 길고
기뻐하는 이들에게는 너무 짧다
하지만 사랑하는 이들에게는
영원하다

현재를 넘어서서 바라보기

관념이 시간을 창조하고 과거와 현재 그리고 미래가 동시에 존재하며 서로 어우러지는 세계가 있다는 생각을 이성적으로는 받아들이기 힘들 것이다. 하지만 이런 진실을 우리는 실제로 경험하기도 한다. 영적 능력이 있는 이들은, 과거는 항상 뒤에 있고 미래는 항상 앞에 있다는 우리의 직선적인 시간 관념 너머를 볼 수 있다.

비록 내가 아주 강력한 직관적 재능을 지니고 태어났다고 할지라도, 나는 다른 사람들도 나처럼 (시간의 한계를 초월해서) 직선적 시간을 넘어서는 무한의 세계에 들어설 수 있으며 실제로 그러고 있다고 믿는다. 우리는 직관을 통해 보이는 세계에서는 이해할 수 없는 연결고리를 볼 수 있다. 그러나 과학자들은 예지몽이나 기시감 같은 현상도 의미 없는 우연이나 머릿속 착각이라고 간단히 치부해버린다. 하지만 나는 직선적 시간을 넘어서본 경험이 있기에 그런 설명이 사실이 아님을 알고 있다. 나는 먼 과거나 미래의 사건을 실제로 볼 수 있으며, 특히 나와 관련된 이들이나 나 자신의 전생에 대해서는 더 잘 볼 수 있다. 그리고 상담을 통해 만난 낯선 이들의 과거나 미래도 볼 수 있다.

예를 들어 나는 20년 전 매기라는 여성에게 예언을 한 적이 있는데, 최근에 그 일이 불현듯 떠올랐다. 그때 나는 그녀에게 평소에 알고 지내던 부유한 남성을 영혼의 동반자로 삼게 되리라고 예언했다. 그리고 그 일을 계기로 경제적 곤란이 해결되고, 그녀는 자선 활동을 시작할 수도 있을 것이라고 말했다. 하지만 그런 일은 그녀가 다른 주로 이사하고 나서 몇 년이 흘러야만 가능하다는 단서도 덧붙었다.

매기는 내 예언을 듣고 재미있다고 생각했지만, 현실과 너무 거리가 먼 이야기라 크게 의미를 두지는 않았다고 한다. 하지만 5년이 지나 대학을 졸업한 후 고향으로 돌아갔는데, 그곳에서 내가 예언한 대로 전부터 알고 지내던 상당히 부유한 남성과 친해졌다. 또한 놀랍게도 아픈 어린이들을 위한 자선단체도 세우게 되었다. 그런데 이 모든 일이 일어나기까지 왜 그토록 시간이 걸렸던 것일까? 정확히 알 수는 없지만, 내 생각에 그녀는 그 남성을 만나기 전에 여러 가지를 겪어야 할 운명이 아니었나 싶다.

나처럼 특별한 직관력이 있는 사람들 중에도 많은 이들이 그런 재능을 어떻게 받아들여야 할지 모른 채 살아가곤 한다. 나는 직선적 시간을 넘어서는 일에 인생의 대부분을 바친 덕분에 그것이 얼마나 중요한지 깨달았다. 고대의 예언자들이나 선지자들, 의술사들처럼 나 또한 다른 사람들이 알지 못하는 과거와 현재와 미래 간의 신성한 연결고리, 개인과 집단 간의 신성한 연결고리를 깨달을 수 있었다. 나는 우리 모두가 이 보이지 않는 세계와 신비롭게 그리고 구체적으로 연결되어 있으며, 아무리 절망적으로 보이는 상황이 닥쳐도 그 연결고리에서 치유와 사랑이 흘러 들어오고 있다는 사실을 안다. 우리는 아무런 의미도 없는 사건들로 가득 찬 세상에서 살고 있는 것이 아니라, 모든 것이 전체의 한 부분인 세상에 속해 있다.

이러한 연결고리를 보거나 그 존재를 깨닫고 나면, 업과 그것의 치유에 대해 훨씬 더 잘 이해하고 변화하는 시간 속에서 어떻게 고통을 끊을 수 있을지 알게 된다. 그것은 바로 일체감이 우리의 본성임을 이해한 뒤에 얻어지는 선물이다.

우리는 보이는 세계에 살고 있다. 그래서 시간의 한계 속에서 사고해야만 인과관계를 깨달을 수 있다. 이미 벌어진 어떤 일은 닥쳐올 다른 일의 원인이 된다. 인간이 만든 이 같은 법칙에 따르면, 현재 일어나는 일은 미래에 다가올 일과 상관없이 과거에 일어난 일의 결과일 뿐이다. 우리는 전에 일어난 일이 가져온 고통에 사로잡혀 있다.

보이는 세계에 대한 우리의 시간 관념과 인과관계 법칙을 이해하는 것이 어떤 면에서는 도움이 된다. 예를 들어 내가 당신의 집에 7시에 방문하겠다고 말하면, 당신은 내가 언제 도착할지 정확하게 알게 된다. 그러므로 내가 문 앞의 초인종을 누르면, 당신은 내가 도착했다는 사실을 알게 된다. 이런 지각은 직선적 시간의 결과다.

하지만 보이지 않는 세계에서는 이런 법칙이 적용되지 않는다. 사건들 간의 관계는 매우 다르며, 현재 일어나는 일이 미래에 일어날 일에 영향을 받을 수도 있고 미래의 가능성이 바로 지금 보일 수도 있다. 만약 보이는 세계에서 초인종이 울리지 않는다면, 우리는 초인종이 고장 났다고 생각해 기술자를 불러 고칠 것이다. 하지만 보이지 않는 세계에서는 모든 것이 의미를 지니고 있기 때문에, 우리의 마음이 보이는 세계에 고정되어 있는 한 그 의미를 파악하기가 어렵다. 가령 초인종이 고장 난 것을 예로 든다면, 우리 중 한 사람과 초인종을 고치는 기술사가 서로 만나는 것이 이익을 가져다주기 때문에 서로가 상호작용을 한 것일지도 모른다.

당신도 낯선 이와의 만남에서 놀라운 일이나 치유에 도움이 되는 일을 경험한 적이 있을 것이다. 이렇듯 물질적 현상세계를 넘어서 바라보면, 연결고리들이 어떻게 우리를 이끌지 짐작할 수 없게 된다.

심리 상담사로서 고객의 과거나 현재, 미래를 볼 때, 나조차 전체적 그림을 모두 파악하지는 못한다. 그렇지만 종종 내게 보이는 이미지의 의미는 충분히 알아차린다. 이를테면 고객이 미래에 종사하게 될 직업이나 휘말리게 될 법적 문제 또는 목표에 도움이 될 만한 사람의 겉모습이나 이름의 첫 글자가 머릿속을 스쳐 지나가곤 한다. 이런 방식으로 나는 고객이 미래에 만날 누군가에 대한 정보를 얻을 수 있다.

그러고 보니 2004년에 스페인어권 텔레비전 방송국 텔레문도Telemundo의 프로그램에 출연했던 것이 생각난다. 나와 인터뷰를 했던 에콰도르 여성은 다음번에 누가 자국의 대통령이 될지 물었다. 나는 에콰도르라는 나라도, 그 나라의 정치 상황도 전혀 모른다고 대답했는데, 그 순간 아주 날카로운 이미지가 머릿속에 휙 지나갔다. 나는 마흔 살쯤 되고 키가 크며 밝은색 눈동자(그 나라에서는 드문)와 멋진 미소를 지닌 남성이라고 이야기해주었다. 또 그 사람은 자녀가 셋이며 유명하지 않은 정치인이라고 대답했다. 몇 달 후 내 전화기는 쉴 새 없이 울리기 시작했다. 모두 에콰도르에서 온 전화였다. 한 대학교수가 유력한 대통령 후보로 떠올랐는데, 전에 인터뷰한 그 여성이 내 예언을 기억하고 있었던 것이다. 아니나 다를까 내가 묘사한 것과 정확히 일치하는 후보 라파엘 코레아가 2007년에 대통령으로 당선되었다.

다른 사람들에게서 이런 소식을 들을 때마다 나는 놀라움을 금치 못한다. 하지만 신은 우리에게서 "와, 정말 신기한걸"이라는 반응을 끌어내기 위해 미래에 대한 정보를 주는 것이 아니다. 신은 우리가 직선적인 시간의 흐름을 깨고 과거와 현재 그리고 미래가 서로 연결되어 있다는 깨달음을 주기 위해 그러는 것이다. 또한 이방인처럼 보이는 다른 이들도 실은 우리의 형제자매임을 깨우쳐주기 위해 신이 우리를 돕는 것이다. 나는 내 예언이 누군가 새로운 인물이 당선되기를 간절히 바란 에콰도르 국민에게 용기를 주었으리라고 믿는다. 또한 우리 각자가 모든 의식이 존재하는 하나의 실체 속에 굳게 연결되어 있다는 것을 계속 보여주려는 신의 뜻이 아니었을까 생각한다. 우리는 변화의 시기에 서로에게 도움을 줄 수 있는 우리의 능력을 결코 과소평가하지 말아야 한다.

당신이 모든 존재의 영역으로 들어가 일체감을 믿는다면, 연결고리를 직접 볼 수 있을 뿐 아니라 놀라운 우연과 예지를 경험할 수도 있다. 그리고 자신의 직관이 내는 목소리를 더 쉽게 들을 수 있다. 그렇게 되면 보이지 않는 완벽한 세계에 대한 믿음이 커지고, 지금까지 우리가 생각해온 시간 관념이 가짜였음을 깨닫게 될 것이다.

시간의 속성과 리듬

시간은 둥글다. 완전하며 균형 잡힌 관념이다. 우리는 시간의 흐름을 **순환**으로 표현하고, 뿌린 대로 거둔다는 표현을 사용한다. 태양 표면의 폭발 주기와 지구온난화 주기라는 말도 있다. 이와 비슷하게 인간도 업의 주기를 경험한다(여성에게는 몸과 감정에 동시에 영향을 미치는 생리 주기가 있다). 사회는 혁신되어야 하고 앞으로 나아가야 하지만, 다른 한편으로는 성찰되어야 하고 천천히 움직여야 한다. 끊임없는 진보나 영원한 정체는 자연스럽지 못하다. 현재와 미래는 과거와 여러 면에서 아주 비슷한데, 같은 유형의 사건이 되풀이되는 것이 삶의 자연스러운 리듬이기 때문이다.

지나간 역사를 그저 단순한 과거로 여기고 점검하지 않는다면, 다가올 미래가 과거와 완전히 다를 것이라고 생각한다면, 그것은 자기기만에 지나지 않는다. 우리는 삶에서 일어나는 일들이 비슷하다는 사실을 깨닫고, 그 패턴과 일정한 리듬을 파악할 필요가 있다.

자신의 삶에서 순환성을 깨닫고도 그것이 단순한 우연이라고 생각해버릴 수 있다(다시 한 번 말하지만 그것은 절대 우연이 아니며, 우연의 일치도 보이지 않는 세계에서는 모두 의미를 지닌다). 한동안 낙관주의에 사로잡혀 미래에 대한 희망 속에서 살다가 어느새 다시 회의하는 단계로 접어든 적이 없는가.

당신이 균형 잡히고 희망적인 상태에서는 앞으로 나아가고 비관적인 상태에서는 상황을 보다 조심스럽게 살핀다면, 당신 삶의 주기는 건강한 편이다. 상황을 무시하는 대신 노력해야 할 부분에 집중한다면, 당신의 태도와 접근 방식은 조화롭다고 할 만하다. 하지만 삶의 주기를 이해하지 못하면, 틀에 박힌 경험을 되풀이할 수밖에 없다. 휴식하고 성찰해야 할 순간에도 끊임없이 앞으로 나아가려고만 한다면, 곧 완전히 탈진하고 말 것이다.

달이 바뀌고 계절이 변화하듯이 당신에게도 삶에서 별도의 시간이 필요하다. 과거가 문자 그대로 반복되지는 않겠지만, 낡은 환경이나 감정, 경험이나 관계는 형태만 살짝 바뀌어 미래에도 계속 반복될 가능성이 크다. 그러므로 이런 주기와의 싸움은 소모적일 수밖에 없다.

자연의 리듬을 받아들이고 삶의 부침을 받아들이는 것이 균형과 평화 그리고 힘을 얻는 비결이다. 중요한 것은 앞으로 나아가야 할 때조차 한자리에 그대로 머무르면 안 된다는 점이다. 예를 들어 당신은 어수선하고 폭력적인 가정에서 자랄 때 형성된 태도를 고수한 나머지, 당신의 과거를 상기시키는 사람이나 상황에 끌리지는 않는가? 혹은 헤어진 연인이나 당신을 해고한 회사에 아직도 적대감과 원한을 품고 있지는 않는가? 슬픔이나 분노는 당신을 일깨워 일체감과 업의 세계로 인도한다는 사실을 잊지 말라. 슬픔과 분노를 통해 당신은 새로운 무대에 올라가 느낌과 인식, 세상의 작동 방식을 의식적으로 선택할 수 있다. 결코 당신을 그 속에 가두려는 의도가 아니다.

유럽에서 미국을 잠시 방문한 사브리나라는 여성이 나를 찾아온 적이 있었다. 나는 그녀에게 미국에서 한 남성을 만나고 미래에 미국에 정착하게 될 것이라고 말해주었다. 얼마 후 그녀는 정말로 리처드라는 미국 남성을 만나 사랑에 빠졌다. 그리고 미국에 정착하기로 하고 결혼을 약속했다. 하지만 불행히도 얼마 지나지 않아 둘은 아주 격렬하게 싸운 끝에 결혼을 취소하고 말았다. 두 사람 모두에게 잘못이 있었지만 서로 대화나 화해를 거부했고, 자신의 자아에 생각과 행동을 지배당한 두 사람은 어느 쪽도 감정의 앙금을 풀려 하지 않았다.

몇 년이 지나는 동안, 나는 리처드와 사브리나 두 사람을 계속 상담했다. 나는 두 사람 모두에게 내부에 쌓인 감정을 풀고 자신들이 처한 상황을 이야기하라고 설득했다. 하지만 서로 그리워하면서도 두 사람은 "내가 옳아, 당신은 틀렸어"라는 파괴적인 악순환에서 한 발자국도 움직이려 하지 않았다. 하지만 두 사람 모두 끊임없이 상대방을 생각하고 살았으므로, 다른 상대는 만나지 못했다.

드디어 계속되는 상담 끝에 사브리나와 리처드는 자신들이 파괴적인 자의식에 사로잡혀 행동했으며 과거의 실수에 매달려 살아왔다는 사실을 깨달았다. 두 사람 모두 서로의 미래를 위해 소통하고 치유할 필요성을 절감했으며, 아직 서로 깊이 사랑하고 있다는 중요한 사실을 알게 된 것이다. 드디어 한자리에 마주 앉은 두 사람이 대화를 나누고 서로에게 사과하게 되자, 그간에 얽힌 업은 해결되었다. 이제 두 사람은 자신들에게 얽힌 업을 풀어 교훈을 얻었으며, 미래로 향한 길에서 더 이상 고통스럽게 과거에 얽매이지 않았다. 만난 지 7년이 지난 지금 두 사람은 다시금 결혼을 계획하고 있다.

점성술과 숫자점이라는 놀라운 도구

개인을 벗어난 더 큰 범주에서도 과거에 얽매이거나 진화의 단계에서 정체되고 마는 일이 종종 일어난다. 오래전의 상처에서 만들어진 악업이 새로운 세대에게 전달되어 현재까지 이어진다. 인간의 역사를 자세히 살펴보면, 같은 문제들이 반복되어 일어나는 것을 알 수 있다. 사람들이 이전의 역사에서 교훈을 제대로 얻지 못하고 넘겼기 때문이다.

다행히도 우리는 우리에게 영향을 미치는 모든 개인과 인류 그리고 지구의 순환 주기를 관찰할 능력이 있다. 아주 큰 도움을 주는 서로 연결된 두 가지 도구가 점성술과 숫자점이다. 마치 심리학이나 최면이 우리가 지나치기 쉬운 생각과 행동의 패턴을 깨우쳐주는 것처럼, 점성술과 숫자점은 우리에게 자연의 리듬에 관하여 가르쳐준다.

고대인들은 하늘을 올려다보고 천체를 관찰함으로써 시간을 계산했다. 고대인들은 행성과 달과 태양의 위치를 가지고 계절과 자연현상의 체계를 알 수 있을 뿐 아니라, 우리에게 영향을 미치는 저 위의 에너지 흐름까지 파악할 수 있다고 믿었다. 점성술과 숫자점은 바빌로니아인들이 기원전 2세기에 처음으로 확립했고, 이후 다른 지역에도 비슷한 형태의 관행이 널리 퍼졌다. 이것들은 모두 나름대로 가치가 있지만, 나는 나에게 익숙한 서양 점성술과 숫자점을 가지고 우리에게 영향을 미치는 에너지의 흐름을 설명하고자 한다.

점성술과 숫자점 사이에는 아주 큰 연관성이 있다. 우선 이 둘에는 같은 주제를 다루는 비슷한 형태의 원형 차트가 있다. 또한 둘 모두에서 행성과 숫자는 특정한 에너지를 상징한다. 예를 들어 수소는 숫자 5와 연관이 있다. 숫자와 행성 모두 지성이나 정서적 예민함, 민첩하고 재빠른 움직임 등의 의미가 담긴 에너지가 포함되어 있다(수성은 태양 주위를 가장 빠르게 공전하는 행성이며 로마 신화에 나오는 상업의 신 메르쿠리우스Mercurius의 이름을 따서 명명되었다). 태어날 때 수성이 어느 위치에 있었느냐에 따라 그 사람의 의사소통 스타일이 결정된다. 만약 당신이 모험을 좋아하고 지성으로 무장해 있어 의견을 강하게 주장하고 화술에 능하다면, 당신은 자신의 출생 차트에서 수성의 영향과 숫자 5를 발견할 것이다.

숫자점과 점성술 두 분야 모두가 삶의 주기에 대해 설명해준다. 행성이 별자리와 연관되어 어느 위치에 놓이느냐에 따라 출생 시 12궁Zodiac Sign이 정해지고, 그 위치는 당신의 삶에 여러 가지 영향을 미친다. 숫자점에서는 출생일과 현재의 날짜 혹은 연도를 결합하여 나오는 숫자를 보는데, 이 또한 당신의 삶에 영향을 미친다. 예를 들어 당신의 점성술 차트나 숫자점 계산에서 수성이나 숫자 5가 중요한 역할을 한다면, 당신은 두뇌 회전이 빠른 사람일 것이다. 따라서 의사소통을 부드럽게 잘하며 예리한 정신의 소유자일 가능성이 크다.

어느 정도 상상할 수 있겠지만, 행성이나 숫자는 집단에도 영향을 준다. 수성이 역행할 때(행성의 일반적 움직임과는 반대 방향으로 움직일 때), 특히 숫자 5의 에너지가 강한 날에는 사람들 대부분이 의사소통이 원활하지 않다거나 복잡하다거나 문제가 있다고 느낀다. 이 시기에는 컴퓨터 시스템이 고장 나거나 정보가 잘못 처리되는 일이 빈번할 수 있다.

숫자점과 점성술 둘 다 삶의 주기를 알려주고, 인생에서 일어날 중요한 사건과 죽음에 대한 실마리까지 보여준다. 당신이 앞으로 나아가야 할 때가 언제인지(우주의 에너지가 성장과 움직임을 도와주는지) 그리고 가만히 멈추어서 성찰해야 할 때가 언제인지 가르쳐준다. 당신이 속도를 늦추고 내면을 성찰해야 할 시기에 어떤 일을 시작하게 되면, 많은 장애에 부딪히거나 계획이 잘못될 가능성이 크다. 하지만 성장의 시기에 일을 시작하면(가령 주기의 시작을 의미하는 강력한 숫자 1의 영향 아래에 있을 때) 에너지의 흐름이 당신 편이 되어 장기간 성공을 거둘 수 있다.

누군가를 상담할 때 나는 정확한 출생일과 시간(만약 알고 있다면)까지 묻는다. 그런 다음 직관을 통해 고객에게 접속하면, 마치 그 사람에 관한 **모든** 정보가 담긴 책이 내 무릎에 떨어지는 듯한 느낌이 든다. 그러면 의사가 의학적인 기록을 보고 진료하듯이, 나 또한 고객과 이야기하면서 자연스럽게 그 사람의 **인생** 기록을 들여다본다. 이 '파일'에는 과거와 현재뿐만 아니라 미래에 대한 정보도 담겨 있다. 이를테면 과학에서 말하는 신체 DNA처럼 개인의 생각과 행동 그리고 활동 패턴을 반영하는 보이지 않는 DNA와 암호가 숨어 있다. 그 사람을 '읽음'과 동시에 나는 내 직관으로 볼 수 있는 부분에 덧붙여 숫자점과 점성술 지식을 활용한다.

이런 과정에서 가장 놀라운 것은 고객의 정신적, 신체적, 영적 건강 상태를 파악할 수 있다는 점이다. 이를 통해 나는 고객이 삶의 장애를 극복하고 중대한 변화를 경험할 수 있도록 돕는다. 또한 고객에게 자신이 누구인지, 어디로 가야 할지 깨달을 수 있도록 삶의 방향을 이끌어준다. 그렇게 내적 진화가 시작되는 것이다. 몇 년 동안 똑같은 행동 양식에 발목이 잡혀 있었을지라도, 보이지 않는 세계에서 얻어진 정보를 알게 되면 제대로 된 길로 들어설 수 있게 된다.

당신도 알 수 있겠지만, 숫자점과 점성술은 현재의 삶과 미래의 삶을 결정하는 데 도움을 주며 더 큰 전체와의 연결고리를 쉽게 이해할 수 있도록 도와준다. 또한 우주의 에너지가 당신의 삶에 미치는 영향을 해독할 수 있도록 도와준다.

아마 당신은 자신의 별자리(12궁의 자리)를 알고 있을 것이다. 아직 출생 시의 고유한 비밀번호를 모른다면, 생년월일의 숫자를 더하면 된다. 예를 들어 1968년 3월 3일생이라면, 당신의 비밀번호는 1+9+6+8+3+3=30이 된다. 30이라는 숫자는 다시 3+0=3을 통해 3으로 귀결된다(11이나 22처럼 점성학에서 마스터 숫자로 불리는 숫자는 그대로 둔다). 반복해서 드러나는 3이라는 숫자만 봐도 알 수 있듯이, 당신의 삶에는 3이 큰 영향을 미칠 것이다.

이 숫자들은 업의 해소와 관련이 있다. 왜냐하면 당신의 인생에서 풀어야 할 숙제를 두고 영혼이 특정한 시간이나 연도를 선택하기 때문이다. 영혼은 자신이 세상에 들어올 완벽한 시간(아기가 첫 숨을 들이쉬는 시간)을 나름대로 계산한다. 그러므로 아기가 태어나는 시간이나 시점은 우연히 정해지는 것이 아니다. 오히려 언제 환생할지 영혼이 미리 결정해놓은 운명의 시간이다.

내가 열여덟 살에 만난 한 숫자점쟁이는 내가 태어난 날짜를 보더니 일생 동안 아픈 사람을 돌볼 운명이라고 했다. 아직 젊었던 나에게는 별로 듣고 싶지 않은 예언이었고, 믿고 싶지도 않았지만 결국 사실로 밝혀졌다. 출생 달력에 정해진 내 운명이었던 것이다.

과거로부터의 회복과 갱생

나를 임신했을 때, 엄마는 오페라 '카르멘'을 보고 집시 소녀 카르멘을 연기한 배우에게 완전히 매혹되었다. 그리고 엄마는 만약 딸을 낳게 된다면 이름을 카르멘으로 지으리라 작심했다고 한다. 어릴 적에 엄마는 그 이야기를 해주며 내 모습이 오페라에서 본 바로 그 카르멘과 똑같다고 주장했다. 엄마도 내가 언젠가는 가수가, 오페라 가수가 되리라 예감했던 것일까? 내 생각에 엄마는 무의식적으로 보이지 않는 세계에 존재하는 내 영혼의 과거를 감지했던 게 아닐까 싶다.

나 또한 그런 사실을 어렴풋이 깨달았던 것 같다. 어릴 적 천식에도 불구하고 나는 노래 부르기를 좋아했으며, 커서 유명해져 텔레비전에 나오겠다고 사람들에게 이야기하곤 했다. 그리고 음악 경연 대회에 나가 상을 받고 10대 초반부터 오페라 수업을 받기 시작했다. 나는 내 운명에 대해 어느 정도 확신하고 있었다. 전생에 무대에 선 나의 모습이 섬광처럼 지나간 적도 있다. 결국 나는 16세에 처음 음반을 녹음했으며, 유럽의 텔레비전 쇼에 나가 대중가요와 로큰롤을 불렀지만, 그래도 항상 오페라에 끌렸다.

많은 이들은 자신의 숨겨진 재능이나 운명에 대한 실마리를 제공해주는 먼 과거의 감추어진 기억들을 안고 살아간다. 그런 기억들은 어떤 이미지나 촉감 혹은 다른 여러 감각에 의해 살아난다. 동물을 지극히 아끼는 마음에 자신이 전생에 동물 관련 일을 했다는 생각이 든 적이 없는가? 혹은 프랑스에 한 번도 가본 적 없고 프랑스와 아무런 인연이 없음에도 불구하고, 프랑스에 강렬한 애착을 느끼지는 않는가? 그렇다면 그것은 당신의 영혼이 전생의 경험이나 관심사로 돌아가고 싶어하는 신호일 수 있다. 시간의 순환적 본성 덕에, 당신은 해결되지 않은 업을 풀고 특정한 사람들과의 소중한 인연과 즐거움을 누릴 기회를 얻게 된다. 과거의 삶은 항상 당신의 일부로 존재하며, 환생을 통해 되살아난다.

나는 최면술이야말로 잊어버린 개인의 과거를 되살릴 놀라운 기술이 아닐까 생각한다. 불균형의 뿌리인 무의식으로 들어가서 기억을 되돌아봄으로써, 나쁜 습관을 고치고 공포증을 극복할 수 있게 해주기 때문이다. 예를 들어 과거에 당신이 가난하고 굶주리게 살았다면, 그에 대한 두려움으로 지금 과식하는 습관이 생겼을 수 있다. 또한 비이성적인 행동의 기원을 전생에서 발견하게 되면 그런 비이성적인 행동이 이해가 될 것이며, 당신의 에너지 영역에 남아 있는 트라우마를 해방할 수 있을 것이다.

단지 자신에 대해 전체적으로 더 깊이 성찰하기만 원한다 할지라도, 나는 전생을 돌아볼 기회를 제공하는 최면술을 권하고 싶다. 최면술을 통해 당신은 자신이 의식하지 못했던 재능을 기억해낼지도 모르고, 숨겨진 열정을 찾아내어 새로이 추구할 수 있는 용기를 얻을지도 모른다.

영화에서는 종종 최면에 빠지면 완전히 잠들어버리기도 하는데, 결코 그렇지는 않다. 최면 상태에서도 자신에게 무슨 일이 일어나는지 의식할 수 있다. 당신이 진정으로 원하지 않으면 아무도 최면을 걸 수 없으며, 자신의 현재 상태를 자각함과 동시에 최면 상태에서 본 것을 이후에도 기억할 수 있다. 당신이 비록 고통스러운 기억을 되살린다 하더라도, 훌륭한 치료사이자 최면술사라면 괜찮다고, 당신이 지금 경험하고 있는 것은 단지 기억일 뿐이라고 안심시킬 것이다. 이런 방식으로 당신의 업은 표면으로 떠올라 해방될 수 있다.

생을 거듭할 때마다 따라다니는 업의 자취는 간혹 곤혹스러울 수도 있다.

내 인생에서도 이 같은 경험이 있었다.

남편은 예술품 중개인이었다. 남편은 구입한 미술품이나 도자기 혹은 고가구 등을 모조리 집으로 가져와 보관했다. 그러다 보니 우리 집 창고는 19세기 그림 등 골동품으로 가득 찼다.

버질이 병에 걸리기 훨씬 전인 어느 날 밤, 나는 거실에서 들려오는 소음에 잠에서 깼다. 계단을 따라 아래층으로 내려간 나는 거실에 서 있는 한 여인을 보았다. 빅토리아풍 드레스를 입은 그녀는 붉은 머리에 안색이 창백했다. 나는 그 아름다운 유령에게 물었다. "누구세요?"

여인은 부드러운 목소리로 대답했다. "내 이름은 줄리아예요. 그 사람을 당신과 살게 내버려둘 수 없어요. 그 사람은 내 남편이었으니 내게로 와야 해요."

"누구 말이죠?" 나는 어떤 대답이 나올지 두려웠으나 그 유령에게 물었다.

유령은 나를 똑바로 보며 대답했다. "버질." 그 말과 함께 여인은 사라졌다.

몇 년 후 한밤중에 나는 버질이 자면서 투덜거리는 소리에 놀라 일어났다. "나한테서 원하는 게 뭐지? 싫어, 날 그냥 내버려둬요, 줄리아." 그 말을 끝으로 버질은 잠에서 깨었다.

"누구랑 얘기했어요?"

"누구냐 하면, 줄리아라고. 그런데 누군지 모르겠어." 버질이 말했다. "그녀에 대한 꿈을 가끔씩 꾸는데 나한테 언제나 자기 곁으로 오래."

나는 머리털이 곤두서는 느낌이 들었다. "어떻게 생긴 여자예요?"

버질은 잠시 생각하더니 대답했다. "붉은 머리 여자인데, 다른 시대에서 온 것 같았어. 빅토리아 시대의 드레스를 입고 있었어."

남편이 세상을 떠난 지 한 달 정도 지나 창고에 쌓인 골동품을 정리했다.

그러다가 19세기 그림을 한 점 발견하고 그야말로 비명을 질렀다. 딸이 내 비명을 듣고 달려올 정도였다. "무슨 일이에요? 엄마가 비명을 지른 거예요?"

"이걸 봐." 나는 그림을 딸에게 보여주었다. 딸도 나만큼 놀란 모습이었다. 그림 속에는 숱이 많은 갈색 머리와 눈썹 그리고 수염을 기른 남자가 서 있었다. 빛나는 갈색 눈동자와 두툼한 입술까지 영락없이 버질과 똑같았다. 만약 그 초상화가 버질이 태어나기 100년 전에 그려진 것이 아니었다면, 나는 그림 속 인물이 버질이 틀림없다고 확신했을 것이다. 게다가 그 남자 곁에는 줄리아와 똑같이 생긴 창백하고 붉은 머리의 여인이 서 있었다.

이렇듯 우리의 영혼은 전생의 기억을 담고 있으며, 현재의 삶에 영향을 미친다. 우리가 단지 현재밖에 볼 수 없기는 하다. 하지만 우리는 그저 현생을 인정함으로써 우리 영혼이 거쳐온 온전한 경험들을 제한하고 있다.

이번 생이 전부라고 생각한다면 다시 생각해보라. 지금 이 순간 당신은 영혼의 수많은 순환 주기 중 **하나**를 지나고 있을 뿐이다.

더 나은 미래를 위한 토대

과거의 고통스러운 순간 때문에 우리는 암울했던 지난 일들을 잊고 싶어 한다. 하지만 속담에도 있듯이, 역사를 모르면 계속 실수를 반복할 수밖에 없다. 개인이든 집단이든 우리는 이런 악순환을 깨고 과거를 치유해야 한다. 그래야만 좀 더 나은 현재와 미래를 만들어갈 수 있다.

우리에게 일어나는 일상적 사건들(시중에 나오는 베스트셀러나 언론에 대서특필되는 사건들)은 우리 이전에 살았던 사람들이 모두 경험한 일이다. 우리는 모두 집단적 인간 경험의 한 부분이며, 옛날과 오늘날 사이에 일어나는 사건의 유사성은 놀라울 정도다.

삶의 균형을 얻으려면, 과거를 점검하고 미래를 상상하는 시간을 가지면서 현재의 삶에 충실해야 한다. 또한 자신이 세운 의도적인 계획이 아니라 삶의 순리를 따라야 한다. 우리가 원하는 미래를 의식적으로 선택하기 위해서는 자신이 과거에 무엇을 했으며 지금 무엇을 하고 있는지 깨달아야 한다. 역사를 뒤돌아봄으로써 **그리고** 미래의 가능성에 관심을 기울임으로써, 우리는 삶의 수레바퀴를 더 잘 이해할 수 있게 된다.

갈등이나 업을 해소하는 것은 삶의 한 부분이기에, 미래를 안다고 해서 이것들을 피해갈 수 있는 것은 아니다. 피해갈 수 없다면 감정적으로나 현실적으로 이에 대비하는 것이 현명하다. 만일 가족의 재결합이라는 문제를 갈등의 시기에 해결해야 한다면, 조화의 시기보다 많은 어려움이 뒤따를 것이다. 그렇다고 가족이 모이지 말아야 한다는 뜻은 아니다. 자신의 상황을 이해하고 실제로 앞으로 나아갈 계기로 삼으면 된다. 고난에 가득 찬 상황에 처할 때는 지혜와 성찰 그리고 인내심을 달라고 기도하라.

또한 우리는 경험하고 싶은 미래를 위한 발판을 마련할 수 있다. 숙련된 최면술사는 기억을 되살리는 것을 도울 뿐 아니라, 당신이 원하는 새로운 믿음을 내면에 심어줄 수도 있다. 예를 들어 '난 도저히 담배 연기를 참을 수 없어'라든가 '난 너무 아름답고 거울을 볼 때마다 행복해'라는 자기 믿음을 심는 일도 가능하다. 어떤 믿음을 선택하든지 그것은 자유다. 최면의 강력한 힘은 당신이 원하는 믿음을 머릿속에 기억의 형태로 변화시킨다. 그러면 자연스럽게 담배를 피우지 않거나 자신의 모습을 긍정할 수 있게 된다. 다시 말해 자신이 원하는 바를 현재 진행형으로 만들어주는 것이다.

미래가 현재에 영향을 주기도 한다는 나의 말을 기억하는가? 더 나은 미래에 대한 비전은 바로 당신 자신이 창조했기에 현실에서 실현될 가능성이 크다. 당신이 그 비전을 자신의 세계로 끌어들여 물질세계에서 실재화하기 때문이다. 마찬가지로 최악의 사태를 상상하고 걱정하면서 부정적인 미래를 떠올리다 보면, 그 또한 실현될 가능성이 커진다. "이 사람과는 절대로 이루어질 수 없어"라거나 "난 여자 운이 없어"라고 말한 적이 없는가? 그렇다면 그런 미래를 창조하고 현실로 끌어들인 장본인은 다름 아닌 자신이 아닐까?

꿈을 긍정하고 꿈을 시각화하고 **꿈 게시판**dream board(매일 바라보는 포스터 위에다 자신이 이루고자 하는 꿈을 그리거나 사진을 오려 붙여 만든 게시판)에 표현하려고 노력하다 보면, 현재의 당신은 그로부터 큰 영향을 받게 된다. 미래를 상상한다는 것은 보이지 않는 세계의 가능성 중 한 가지를 믿음으로써, 그 가능성을 현실에서 실현할 수 있게 된다는 뜻이다. 그렇게 해서 당신은 보다 가능성 있는 미래를 만들 수 있다.

신에게 기도를 하다 보면, 당신이 무엇을 원하고 어떤 도움을 받기를 원하는지 깨닫게 된다. 하지만 원하는 바를 실현하기 위해서는 행동이 필요하다. 그러므로 발걸음을 내딛어 미래의 비전을 창조하고, 그것을 실현하려고 최선을 다해 노력하기 바란다.

자신의 의지를 공고히 하기 위해 특별한 환경 장치들을 조성할 때도, 자신만이 그 환경들에 영향을 미칠 수 있는 것은 아니라는 사실을 기억하라. 이 지구에 사는 모든 사람들은 서로 연결되어 있으며, 오늘의 행동과 믿음은 내일 일어날 일에 영향을 미친다. 당신의 삶에 일어나는 일들을 열린 태도로 대하라. 상상할 수조차 없는 무언가가 미래의 당신에게 큰 즐거움을 가져다줄 수도 있다.

예언과 예지

예언은 꿈을 낳으며 새로운 가능성의 문을 열어준다. 그럼에도 불구하고 내가 본 것들에 대해서 이야기하면 사람들은 종종 예기치 못한 운명의 반전에 당황하고 놀란다. 가령 자신이 임신을 할 수 없다고 주장하는 고객을 만났는데, 나는 그 사람의 **미래에서** 아이를 보았다. 그리고 그것은 실제로 이루어졌다! 또한 다시는 사랑에 빠지지 못할 것이라고 생각하는 고객을 앞에 두고, 그 사람의 인생에 나타날 새로운 배우자의 이름 첫 글자를 떠올린 적도 있다.

버지니아라는 고객은 집이 압류되어 절망적인 상태에 처해 있었다. 나는 그녀에게 그 집에서 살 운명이고 서류상의 문제도 곧 정리될 테니 그 집에 계속 머무르라고 말했다. 거의 2년 동안 그녀와 그녀의 가족은 주택 담보대출을 갚지 않고 자신들의 권리를 위해 싸웠다.

하지만 가족들과 자신이 강제로 쫓겨날까 두려워한 나머지 버지니아는 내 충고를 무시하고 아파트를 구해 이사해버렸다. 소유물 대부분은 보관 시설로 실려 갔고, 그녀는 아끼던 피아노를 비롯해 가구 등을 팔기 위해 광고까지 게재했다. 하지만 헐값에 내놓았음에도 불구하고 실망스럽게 하나도 팔리지 않았다. 그것은 그녀가 집을 떠나지 않을 운명이기 때문이라고 나는 재차 그녀에게 이야기했다. 그 집에서 살아갈 운명인 미래가 현재에 영향을 미치기 때문에 의자 하나, 책상 하나도 팔리지 않고 있었던 것이다.

얼마 지나지 않아 버지니아는 예전 집 근처를 지나가다 그 집이 아직 비어 있으며 '판매 중'이란 팻말도 붙어 있지 않음을 확인했다. 나의 충고에 힘입어 버지니아는 가족을 다시 그 집으로 이사시키고 가구도 다시 갖다 놓은 다음, 법적 투쟁을 계속했다. 결국 대출 회사는 그 집이 저당 잡혔다는 증거를 내놓지 못했고, 버지니아는 자신이 살아갈 집의 소유권을 획득했다.

우리가 직관으로 볼 수 있는 것은 단지 하나의 결과에 지나지 않을 수 있다. 왜냐하면 자유의지가 수많은 다른 결과들을 불러올 수 있기 때문이다. 하지만 미래의 가능성을 들여다볼 의지만 있다면, 당신의 마음도 상상할 수 없었던 미래를 향해 열릴 것이다.

불행하게도 인간은 수천 년 동안 인류 최후의 날이라는 관념에 집착해 왔다. 하지만 미래에 대한 예언이나 부정적인 예지는 우리 인간의 두려움을 반영한 것에 불과하다. 예정된 대재앙의 날이 다가오는데 아무 일도 일어나지 않으면, 사람들은 집단적인 공포의 기억을 잊고 다음 멸망의 날을 기다린다. 예를 들어 수많은 사람들이 2000년 1월 1일에 컴퓨터를 먹통으로 만들어 거대한 혼란을 불러일으킬 바이러스를 두려워했다. 하지만 잠재적인 문제를 인식하고 그에 충분히 대비한 덕분인지, 심각한 문제는 발생하지 않았다. 이제 누군가가 2012년 12월 12일을 새로운 날로 정해놓았다고 하자. 하지만 나는 당신이 그날도 역시 아무 일 없이 지나가리라고 믿기를 바란다. 무시무시한 사건이 일어나는 극적인 날이 아니라, 그저 하나의 전환점이 되는 날일 뿐이다.

옛 예언자들이 어째서 절대로 긍정적인 전망을 드러내지 않았는지 나는 종종 궁금할 때가 있다. 노예제도의 종말이나 항생제 개발에 대한 예언이 있었던가? 나는 인류의 역사를 통틀어 인간이 달 위를 걷거나 이 지구상의 사람들이 실시간으로 서로 통화할 수 있는 날에 대해 예언한 사람이 있다는 말을 듣지 못했다. 예언자들은 그것보다 세계대전이나 지도자의 죽음을 고대하고 있었을 뿐이다.

인류의 역사 내내 부정적 예언이 이어져온 까닭은 우리가 우리에게 내재된 변화와 고통을 두려워한 탓이다. 그럼에도 불구하고 우리는 예언자들의 경고를 받아들이고 우리의 태도를 변화시킴으로써, 무서운 예언을 긍정적인 방향으로 바꿀 수 있다. 게다가 우리가 분명히 깨우친 부분도 있다. 인류가 핵무기를 보유한 지 수십 년이 지났다. 그 핵무기는 지구상의 온 생명을 완전히 말살할 수 있었다. 하지만 또 다른 세계대전은 일어나지 않았다. 오히려 핵무기를 보유한 뒤부터 서로의 공통점을 찾게 되었으며, 우리에게 평화를 이루고 상호 이해를 달성해야 할 책임이 있음을 깊이 통찰하게 되었다.

미래의 부정적인 현상에 대한 예언이 계기가 되어, 현재를 살아가는 우리는 행동을 바꾸고 궤도를 수정할 수 있다. 태초에 이 세상은 즐거움을 누리기 위한 천국이었다는 사실을 우리는 기억해야 한다. 그러므로 온갖 끔찍한 재앙에 대한 상상을 멈추고, 보다 긍정적인 미래를 계획해야 한다.

직관력을 소유한 사람으로서 나는 개인들의 삶에 일어나는 긍정적인 사건을 볼 수 있을 뿐 아니라, 인류가 위대한 교훈을 얻어 이 격랑의 시기를 통과하리라고 굳게 믿는다. 우리는 분명 새로운 평화와 더 높은 의식의 시대로 진입하겠지만, 그 전에 걱정을 멈추고 변화의 힘을 제대로 포착해서 노력에 대한 결실을 맺어야 한다. 그렇게 되면 우리의 미래는 밝아지리라고 나는 확신한다.

지금까지의 예지자와 앞으로의 예지자

처음 지구상에 출현한 인간부터 마지막으로 지구의 공기를 빨아들일 사람에 이르기까지, 우리는 우주의 모든 영혼과 연결되어 있다. 물론 1천 년 전에 지구에 살다 간 어느 부족의 사람이나 아직 태어나지 않은 사람보다는 부모나 형제, 친구들이 더 가깝게 느껴진다. 하지만 시간은 무한하며, 보이지 않는 세계에서는 과거와 현재 그리고 미래가 하나의 가능성으로 존재한다는 사실을 기억하라. 다시 말해 우리는 조상들 그리고 후손들과 연결되어 있는 만큼 소중한 이들과도 연결되어 있다.

이 지구상의 단절과 분리를 끝내기 위해서는, 시공간의 경계를 넘어서는 그리고 현재의 세계를 체계화하기 위해 우리가 고안해낸 온갖 한계를 넘어서는 신성한 연결고리를 깨달아야 한다. 우리가 종교와 민족, 성별을 초월해 서로 연결되어 있음을 깨달았다면, 서로에 대한 차별을 멈추고 우리가 알고 있는 것을 이해하고 조화시켜 나가야 한다.

우리 후손들이 어떤 세상에서 살아갈지 우리는 알지 못한다. 어쩌면 우리의 선택에 충격받거나 우리가 현재 믿고 사는 것들에 대해 재미있어할지도 모른다. 중요한 것은 과거 우리 조상들이 그랬듯이, 우리에게도 미래의 후손들에 대한 책임이 있다는 점이다. 개인적이든 집단적이든 우리는 지구를 건강하고 안전하게 지키기 위해 자신의 몫을 다해야 한다. 부모는 자식에 대해 본능적으로 책임을 다하지만, 우리에게는 또한 후대 사람들에 대한 의무가 있다. 완전히 성공적이지는 못하다 할지라도, 이 지구상의 모든 아이들에게 이상적인 세계를 물려주기 위해 노력해야 한다. 일체감을 받아들인다는 것은 인간이 선하다는 믿음을 재건하는 일이고, 모든 영혼이 진보와 긍정적인 변화를 맞이할 가치가 있음을 깨닫는 일이다.

또한 2년 전에 죽었건 2천 년 전에 죽었건 간에 우리보다 먼저 이 세상을 살다 간 사람들을 생각해야 한다. "어른을 공경하라"라고 우리는 자주 말하지만, 이는 앞선 모든 시대를 살다 간 사람들에게 다 통하는 말이다. 잊어버렸거나 제쳐둔 것들을 되돌아봄으로써 우리는 그들에게서 배우고, 과거의 실수에서 교훈을 얻고, 물려받은 업을 풀어야 한다. 뒤를 돌아봄으로써 우리는 더 나은 미래로 전진할 수 있다.

어쩌면 조상들과의 연결이 끊어졌을 수도 있지만, 끊어진 인연을 되찾는 일도 가능하다. 가령 당신이 입양된 아프리카계 미국인이라고 가정해보자. 그렇더라도 일본 문화에 강한 친밀감을 느낄 수도 있다. 그것을 받아들이라. 당신은 **진정으로** 이 세계의 모든 사람들과 연결되어 있고, 어쩌면 전생에 일본에 살았거나 현생에 살게 될 운명일지도 모른다. 자신이 누구이고 어디에 속한다는 생각에 매여, 당신을 기다리고 있을지 모를 수많은 가능성을 미리 차단하는 우를 범하지 말라.

여러 전생을 통해 당신은 남성 또는 여성으로, 부유하거나 가난하게, 아시아인이나 미국인으로 살았을지도 모른다. 현재는 로스앤젤레스에 살고 있더라도, 전생에 일본에서 살았던 인연이 당신을 부르고 있을지도 모른다. 아니면 미래에 그렇게 될지도 모른다. 어쩌면 일본에서 누군가를 만나 풀지 못한 업을 함께 풀어가야 할 운명일지도 모른다.

신성한 연결고리와 자신 사이를 열어놓고, 보이지 않는 세계를 흐르는 시간의 복잡성을 받아들이라. 그러면 업을 풀어야 할 책임에 대해 더 깊이 이해할 수 있을 것이다. 신에게 도움을 청하고 당신과 영적 존재 간의 공명을 외면하지 말라. 과거에서 배우고, 미래를 계획하고, 일체감으로 돌아가기 위해 시간의 흐름에 따라 자신이 할 수 있는 여러 일들에 놀라워하라.

시간의 흐름과 공명하는 법

관찰

당신이 그린 미래의 삶은 부정적인가? 당신이 창조하고 기여할 수 있는 부분에 대해 몇 시간이나 상상하고 있는가?

자신이 무엇을 원하는지 모르겠거든, 자신이 소중하게 여기는 것에 대해 생각해보라. 자신이 간절하게 원하던 것을 이루고 나면 어떨지 상상해보라. 그때 뉴스에 뭐라고 나올지 생각해보라. 더 나은 미래를 상상하면 어떤 느낌이 드는지 관찰해보라.

이제 자신의 과거를 돌아보고 거기서 무엇을 배워야 할지 스스로에게 물어보라. 이때 자신의 과거에 대한 소중한 정보를 얻고 싶다면, 전문 심리 상담을 받으라고 권하고 싶다. 객관적인 관찰자에게 당신의 경험과 선택을 솔직하게 털어놓으면, 그들은 당신이 부끄러움과 분노, 슬픔을 버릴 수 있도록 도와줄 것이다. 또한 자신이 저지른 실수를 용서하라. 그래야 지나간 일들에서 긍정적인 결론을 얻을 수 있다.

자신을 끌어당기는 사람이나 장소에 대해 생각해보라. 소위 말하는 우연에 관심을 기울이다 보면, 삶의 패턴을 깨우치고 그 속에서 자신의 업과 직면하여 그것을 풀 수도 있다.

(과거의 의미심장한 일들을 돌아보다가) 장래 희망을 생각해볼 기회가 있다면, 시간을 내어 일기장에 그것을 기록해보라.

기도

당신과 당신이 속한 단체의 과거의 업을 치유하기 위해 기도하라. 자아의 저항을 떨쳐버릴 수 있도록 힘을 달라고 기도하라. 오래전 당신의 조상들이나 같은 종교를 믿는 사람들이 저지른 일을 당신이 책임져야 하는 건 아니다. 하지만 현재 당신의 모습은 그들이 행동한 결과이기도 하다. 그러니까 아직 고통받는 이들을 돕는 일은 당신의 몫이기도 한 것이다. 당신의 조상들도 당신의 도움을 받아 자신들이 저지른 나쁜 업을 풀 수 있다면 기뻐할 것이다. 그러므로 조상들과 신에게 길을 보여달라고 청하면, 전체를 볼 수 있는 지혜를 얻을 것이다.

더 나은 미래를 위해 기도하라. 모든 이들을 최선의 미래로 이끌어달라고 기도하라. 또한 상황이 어려울 때는 삶의 순리를 깨우치고 너 나은 날을 맞게 해달라고 기도하라. 당신의 안녕을 보장하는 신호와 함께 보다 나은 미래의 모습을 보여달라고 신에게 기도하라. 그리고 꿈이나 상황, 사람이나 사건들에 설명할 수 없는 이끌림을 느낀다면, 그것에 주의를 기울여보라. 신은 당신이 경험해야 할 대상을 통해 상징적인 메시지나 뜻을 전달한다.

행동

꿈 게시판을 만들어보라. 게시판이나 액자 혹은 컴퓨터에다 그림이나 단어를 가지고 당신이 상상하는 미래를 시각적으로 구상해보라. 매일 약간의 시간을 들여 이미지와 글로 이루어진 이상적인 미래를 그려보며, 열정과 희망, 만족과 그 밖의 긍정적 감정을 느껴보라.

자신의 과거를 돌아보고 당신 자신과 오래전 당신에게 상처를 준 사람을 자비로운 마음을 가지고 바라보라. 자신의 가족과 종교 그리고 나라에 대해 공부하라. 역사책을 읽거나 다큐멘터리를 보는 것도 좋다. 부모님을 비롯하여 나이 많은 친척들에게 그들의 성장기와 유년기에 대해 들어보라. 그들의 이야기에 귀 기울이고 당신에게 영향을 준 사람들의 생각과 인식 그리고 느

> 낌에 대해 고민해보라. 비록 부끄러움과 슬픔, 좌절과 분노를 느낄 수밖에 없더라도 그 생각과 느낌들을 받아들이자. 자신의 지난 일들을 잘 되새겨서, 공포나 무지 때문에 실수를 저지른 자신과 다른 사람들에게 사랑을 표현해보자. 사랑과 용서의 태도로 과거를 대하다 보면, 현재의 삶이 평화와 활력으로 넘칠 것이다.

합리적인 사고방식을 지녔다면, 과거를 치유함으로써 현재와 미래가 더 나아진다는 것을 이해하고 받아들이기 어려울지도 모른다. 하지만 받아들일지 말지는 오로지 당신의 **몫이 될 것이다**. 지금까지는 종교적, 과학적 지식이 경험을 이해하는 최고의 수단으로 여겨졌지만, 비합리적으로 보이는 깨달음을 통해 당신은 그 지식들의 한계를 인식하고 받아들일 수 있게 될 것이다. 종교와 과학은 물질세계를 경험하고 이해하는 데 **도움**이 될지도 모른다. 하지만 궁극적으로는 왜곡된 렌즈로 작용해서, 보이는 세계와 보이지 않는 세계를 총괄하는 일체감을 명확히 볼 수 없도록, 경험할 수 없도록 만들 뿐이다. 이 세계와 보이지 않는 세계가 충돌할 때는 보이지 않는 세계가 궁극적으로 진실이라는 것을 기억하라.

종교의 가르침은 보이지 않는 세계가 주는 교훈을 담기에 부족하며, 과학적 가르침은 인간이라는 존재의 본성과 맞지 않는 부분이 많다. 다행히도 이 두 가지 지각 렌즈의 한계를 깨닫게 되면, 당신은 자유롭게 진정한 정신적 본성, 즉 일체감을 깨닫고 경험할 수 있을 것이다. 그리고 일상적인 만남과 대화, 행동 그리고 관계 속에서 일체감을 구현하기가 훨씬 쉬워질 것이다(이에 대해서는 4부에서 자세히 이야기하겠다).

9장 종교와 과학, 영성에 대한 새로운 시각

> 지금 떠오르고 있는 것은 새로운 믿음 체계이며, 새로운 종교적, 영적 이데올로기 혹은 신화다. 우리는 기존 신화뿐 아니라 이데올로기, 종교 체계에도 이별을 고하고 있다.
>
> —에크하르트 톨레 Echart Tolle

이 세상 모든 종교에서는 이웃에게 자비를 베풀고, 우리가 대접받기를 원하듯이 대접하며, 신을 사랑하고 공경하라고 가르친다. 종교를 의미하는 영어 단어 Religion은 '제한하다 혹은 묶다'라는 뜻을 지닌 라틴어 Religare에서 유래했다. 그러므로 종교라는 단어는 인간과 영령의 결합 그리고 하나의 우주적 믿음 속에서 모든 인간이 서로 결합한다는 의미다.

그럼에도 불구하고 사람들은 너무 자주 종교를 분열의 도구로 이용한다. 집단의 자아가 개입하고 개인은 각 종교의 차별성에 더 중점을 둔다. 다른 종교의 경전에서 특정한 구절을 골라 전체적인 맥락은 무시한 채 "이것 봐, 이 사람들은 우리하고 달라"라고 말한다. 너무나 많은 종교 지도자들이 "우리 종교가 진정한 종교이며, 신은 우리 편입니다"라고 설교한다. 이러한 분열로 수백만의 사람들이 고통과 죽음으로 내몰렸고, 사람들은 더 이상 일체감을 가지고 경배하지 않게 되었다.

위대한 변화의 시점에 서 있는 우리는 이러한 낮은 의식의 단계를 벗어나야 한다. 특히 미국은 이제 종교 국가라기보다 영적 국가로 변모하고 있다. 현명하게도 젊은 세대들은 수많은 종교가 있지만 진정한 신은 단 하나이며 여러 종교 중 가장 '옳은' 종교란 없다는 사실을 깨닫고 있다. 우리는 곧 이전에 한 번도 경험한 적 없는 전 지구적 화합을 통해, 우리가 지닌 영적 본성으로 개인적인 종교의 차이를 극복함으로써 모든 것들과 모든 이들을 연결하는 경지에 도달할 것이다.

또한 지금까지 우리의 삶을 이해하는 데 중심이 되었던 과학은 세계를 보는 하나의 통로에 불과해질 것이다. 그러면 종교에 대항하는 우스꽝스러운 토론도 더 이상 계속할 필요가 없을 것이다. 우리는 물론 실제 데이터와 연구 결과를 존중하겠지만, 동시에 그 한계도 깨닫게 될 것이다. 과학에서는 보이는 세계의 경험을 결정하는 보이지 않는 세계라는 존재를 전반적으로 무시하기 때문이다. 우리가 일체감을 받아들이게 되면, 종교와 영성과 과학 사이의 분열 그리고 사람들 사이의 분열에서 오는 갈등은 치유될 것이다.

신의 사랑 아래 모든 것은 하나가 된다

기독교와 이슬람교, 유대교의 많은 신자들은 신을 인간과 별개의 존재로 여긴다. 그리고 그 종교의 지도자들은 중보의 기도를 통해 신에게 접근해야 한다고 가르친다. 또 신은 피조물과 떨어져 천국에 살고 있다고 설교한다. 우리와 떨어진 저 머나먼 높은 곳에서 신은 심판하고, 벌을 내리고, 우리가 이해할 수 없는 신비한 정의의 권능으로 세상을 조율한다. 동시에 위대한 신은 자비와 은혜를 내리고, 기도에 응답하고, 기적을 행하는 존재다……. 그러므로 우리는 신에게 중재를 청해야 한다.

이러한 신의 모습은 수많은 사람들에게 위안과 평화를 안겨주었다. 하지만 어떤 이들은 그러한 신의 모습이나 신과의 소통 방식에서 공포와 슬픔 그리고 분노를 느끼기도 한다. 이들은 신을 그렇게 협소하게 이해해서는 신성하고도 복잡한 삶의 문제에 대한 답을 찾을 수 없다고 생각한다. 더 정확하게 말하자면, 종교가 우리를 만족시키지 못한다고 생각한다.

다행히도 당신은 영적 존재를 새롭게 이해할 수 있게 되었다. 사랑과 치유 그리고 조화의 근원으로서 말이다. 일체감이 자신의 진정한 본성임을 받아들이면, 신과 새로운 관계를 형성해 나갈 수 있다. 조물주도 우리와 마찬가지로 의식의 역능을 지니고 있으며, 이러한 역능이나 지혜와 분리된 모든 것은 그저 환상에 지나지 않는다. 모든 것은 위대한 의식(**합일의 영역**으로도 불린다) 속에서 합일된다. 하지만 당신이 인간의 형태로 남아 있는 한, 이를 인식하기란 매우 어렵다.

우주의 모든 존재는 의식을 지닌 에너지로 이루어져 있다. 그 증거를 우리는 어디에서나 찾을 수 있다. 은하계의 완벽한 궤도가 그러하고, 지구상에 존재하는 모든 생명들의 신성한 지성이 그러하며, 모든 유기체 사이에 존재하는 상징적 관계들이 그러하다. 우리와 영적 존재는 모든 존재와 생명체가 지닌 빛나는 의식을 공유하고 있다.

신성은 사랑과 힘, 지혜와 풍요의 위대한 근원이다. 또한 온 우주를 가로질러 흘러가는 강물처럼 언제나 우리를 보살핀다. 하지만 신의 분노에 두려움을 느끼게 되면(죽음이나 고통을 무서워하다 보니 신을 믿지 않는 사람조차 이러한 두려움을 느낀다) 우리는 자신의 본성을 망각하고 만다. 본질적으로 우리는 의식을 지닌 존재로서, 저 높은 권능과 지금 연결되어 있고 과거에도 그랬으며 미래에도 영원히 그럴 텐데, 이 사실을 잊고 마는 것이다.

이 세상 종교에는 신의 진실에 대한 다양한 시각이 담겨 있다. 서로 다른 종교의 가르침을 공부하다 보면, 신에 대한 여러 다른 견해를 접하게 된다. 또한 인간이 자신의 모습을 신의 모습에 반영하려는 경향이 있다는 점도 발견할 수 있다. 고대 그리스인들과 로마인들은 인간의 모든 단점을 그대로 가지고 있는 신을 창조했다. 고대 스칸디나비아인들과 이집트인들 역시 다양한 신을 숭배했는데, 자세히 들여다보면 그 신들 하나하나는 복잡하고 신성한 존재의 모습을 제한되게나마 구현하고 있다.

여러 종교를 공부하다 발견한 사실이 있는데, 놀랍게도 서로 완전히 달라 보이는 종교 사이에도 상당한 공통점이 있었다. 이 세상에 존재하는 대부분의 종교 신화에는 지구상의 뭇 생명을 창조한 조물주 이야기가 등장한다. 기독교나 유대교, 이슬람교의 가르침에 따르면, 신은 '존재'할 것을 명령하여 모든 존재들을 탄생시킨 위대한 조물주다. 힌두교에서 주신 브라흐마Brahma는 존재하는 모든 것의 창조를 책임지고 있다. 호주 원주민들의 창조 신화에 따르면, 만물을 창조한 바이아메Baiame라는 조물주가 인간을 이 지상에서 창조했다. 또 음양 이론에 기초한 중국의 탄생 신화에서는 모든 것이 신성한 힘에 의해 만들어졌다고 한다.

우리는 신성한 힘에 대해 완전히 이해하지 못할지도 모른다. 하지만 현재와 고대의 모든 종교에서 공통되는 진리, 즉 신성의 본질이 사랑과 선이라는 진리는 이해하고 받아들일 수 있을 것이다.

  어릴 적에 나는 부모님이 배웠던 것, 할아버지 할머니가 배웠던 것과 동일한 종교적 교리와 가르침을 배웠다. 당시(지금도 그렇지만) 내 주위에 있던 사람들 대부분은 전통적인 그리스정교를 믿었다. 교회는 여러 가지 성상들로 가득했고, 수염을 기른 사제들은 예복을 입고 있었다. 일요일이면 설교를 듣기 위해 모두 교회에 갔다. 그것이 우리가 알고 있는 전부였다. 우리는 전통에 충실했고, 지금까지 우리를 지탱해온 것들에 전혀 도전하지 않았다. 종교를 바꾼다거나 영성에 대해 공부한다거나 무신론자가 된다거나 하는 일은 없었다. 과거 정부 지배 하에서는 교회에 가는 것이 의무가 아니었다. 상대적으로 자유로운 분위기였지만, 누구도 자신의 믿음에 의문을 품거나 다른 종교에 호기심을 가지거나 신의 가르침을 다른 방식으로 공부하려 들지 않았다.

  미국에 처음 왔을 때, 나는 종교가 서로 다른 사람들이(종교를 아예 거부하는 사람들까지) 한 나라에 모여 산다는 데 충격을 받았다. 그 후로 신에 대한 나의 믿음은 다른 양상을 띠게 되었다. 어떤 사람이 나와 완전히 종교가 다르더라도 옳고 그름으로 판단할 수 없다는 사실을 깨닫게 된 것이다. 그러면서 자연스럽게 나는 이전까지 배운 것들에 대해 질문하기 시작했다. 그렇다고 기존의 배움을 거부한 것은 결코 아니다. 무엇이 가장 합당한지, 무엇이 신의 아들딸들에게 평화를 가져다줄 수 있는지 나는 생각했다. 그리고 대부분의 종교에서 가르치는 대로, 우리를 내려다보고 보살피는 우주적 힘에 대한 믿음은 옳은 것이라는 판단에 이르렀다. 또한 신의 사랑으로 우리 모두를 일체화하는 일체감이라는 개념에 다다르게 되었다.

  종교는 어째서 이렇게 분열되었을까? 의술사들이나 주술사들, 사제들과 성자들 그리고 영적 지도자들은 모두 우리의 영성의 본질에 대해, 신과의 연결에 대해 가르쳐왔다. 하지만 우리는 그 가르침을 잊고 말았다. 전대에는 종교가 가로막았고, 후대에 이르러서는 과학이 우리를 진실로부터 소외시켰다. 그 때문에 우리는 단절감과 두려움을 느끼기 시작한 것이다. 우리는 신과의 연결을 방해하는 건강하지 못한 제약들을 떨쳐버려야 한다. 잃어버린 일체감을 되찾아야 한다.

무신론과 근본주의

수천 년 동안 종교와 영적 신앙은 인간이 이룬 문화의 한 부분을 차지해왔다. 인간이 이성이라는 능력을 발달시킨 뒤로, 인간은 존재의 근원을 더 높은 존재에게서 찾았다. 그렇지만 오늘날 점점 많은 사람들이 종교를 믿지 않거나 무신론자를 자칭하고 있다. 무신론은 역사상 보편적으로 논의되거나 받아들여진 주제는 아니다. 하지만 19세기 들어 종교가 대중을 세뇌하는 아편이라고 칭한 카를 마르크스를 비롯해, 프리드리히 엥겔스나 프리드리히 니체 같은 철학자들 때문에 악명을 떨치게 되었다.

무신론적인 공산주의 정권이 중국과 소련에 들어서게 된 데는 수백 년 동안 보이는 세계의 권력에 지나치게 집착해온 교회의 부패도 한몫했다고 본다. 종교가 폭정과 분열 그리고 폭력의 정당화에 이용되는 것을 보고 많은 이들이 등을 돌렸다. 다시 말해 소수의 권력자들이 권력을 남용해 종교를 이용함으로써, 슬프게도 수백만의 사람들이 신성과 연결될 수 있었던 고리를 끊어버린 것이다.

종종 무신론자들은 종교란 멍청하고 무지한 사람들이 의지하는 것이라고 폄하하곤 한다. 그들은 사람들이 확실성이라는 거짓된 감정을 얻기 위해 종교에 매달린다고 생각한다. 또한 더 높은 존재에 대한 믿음은 사람들의 판단력을 흐리는 반면, 오직 과학만이 해답을 줄 수 있다고 생각한다. 수많은 종교 지도자들과 종교 기관의 권력 남용을 지켜본 우리로서는 이러한 관점이 이해되고도 남는다.

하지만 신의 이름으로 자행되는 억압이나 박해에 대한 개인적 감정을 배제하고 본다면, 무신론이나 근본주의는 사실 공통된 부분이 많다. 둘 다 종교적 신비의 아름다움을 거부하고, 모든 것에 답할 수 있다는 거짓된 확신에 빠져 있다. 또 무신론자들은 과학을 통해 우주의 질서를 모두 이해할 수 있다고 주장하고, 근본주의자들은 경전이나 종교의 가르침이 이 세상의 모든 지식과 지혜를 대신한다고 주장한다. 대개 극단적인 경향이 그렇듯이, 두 이론 모두 마음의 부조화로 이어지고 일체감으로부터 멀어진다.

점점 더 많은 이들이 더 이상 하나님을 믿지 않는다고 선언하는 세태에서 근본주의자들의 목소리 또한 점점 높아지고 있다. 하지만 그런 경향이 계속 이어지지는 않을 것이다. 근본주의는 마치 어디로 나아갈지 불확실한 나머지 두려움에 질려 내지르는 마지막 비명과 같은 것이다. 사람들은 미래에 대한 불확실성이 커질수록 안전함을 보장해주는 무언가에 매달리게 된다. 하지만 사람들이 일체감 속에서 안정을 찾게 되면 근본주의도 시들해질 것이다.

대부분의 사람들은 신이 절대로 존재하지 않는다는 극단과 자신들이 배운 대로 신은 존재하며 나머지는 모두 거짓이라는 또 다른 극단 사이에서 살아간다. 불확실한 시대에는 무신론이나 근본주의의 완고한 입장이 사람들에게 위안을 주기도 한다. 하지만 두 철학은 모두 그것을 믿는 사람들에게서 어려움을 헤쳐 나갈 진정한 힘을 빼앗는다. 인간이 신비롭고 아름다운 영적 존재라는, 신성한 총체적 진실에 둘러싸인 영적 존재라는 인식 말이다.

언젠가 다른 나라에서 메어리라는 고객이 찾아온 적이 있었다. 그녀는 독실한 기독교인으로서, 성경을 곧이곧대로 읽고 따르며 정기적으로 목사에게서 가르침을 받았다. 그녀는 자신이 심령술이나 영매를 결코 믿지 않는다고, 자신이 믿는 종교에서도 그것을 절대로 용납하지 않는다고 선을 그었다. 하지만 내가 하는 일이 그녀의 관점에서는 '사악하고 신의 뜻에 어긋남'에도 불구하고, 그녀는 나에게 도움을 청해야겠다고 느꼈다.

메어리는 스물여덟 살이 된 아들을 교통사고로 잃었는데, 너무나 아들을 보고 싶고 한 번만이라도 아들의 존재를 느끼고 싶은 마음에 처음으로 자신의 믿음을 거스르기로 결심했던 것이다. 내가 그녀에게 그녀의 아들이 매일 목에 걸고 다니던 십자가를 잃어버린 뒤 교통사고를 당했다고 얘기하자, 그녀는 울기 시작했다. 그리고 나는 그녀의 아들이 G로 시작하는 갓난아기를 두고 세상을 떠났다는 사실도 말해주었다. 또한 그녀의 아들이 구체적으로 어떻게 다쳤는지, 사고의 가해자가 누구인지도 이야기했고, 2년 전 세상을 떠난 아들의 할머니가 저세상에서 기다린다는 말도 들려주었다.

눈물을 흘리며 메어리는 내 말이 모두 사실이라고 인정했다. 또 내가 어떻게 그 모든 것을 알고 있는지 알 수는 없지만, 그것으로 자신이 새로운 가능성에 눈뜨게 되었다고 고백했다. 상담이 끝날 무렵, 그녀는 나와 나눈 대화가 지금까지 살아오면서 가장 축복으로 가득 찬 경험이었다고 말했다. 그리고 세상 어머니들의 가장 끔찍한 악몽을 극복할 수 있게 도와준 나에게 진심으로 감사했다. 또 나를 통해 얻은 평화는 지금까지 교회의 어느 누구도 줄 수 없었던 것임을 인정했다. 그러면서 사람들에게 그토록 큰 위안을 준 것이 다름 아닌 사랑과 자비로 가득 찬 신이라는 사실에 놀라워했다.

초자연적 현상을 어떻게 설명할 것인가

고대에는 신과 소통하는 능력을 지닌 이가 그 사회에서 큰 존경을 받았으며, 지도자들은 정기적으로 예언자나 주술사의 도움을 받아 보이지 않는 세계에 접속했다. 과학이 종교나 무속의 세계로 설명할 수 없는 것들을 설명하기 시작하면서, 우리는 이전의 소중한 지혜를 잊고 말았다.

하지만 과학이 보이는 세계의 신비를 중시하고 종교가 보이지 않는 세계의 신비를 설명하려 애쓰는 동안, 각각의 세계는 하나의 큰 그림이 아니라 반쪽으로 된 그림만 보아왔다. 아인슈타인이 한때 이야기했듯이, "종교 없는 과학은 절름발이이고 과학 없는 종교는 장님이다."

과학과 기술이 파괴적인 방향으로 사용되는 것을 막으려면, 인간의 삶에 대한 정신적인 깨달음과 감수성이 필요하다. 우리는 원자를 쪼개는 법은 알고 있을지 몰라도, 도덕적인 삶의 방식을 가르쳐주던 보이지 않는 세계의 신성한 힘과 소통하는 법은 잊고 말았다. 과학과 종교의 범위 안에서 한쪽의 중요성만 지나치게 부각시키지는 말아야 한다.

지난 수백 년 동안 의학과 과학이 발달함에 따라, 인간 존재의 근원을 정신적으로 설명하려 하기보다는 물질적으로 설명하려는 경향이 더 강해져갔다. 또 무신론과 불가지론이 인기를 얻었다. 물론 과학의 성취에 자부심을 가져야 하겠지만, **초자연적인 경험**이라 부를 만한 현상을 무시하지는 말아야 한다.

'초자연적paranormal'에서 접두어 para-는 '너머'라는 뜻인데, 나는 이것이 완전히 정상적인 현상이라고 말하고 싶다. 또한 비술Occult(라틴어 occultus는 단순히 '숨겨진'이란 뜻이다)을 두려워하거나 무시할 이유도 없다. 보이지 않는 세계는 우리의 감각으로 감지할 수 없는 세계이기 때문이다.

오늘날에도 많은 사람들이 보이지 않는 세계와 소통하는 것은 불가능하다고 이야기한다. 종교는 무속을 두려워해야 할 요술로 취급하고, 과학은 무속에 대해 논리를 부정하는 속임수라고 몰아붙인다. 흥미롭게도 이들은 보이지 않는 세계에 대한 경험을 조명한 나비효과나 벨Bell의 정리 같은 새로운 양자역학 이론은 무시하려 애쓴다(간단히 말하자면, 벨의 정리는 두 입자가 한 번이라도 서로 연결된 적이 있다면 이후 하나의 입자에 일어나는 일은 멀리 떨어진 다른 입자에도 영향을 미치며, 이 두 입자 사이에는 서로에게 감응하고 반응할 수 있는 보이지 않는 소통 방식이 존재한다는 이론이다).

우리의 정보나 인식은 유한하고 좁다. 이에 비해 신성과 초자연성은 영원히 존재하며 무한하다. 나는 인간의 의식이 변화의 단계를 거치면서 우리가 영성에 대한 신뢰를 되찾고 보이지 않는 세계의 신비한 힘을 다시 존중하게 되리라고 믿는다.

나는 또한 사제나 경전 혹은 전통적인 신학이 가르치지 않는 것을 두려워하는 일도 없어지리라 믿는다. 우리가 신성한 연결고리를 받아들이고 우리를 지켜보는 영적 존재와 서로를 깨닫게 되면, 종교가 말이나 가르침으로는 설명할 수 없는 일체감의 경험에 비해 얼마나 부족한지 알게 될 것이다.

우리가 신을 묘사하려 하면 할수록, 우리는 신에 대한 인식을 스스로 제한하게 된다. (그래서 신의 모습을 그리는 것을 금지하는 종교도 있고 신의 이름을 부르거나 쓰지 못하도록 금지하는 종교도 있다. 불행히도 그러한 가르침이 너무 원칙대로만 받아들여진 나머지, 원래의 진정한 의미는 잊고 말았다.)

당신이 신을 어떻게 보는지는 상관없다. 다정한 아버지로 볼 수도 있고, 자애로운 어머니로 볼 수도 있으며, 그저 보살피는 힘으로 볼 수도 있다. 신의 이름을 간절히 부를 때마다, 기도로써 신을 떠올릴 때마다, 당신은 인간의 마음으로는 위대하고 복잡한 신의 본질을 모두 이해할 수 없음을 자연스럽게 깨달을 것이다. 여기서 중요한 것은 그것이 옳은 행동인지에 집착할 필요가 없다는 점이다. 신과 소통하거나 신의 사랑과 연결되는 데 굳이 옳다고 할 만한 방법이란 없기 때문이다. 단지 당신이 쓰는 단어가, 당신이 행하는 의식이, 당신이 상상하는 신의 이미지가 일체감을 경험하는 데 도움이 되는지 여부가 가장 중요하다.

종교적 가르침 중에서 서로를 단절시키고 신으로부터 소외시키는 것들을 그냥 지나쳐 넘긴다면, 우리는 초자연적인 현상들을 더 많이 경험할 수 있다. 앞으로 점점 더 많은 사람들이 직접적으로 저 너머의 신과 그리고 영적 존재들과 소통할 수 있게 될 것이다. 또한 내면적 지식의 형태로, 상징적 메시지의 형태로, 신과의 합일의 형태로 영적인 답변을 얻게 될 것이다. 보이지 않는 세계와 대화하는 능력은 인류의 가장 아름다운 성취 중 하나로 기록될 것이다.

일체감, 과학 그리고 종교

과학과 종교적 신념을 통해 일체감의 증거를 발견할 수 있다는 사실은 흥미롭다. 과학자들은 생명의 다양성을 인식함과 동시에, 서로 분리된 듯 보이는 개체들 사이에 존재하는 연관성을 깨달았다. 과학자들은 초끈 이론string theory으로 대표되는 합일성에 관한 이론, 즉 우주의 모든 존재가 서로 연결되어 있다는 이론을 증명하려 애쓴다. 인간과 마찬가지로 모든 존재에는 조화를 이루고자 하는 내적 열망이 있기 때문이다. 어떤 방향으로 접근하든 합일에 대한 우리의 열망을 저버릴 수는 없다. 신성과의 연결고리를 깊이 이해할 필요도 있지만, 가장 중요한 것은 신성이 우리의 치유를 도와주며 사랑과 안정감을 준다고 믿는 마음이다.

진화론에서조차 우리 모두가 하나라는 것이 설명된다. 이 지구상의 모든 존재는 그것 이전에 탄생한 존재들에서 진화했으며, 그 근원은 수십억 년 전부터 존재해온 단세포생물까지 거슬러 올라간다. 인류와 95%의 DNA가 일치하는 침팬지를 보면 알 수 있듯이, 우리의 유전자는 인간과 다른 동물이 공통된 조상을 가지고 있다는 물적 증거가 될 수 있다. 인간과 새는 서로 다른 모습이고 새와 곤충도 그러하지만, 진화 과정을 추적해보면 우리 모두 하나의 공통된 근원, 공통된 역사를 지니고 있다. 서로 피부색이나 머리색이 다르다는 것은 눈으로 볼 수 있지만, 인간의 DNA가 서로 믿을 수 없을 만큼 비슷하다는 사실은 눈으로 확인할 수 없다.

유명한 과학자 스티븐 호킹Stephen Hawking은 우주를 움직이는 힘으로 지적이고 위대한 존재를 상정할 필요는 없다고 했다. 호킹은 다른 과학자들과 마찬가지로 삶과 죽음이란 그저 우연에 불과하며, 수학과 가능성 그리고 확률로써 모든 자연현상을 설명할 수 있다고 주장한다. 이러한 기계적 관점은 일체감 이론과 완전히 상반된다. 그런 관점에서도 우주에 존재하는 에너지의 힘을 인정하기는 한다. 하지만 그 관점을 받아들이면 우리는 창조의 완벽성을 깨닫지도 못하게 되고, 보이지 않는 세계와 접할 때 느끼는 신성한 연결고리도 간과하게 된다. 또한 삶의 목적성을 부정하고 자연 세계와 그 너머의 세계를 지휘하는 고귀하고 조화로운 의식의 존재를 거부하게 된다. 내가 여기서 독자 여러분에게 말하고자 하는 것은, 자신의 의식과 존재의 의미를 성찰해보고 이렇게 한계가 뚜렷한 관점들에 대해서도 질문을 던져보라는 것이다.

계속 연구를 진행해가다 보면 과학자들조차 종교적인 신비와 마주치기도 한다. 이들은 마음과 몸, 영혼의 연결고리라는 개념이 사실은 영적 전통의 한 부분으로서 유효하다는 점을 인정할 수밖에 없다. 오늘날 양자역학이나 양자물리학도 보이는 세계와 보이지 않는 세계를 연결해주는 역할을 하고 있다. 모든 면에서 우리는 낡은 인과관계와 수학 공식으로는 자연현상을 설명할 수 없다는 점을 깨닫고 있다. 원래 하나였던 입자가 서로 떨어져 어느 한쪽이 변화하게 되면, 나머지 입자도 즉각 그에 영향을 받아 반응을 보인다. 과학자들은 이를 과학적으로 설명하지 못한다. 하지만 형이상학에서는 이것이 모든 존재가 서로 연결되어 있기 때문이라고 설명한다.

이 지구상의 모든 것들은 어떤 법칙에 따라 작동하는 현실이라는 조직의 한 부분이다. 과학자들과 수학자들은 아직도 이 법칙에 곤혹스러워하고 있지만 말이다. 직관력 있는 사람들조차 정보가 어떻게 순간적으로 보이지 않게 이동하면서 복잡성을 낳는지 이해하지 못한다. 하지만 이러한 일들이 언제나 일어나고 있다는 것은 인식하고 있다. 예를 들어 학교 때문에 부모와 떨어져 사는 자식이 있다고 가정해보자. 이때 자식이 아프기라도 하면, 부모는 내재된 연결고리에 의해 그 사실을 알아차린다. 우리는 전화 통화 도중에, 정확히 무엇인지는 모르지만 친구에게 좋지 않은 일이 생겼다는 느낌을 받기도 한다.

형이상학은 과학의 개념뿐만 아니라 (보이지 않는 세계를 믿었던) 고대의 지혜와 현재 우리가 경험하는 모든 것들을 종합한다. 게다가 우리가 이해할 수 없는 내재적 방식으로 연결되어 있는, 복잡하면서도 조화로운 모습으로 우주를 형상화한다. 과학자들은 양자물리학 이론 덕분에 의술사들과 영적 지도자들이 수천 년 동안 전하려 한 가르침을 쉽게 무시하지 못하게 되었다. 나는 보이는 세계와 소통하는 영적 존재를 실제로 보여주는 장치도 언젠가는 발명되리라 믿는다. 세상을 떠난 이들과 소통하는 기계가 발명될지도 모른다.

사실과 논리를 부정할 필요는 없다. 단지 객관적 지식을 확장해 인간의 경험에 대한 다른 이해 영역과 조화시킬 필요가 있다. 과학은 진실로 가득 찬 이 세상의 한 부분일 뿐이라는 것을 우리는 이해해야 한다.

동시에 여러 종교들이 바탕으로 하고 있는 신성한 글귀들에는 조상들이 일체감에 대한 개념을 이미 이해하고 있었다는 실마리가 숨어 있다. 아울러 고대의 문헌들에는 어떻게 전 인류가 하나의 근원에서 나와 하나의 역사를 공유해왔는지에 대한 지혜가 담겨 있다. 그것들에는 인간이 어떻게 신과의 관계, 이 지구와의 관계, 다른 사람들과의 관계 속에서 전체적인 창조의 일부로 통합되었는지가 드러나 있다. 그것들은 모든 영혼과 신이 하나가 되었음을 계시해준다.

불행히도 종교라는 울타리 안에서 우리 인간은 고대의 가르침을 너무 곧이곧대로 해석한 나머지, 분열을 초래하고 말았다. 그리하여 신성한 가르침과 영감으로 가득 찬 원래의 의미를 우스꽝스럽게 만들어버렸다. 예를 들어 성경이 과학을 부정하고 있다고, 지구가 6000년 전에 창조된 것을 믿어야 한다고 가르치는 사람들이 있는데, 이는 아주 제한된 사고방식일 뿐이다. 다른 여러 경전들과 마찬가지로, 성경도 심오한 철학을 전달하기 위해 은유적 표현을 즐겨 사용한다. 그런데 사람들은 자신의 목적에 맞게 이 표현들을 어설프게 해석하여 불완전하게 만들어버린다.

오늘날 우리가 읽는 성경에는 권력 지향적이거나 자의식에 가득 찬 영향력 있는 사람들에 의해 걸러진 내용이 많다. 특정한 문장을 추가하거나 삭제하고, 두려움을 활성화하는 방향으로 왜곡하기도 한다. 예를 들어 제임스 1세는 백성들로 하여금 **자신**이 신이 선택한 인간이라 믿게 하려고, 성경을 번역하는 학자들에게 성경 속의 지도자를 미화하도록 지시했다. 잃어버린 성경이라고 일컬어지는 외경外經은 사실 잃어버렸다기보다 부적합하다고 판단되어 금지된 것에 가깝다. 성경이 손에서 손으로 필사되는 동안 여기저기서 실수로 경전을 빠뜨리거나 끼워 넣는 일이 많았다. 그러다 보니 '개선'이라는 명목으로 한두 절을 첨가했을지도 모른다.

모든 경전은 여러 사람들의 손에서 다양한 방식으로 수정되었다는 사실을 알아야 한다. 종종 다른 언어로 번역되었으며, 시간이 지나면서 특정한 단어의 의미가 변화되어왔다. 경전이 최초로 쓰인 문화에서 파생된 이야기도 오해의 소지가 많다. 그러므로 경전을 읽을 때는 말 그 자체에 얽매이지 말고 가르침의 **핵심**을 보아야 한다. 그러면 여러 종교 사이의 연관성을 볼 수 있게 될 것이다(모든 종교는 일체감에서 비롯되었기 때문이다).

종교와 영성

물론 종교에는 해석이 필요하다. 하지만 영성에는 **경험**이 중요하다. 영적 의미를 탐색하고 자신보다 더 큰 무언가를 탐색하는 작업이기 때문이다. 영성은 신의 현현顯現을 경험하고 나서야 만족되는 하나의 갈망이다. 어떤 면에서는 일체감에 대한 인간의 갈망일 수도 있다.

하지만 문제는 우리가 영적 경험보다 그에 대한 해석에 중점을 둔다는 것이다. 오늘날 종교는 종종 문화적 정체성에 매몰된다. 예를 들어 우리는 "나는 아일랜드의 가톨릭 신자야"라든가 "나는 뉴욕의 유대인이야" 혹은 "나는 유럽의 기독교인이야"라는 표현을 종종 듣는다. 당신의 믿음과 문화적 정체성은 더 큰 일체감의 일부로서 우리의 정체성과 균형을 이룰 수 있다. 하지만 당신은 이런 사실을 깨닫지 못할지도 모른다. 두 가지 정체성 모두가 우리의 가슴속에서 평화적으로 공존할 수 있다.

모든 존재와의 합일을 경험하고 나면 그때부터 우리는 진정한 영적 본성을 깨우치게 되고, 사랑과 격려를 받고 있음을 느끼게 되고, 그리하여 영원한 평화를 받아들이게 된다. 당신의 영혼은 보이지 않는 세계의 아름다움과 완전함에 눈을 뜨게 되고, 이 깨달음을 삶에 실천함으로써 다른 이들도 같은 경험을 할 수 있기를 갈망하게 된다.

종교는 일체감의 힘을 이해하고 표현하고자 하는 갈망의 결실이다. 왜냐하면 인간은 본성과 영적 믿음에 대해 설명하고 싶어하기 때문이다. 고대인들은 이해할 수 없는 세상의 현상을 설명하기 위해 이미지와 이야기와 제의적 행사를 이용해 종교를 만들어냈다.

개인적인 믿음은 우리에게 힘과 위안을 주는 경향이 있고, 종교적인 예식은 영적 존재와의 관계를 돈독히 하고 우리의 영성을 키워주는 역할을 한다. 자신이 믿지 않는 종교에 대해서는 의심하거나 판단하지 말고, 그들의 신성성이 어떻게 아름답게 표현되었는지 이해하는 태도가 필요하다. 종교는 신성함과 치유의 힘을 지닌 연결고리를 경험하고 이해하는 도구이기 때문이다.

종교와 영성은 너무나 오랫동안 균형을 잃어왔다. 교회나 다른 종교 공동체에 본래의 의미를 되찾을 것을 요구하자. 그래서 이들이 조화를 되찾을 수 있게 돕자. 그곳을 영성과 공동체적 삶의 중심이 되게 하자. 영성이 배양되는 장소, 영감을 얻을 수 있는 장소로 만들자. 그 속에서 우리는 세계의 치유를 위해 우리의 가치에 따라 행동하게 될 것이다. 지나치게 종교적 아집에 빠져 자신이 생각하는 신의 개념을 받아들이라고 이웃에게 강요하지도 말자. 대신 일체감을 실현하여 신의 은총을 세상에 널리 알리자.

종교적 편견에서 벗어나 의식을 전환해보라. 그리고 잠시나마 영적 환희와 마음의 조화 그리고 기쁨을 누려보라. 명상과 기도를 통해 신과 소통할 때, 차분히 일체감을 성찰할 때, 자신의 믿음을 행동으로 표현할 때 이런 기쁨을 느낄 수 있을 것이다. 그러는 동안 신성한 영적 존재는 당신을 부드럽게 감싸 안아 안심시켜줄 것이다. 자애롭게 당신의 영혼을 보듬어줄 것이다. 당신을 완전한 평화로 이끌 것이다.

눈부시게 햇살이 빛나는 날에 행복한 기운을 들이마시며 그 아름다움에 감탄한 적이 있는가? 겨울날 흰 눈이 지붕에 내려앉는 광경을 바라보며 가슴 속에 피어오르는 따뜻함을 느낀 적이 있는가? 아이들이 노는 모습을 지켜보거나 반려 동물과 장난칠 때 혹은 친구와 수다를 떨며 웃을 때, 우리는 삶에서 충만함을 느낀다. 이러한 순간은 짧지만 우리에게 일체감의 일면을 일깨워준다. 분열과 소외는 보이는 세계에서 경험하는 환상에 지나지 않으며, 충만함을 느끼는 그 짧은 순간이야말로 우리가 존재의 완전함을 경험하는 찰나다.

현실의 시루함 속으로 돌아오기 전의 이러한 황홀 상태에 우리는 더 자주 그리고 더 오래 머무를 수 있다. 걸음을 늦추고 세상의 아름다움을, 타인과의 소통을 그리고 자연의 질서정연한 움직임을 받아들여보라. 사랑을 표현하고,

분노를 피하고, 참을성을 가지고 자비로운 마음으로 우주의 소리에 귀 기울여보라. 자신과 다른 모든 존재를 존경심을 가지고 대하라. 지구를 소중한 집이라 생각하고 대하라. 무엇보다 신성한 연결고리를 믿고 직접 경험하라.

당신의 취미 활동들, 축복받은 삶의 환경들, 당신을 아끼고 격려해주는 사람들에게 감사하는 마음을 잊지 말라. 그리고 나서 신에게 감사하고 싶은 마음이 든다면, 간단하게 감사의 기도를 드려보라. 작은 일에서도 생명의 완전함을 깨닫도록 항상 자신을 열어두라. 그러면 몸의 내부에서 진동이 전해지면서 뭔가 다른 느낌을 경험할 수 있을 것이다. 이것이 바로 일체감이다.

스스로를 '비종교적'이라고 하는 사람들이 많다. 그렇다고 이들이 모두 신을 믿지 않는다는 뜻은 아니다. 단지 엄격한 종교적 독단이나 이론에 함몰되지 않을 뿐이다. 이들은 또한 전통적인 종교 단체나 조직 속에서 자신의 믿음을 표현하는 데 부담을 느끼고 있을 수도 있다. 일체감으로의 위대한 합일과 전통적 의미의 신이나 종교는 서로 다르다. 이를 구별하는 것이 중요하다. 하지만 불행히도 많은 이들은 두렵기 때문에 더 큰 세상과 연결된 일체감을 깨닫지 못하고 있다.

영적 탐험가들(신학보다 사랑과 자비에 더 관심을 기울이는 사람들)의 수는 특정 종교에 깊이 파고드는 사람 수보다 아직 적지만, 꾸준히 증가하고 **있다**. 실제로 우리는 종교의 지배로부터 벗어나 정신적 균형을 향해 나아가는 중이다. 개인이 영적인 여행을 지향해감에 따라, 교회도 전통적 가르침과 기존 지도자들에게 대항하기를 두려워하지 않고 서서히 일체감을 받아들일 것이다.

당신의 영적 탐험에 도움이 될 조직을 찾고 있다면 연합교회Unity Church나 종교과학교회Church of Religious Science 혹은 유니테리언 보편구제설 교회

Unitarian Universalist Church처럼 새로운 생각에 기초를 둔 교회에 몸담아보는 것도 좋다. 작은 조직 안에서의 경험을 마다하고 더 큰 공동체에서의 영적 도움을 찾아보는 것도 방법이다. 어른이 된 지금, 유년 시절에 다니던 교회를 찾아가 보라. 그러면 그때의 가르침이 어떤 깊은 의미를 지녔는지 깨닫고 위안을 얻을 수도 있다. 일체감을 받아들이면, 언어를 넘어서는 보편성을 볼 수 있게 되어 친숙한 기도조차 의미가 더욱 깊어진다. 사실 우리는 모두 한 가지를 위해 기도하지 않는가? 우리 모두 사랑의 근원과 연결되는 기쁨을 갈망하고 있지 않은가?

우리가 점점 균형을 찾아갈수록, 과학과 종교의 불화는 점점 사라지고 우리 모두는 영성이라는 한자리에 모이게 될 것이다.

종교와 영성을 조화하는 법

관찰

당신 개인의 종교와 영적 믿음이 무엇인지 생각해보고 그 근원에 대해 성찰하라. 어린 시절부터 종교를 믿어왔는가, 영적 여행의 결과로 받아들인 것인가 아니면 둘이 결합된 상태인가? 만약 특별한 종교가 없다면 자신이 무엇을 믿는지 살펴보고, 고통과 인간 경험의 본질에 대해 생각해보라. 자신의 생각을 들여다보며 스스로에게 물어보라. "만약 상황이 달랐어도 이 믿음을 간직하고 있을까? 나의 믿음은 얼마나 굳건한가? 무엇이 내 믿음을 바꿀 수 있을까?" 만약 그런 생각들이 당신을 두렵게 한다면 그 근원을 탐색해보라. 당신이 현재 가지고 있는 종교나 영적 믿음보다 더 이끌리는 종교가 있다면, 그것이 무엇이고 왜 이끌리는지 성찰해보라. 다른 종교의 행사에 참석할 기회나 누군가가 자신의 종교 행사를 묘사하는 것을 들을 기회가 있다면, 판단하지 말고 관찰하라. 그 종교의 근원에 대해 호기심을 가지고 어떻게 힘든 상황을 극복하게 하고 평화를 찾아주는지 알아보라. 당신의 종교와 그 종교의 밑바닥에 흐르는 공통점에 대해서도 생각해보라.

낯선 예배를 드리는 집에 가면 자신이 어떤 기분이 드는지도 관찰해보라. 어떤 감정이 솟아오르며, 어떤 생각이 마음속에 떠오르는가? 마음이 편안해지거나 환영받는 느낌이 드는가? 목사나 랍비(유대교의 율법학자) 혹은 설교자의 말이 마음을 동요시키는가? 이들의 말이 감정적으로 혹은 영적으로 와 닿는가?

잘 알지 못하는 정신적 원리를 경험하는 일은 삶에 강렬한 의미가 될 수 있다. 어떤 식으로 경험하건 자신의 반응과 생각 그리고 감정을 일기에 기록해두기 바란다.

기도

다른 이들과 함께 기도하라. 중요한 사안에 대한 기도, 이를테면 특정한 누군가를 위한 기도, 개인적인 깨우침이나 인류의 행복을 위한 기도는 정해진 시간과 장소에서 여럿이 함께할 수도 있다. 서로 다른 종교와 전통을 지닌 사람들이 한데 모여 기도할 수 있도록 초대하라.

다른 이와 뜻을 같이할 수 있다면, 신과의 대화에서 쓰이는 표현들의 아름다움과 신성함을 공유할 수 있다면 영적인 힘은 더 커진다. 다른 사람과 함께 기도해도 좋다. 만약 소리 내어 기도하는 것이 불편하다면, 조용히 기도해도 된다.

다른 종교의 용어들이나 이미지를 사용하기가 두렵다면 그 이유가 무엇인지 스스로 성찰해보라(신은 당신이 가슴을 열고 다른 이들의 믿음을 탐구하는 것에 절대 화를 낼 분이 아니다).

또한 이 세상의 다른 이들과 자연스럽게 어울려 함께 기도해보라. 의식의 진화를 위한 모임Call to Conscious Evolution(www.calltoconsciousevolution.org)에서는 정해진 시간에 특정한 주제에 대해 기도하기를 권하기도 한다. 많은 사람들이 힘을 합치면 효과는 더욱 강해질 수 있다.

행동

다른 종교의 의식을 관찰하거나 종파를 초월한 의식에 참석해 다른 참가자들에게 자신을 소개하고 공통점을 찾아보라. 가능하다면 영적 믿음을 탐구하고 다른 종교를 이해하는 것을 목표로 하는 토론 모임에 참여하는 것도 좋다. 다른 종교에 대한 책을 읽어보고 그 종교를 믿는 사람들이나 종교가 없는 사람들과 시간을 보내보라. 이들이 자신의 가치나 생각에 대해 이야기하는 것을 듣고 서로 존중하는 마음으로 토론해보라.

"정치와 종교는 토론하지 말라"라는 오래된 격언이 있다. 이 격언에는 우리에게는 사랑과 용기가 부족해 더 생산적이고 사려 깊고 서로를 존중하는 대화를 이끌어갈 수 없다는 전제가 깔려 있다. 하지만 우리는 스스로를 더 많이 믿을 필요가 있다. 또한 다른 사람들과 토론하는 법을 용기를 내어 배울 필요가 있다. 애정 어린 방식으로 더 중요하고 가슴에 와 닿는 주제들에 대하여 토론하려면 그래야 한다. 개인적인 믿음에 대해 다른 사람과 이야기하기를 두려워한다면, 어떻게 세상을 보는 시각을 확장할 수 있겠는가?

일체감을 받아들이고 세상을 치유하여 조화롭게 하는 데 헌신하겠다고 맹세했다면, 이런 주제를 다루는 긍정적인 토론에 참여해보라. 왜냐하면 그런 맹세는 자아를 옆으로 밀쳐두고 기꺼이 배움에 동참한다는 의미이기 때문이다. 소크라테스가 말했듯이, 대화를 통해서만 우리는 궁극적 진실에 도달할 수 있다.

영성과 종교를 조화해 나가다 보면, 과학이 보이는 세계를 이해하는 중요한 도구라는 것을, 과학이 종교적 가르침과 모순된다고 해서 위기감을 느끼거나 기분 나빠할 필요가 없다는 것을 깨달을 수 있다. 또한 영성과 일체감이 놀라운 자유를 우리에게 가져다주어 영적 세계의 아름다움과 신비로움을 깨우치게 해준다는 것도 이해하게 된다. 그뿐 아니라 과학적 증거와 이론에 거부감을 느끼지 않고도 신성한 경전들이 이 세계를 어떻게 시적으로 기술하는지 이해할 수 있을 것이다. 그 결과 보이는 세계와 보이지 않는 세계 간의 신비한 소통을 성찰하는 즐거움을 누릴 수 있을 것이다.

내부의 변화를 통해 이제 당신은 자신의 생각과 행동이 얼마나 달라졌는지 확인할 수 있다. 이제부터는 새로운 사고방식에 마음을 열기가 더 쉬워질 것이다. 지금까지 당신은 다른 사람들과 상황들 그리고 자신을 총체적으로 보여주지 못하는 렌즈를 통해 세상을 봐왔다. 모든 것들과 연결된 신성한 연결고리를 자각하게 되면, 지금까지 당신의 자아가 당신의 추론을 지배하고 위축시켜왔다는 사실을 깨달을 것이다. 이제 더 넓게 사고할 때다.

당신은 자의식을 내세워 다른 이들과 싸우기보다, 애정 어린 방식으로 소통하고 반응하며 너그럽게 타인을 대할 준비가 되어 있다. 우리 모두가 하나라는 사실을 받아들이고 타인을 돌보다 보면, 자신의 행복도 커지게 되어 당신과 우리 모두를 위한 더 나은 삶을 창조해낼 수 있을 것이다.

이것이 4부에서 여러분들이 배우게 될 실질적 내용이다. 당신이 처한 문제가 무엇이든, 무슨 일이 일어나든, 신의 사랑에 둘러싸여 있다는 사실을 이해함으로써 당신은 힘과 용기를 얻게 될 것이기 때문이다.

4부
이 세상에 일체감을 구현하기 위한 실천들

10장 일체감과 열린 사고

11장 일체감 그리고 타인과의 관계

10장 일체감과 열린 사고

>나는 내가 무지하다는 사실 말고는 아무것도 모른다.
>
>―소크라테스

지금까지 사고는 과소평가되어왔다! 우리의 삶이 균형을 잃었으며 직관력의 가치가 지나치게 폄하되었다고 말하는 사람들이 있는데, 그 말은 옳다. 그렇다고 해서 의식의 힘이나 합리적 정신을 무시해야 한다는 뜻은 아니다. 그것이야말로 우리 자신과 다른 이들을 치유할 강력한 무기이기 때문이다.

우리의 문제는 생각을 너무 많이 하는 것이 아니다. 생각에 잘못된 점이 많고 생각이 협소하다는 것이 문제다. 사고가 제한되면 알 수 없는 미래와 미지의 어떤 세계에 대한 두려움이 생겨나므로, 우리의 발전에 큰 장애가 된다. 그러면 우리는 일체감의 치유력에서 멀어지게 되고, 변화에 저항하게 된다. 사고가 제한되면 세상을 보는 시야가 좁아지고, 다른 모든 정보에 눈이 멀게 된다. 그래서 다른 사람이 우리와 다른 생각을 하면 뭔가 문제가 있다고 여긴다. 개인의 자아와 집난의 자아가 우리의 의식을 지배하게 되고, 두려움이 그 안에 자리잡게 되는 것이다. 그와는 달리, 열린 사고는 당신이 보고 듣고 접촉하는 모든 것을 받아들이고 종합하는 드넓은 전망이나 의지와 관련되어 있다. 열린 사고는 평화와 힘을 가져다준다. 왜냐하면 열린 사고를 가져야만 신성한 연결고리를 깨우치고 품에 안을 수 있기 때문이다. 자신의 과거와 현재와 미래, 보이지 않는 세계, 이 세상을 살다 간 사람들, 아직 세상에 태어나지 않는 사람들 그리고 이 지구상에서 함께 살아가는 사람들과 연결해주는 신성한 연결고리 말이다. 더불어 열린 사고는 당신을 창의성으로 이끌 것이고, 당신을 유연하면서도 강인하게 만들어줄 것이다. 또한 낙관주의를 배양할 것이고, 위기에서 기회를 찾도록 안내해줄 것이며, 변화의 시기에 경험할지 모를 불확실성에 관대해지도록 도와줄 것이다.

지적 탐험과 창의적이고 열린 사고를 받아들이게 되면, 의식이 고양되고 있음을 느낄 것이다. 또한 우리 모두가 일체감으로 연결되어 있음을, 신과 더 가까워지고 있음을 느낄 것이다. 생각의 폭을 넓히면, 당신은 자신과 다른 사람들에 대하여 더욱 영적이고 더욱 애정 넘치고 더욱 연민 가득한 사람이 될 것이다. 그렇게 되면 건강한 정신적 습관을 가지고서 행복과 만족감 속에서 살 수 있을 것이다. 더 나아가 세상을 치유하는 데 기여하겠다고 기꺼이 책임을 떠맡을지도 모른다. 당신이 수준 높은 교육을 받았거나 많은 경험을 통해 다양한 생각을 접하며 살아왔다면, 사고가 열려 있을 가능성이 크다. 그렇다고 해서 열린 사고를 계발하는 데 높은 지적 능력이나 강도 높은 훈련 또는 특별한 재능이 필요하지는 않다. 하지만 어느 정도 용기가 있어야만 시간을 들여 스스로 거북해할지 모를 생각들을 성찰하고, 새로운 관념에 귀 기울이고, 다른 사람의 의견을 들어 새로운 관념들을 숙고할 수 있을 것이다.

오늘날 우리는 거대한 압박에 시달리고 있다. 끊임없이 몰려드는 정보의 홍수 속에서 의견을 재빠르게 개진하거나 이해해야 하기 때문이다. 이런 시대적 요구에 부딪힐 때마다 우리는 불안해하거나 거북해하기 쉽다. 이 장에서는 어떻게 자아의 두려움을 물리칠 수 있을지, 어떻게 한계에 갇힌 편협한 사고를 거부할 수 있을지, 어떻게 스스로 마음을 열어 생각을 확장할 수 있을지를 보여줄 생각이다. 그러면 당신은 전에 알아차리지 못했던 여러 연결고리들을 볼 수 있게 될 것이다. 당신과 달라 보이는 사람들과의 연결고리, 건강하고 행복한 삶으로 이끌어줄 서로 대립되는 생각들 사이의 연결고리를 말이다.

생각의 폭을 넓히려면 수많은 질문을 던져야 하고, 비슷한 환경에서 다른 이들이 무엇을 했는지 탐구해야 한다. 그런 다음 다시 자신의 과거를 돌아보고 배우며, 편견에 사로잡힌 사고방식(당신의 사고방식도 포함해서)을 파악하고 깨우쳐야 한다. 여기에는 노력과 용기가 필요하고, 비판적 분석과 직관적 성찰도 필요하다.

편협한 사고를 버리려면 다음 아홉 가지를 실천하라

인류의 진화를 맞이한 이 시점에 우리 모두는 사고의 확장이라는 도전 과제에 직면한다. 여기에 열거하는 아홉 가지 변화를 실천함으로써 그 과제를 해결할 수 있다.

변화 1: 논리의 법칙을 깨닫고 신뢰하기
당신은 사실들에 동의하지 않을 수도 있고, 어떤 사실들을 다른 사실들보다 더 비중 있게 생각할 수도 있다. 하지만 논리의 법칙은 항상 그대로다. 2

더하기 2는 4다. 물론 우리는 논리의 법칙을 알고 있지만, 간혹 감정에 사로잡혀 불합리하고 비논리적인 것에 빠지기도 한다. 마음에 들지 않는 사실들을 과장하거나 축소하기도 하고, 상식을 거스르는 선택을 정당화하기도 한다. 진정으로 우리의 감정은 사실이 아닌 부정적 요소를 믿게 만들고 비합리적인 사고를 하는 데 뛰어난 재능을 보인다. 그러므로 우리는 감정적 동요를 잠재우고 사고 과정을 다시 점검해야 한다.

분노하거나 불안할 때 자신의 기준을 망각하는 것은 당연하다. 하지만 그럴 때는 당신을 그런 결론으로 몰아간 논리가 끊어진 것은 아닌지 시간을 두고 나중에 한번 점검해보라. 그러다 보면 자신의 편견을 깨닫고 자신의 사고를 고칠 수 있을 것이다.

변화 2: 비관주의를 거부하고 낙관주의 받아들이기

공포나 분노, 슬픔 같은 저급한 감정들은 비관주의를 불러온다. 비관주의에 빠지면 현재는 문제투성이로, 미래는 부정적 가능성의 집합체로 보인다. 익숙하지 않은 것들을 두려워할 때, 당신은 결국 그런 것들을 회피하고 거부하게 된다. 이것이 변화에 대한 저항을 불러온다.

매력적인 연인이나 직장 같은 중요한 것들을 잃게 되면 괴롭고 속상한 것은 당연하다. 하지만 이때 당신은 한 발 더 나아가 비관주의로 빠질 수도 있다. 잃어버린 멋진 과거를 결코 되찾을 수 없을 것이라는 생각에 사로잡히는 것이다. 나는 이러한 마음을 아주 잘 이해한다. 미국에 처음 도착했을 때 모국의 가족과 집 그리고 가수로서의 경력을 그리워했다. 나는 그동안 미국을 과대평가해왔으며 모국에 비해 하나도 나을 것이 없다고 생각하기 시작했다. 솔직히 말해, 미국에서 행복한 삶을 꾸려갈 자신이 없었다. 처음 얼마 동안 남편(역시 루마니아 출신이다)이 새로운 나라의 긍정적인 측면을 지적할 때마다, 부정적 반응으로 남편의 의견에 반대했다. 그러면서 향수에 빠져 미국보다 더 큰 문제에 시달리고 있는 모국의 문제들은 깡그리 잊었다. 하지만 미국에 대한 버질의 온갖 긍정적인 태도 덕분에 얼마 지나지 않아 부정적 태도에서 벗어날 수 있었고, 그의 시각이 나의 시각보다 더 균형 잡혀 있음을 인정했다. 나는 미국을 새롭게 보기 시작했고, 비관주의를 날려버렸다. 참 다행이었다. 만약 그때 내가 루마니아에 있을 때의 부정적인 상황을 돌아보지 않았더라면, 미국에서의 삶을 루마니아에서의 삶과 비교해보지 않았더라면, 사고의 폭을 넓히지 않았더라면 과연 내가 지금 어디에 있을지 상상하고 싶지 않다.

이 세상을 우울하고 냉소적으로 보게 되면, 그에 맞추어 세상을 판단한다. 예를 들어 미국에서의 삶이 불행하고 불확실하게 느껴지면, 지하철 승강장에서 나를 무례하게 밀치고 지나가던 남성의 모습은 기억나면서도 나를 위해 문을 열어주던 친절한 남성의 모습은 잊어버린다. 우리 모두 우리의 마음을 긍정적 사고의 성역으로 가꾸어보자. 인생에서의 마법 같은 순간을 주기적으로 떠올려보자. 그리고 선업을 쌓기 위해 영적 존재들이 우리에게 부여한 재능을 발휘해보자. 사고의 폭을 넓히다 보면, 모든 상황과 자신을 포함한 모든 사람들에게 깃든 멋진 가능성을 발견할 수 있을 것이고, 그 속에서 더 큰 즐거움을 경험할 수 있을 것이다.

변화 3: 보이지 않는 세계를 향해 열어두기

당신도 예지몽을 꾸거나 죽은 이를 만나는 등 이 사회에서 초자연적인 사건이라 불리는 현상을 경험한 적이 있을지도 모른다. 두려움과 거부감에 굴복하지 않았다면, 지금쯤 당신은 보이지 않는 세계가 실재하며 얼마나 신비한지 깨달았을 것이다. 하지만 당신이 그런 세계를 아직 경험하지 못했다면, 직선적 시간을 빠져나와 다른 세계를 경험해본 사람으로서 다음과 같이 말하고 싶다. 단지 그런 것들에 대해 아는 것만으로는 인식이 바뀌고 당신의 마음이 일체감을 향해 열릴 수 없을지라도, 단 한 번의 경험만으로 그런 일들이 가능할 수 있다.

이런 열린 의식의 장場(그 장과 우리의 신성한 연결)이 존재한다는 믿음조차 아주 중요하다. 왜냐하면 스스로를 격려해 치유와 행복을 가져다주기 때문이다. 결정적으로 이 작은 기적을 실제로 경험하면 더욱 좋다. 이를 위해 직관과 관련된 전문적인 책을 읽어보고, 스스로의 영적 능력을 키워보라고 권하고 싶다. (나는 『일상의 업Everyday Karma』이란 책에서 이러한 재능을 일깨우는 방법들을 제안했다. 우리 모두는 그런 재능을 갖고 있지만, 사회의 공포와 적대감 때문에 의식적으로 이러한 재능을 멀리하고 있다.) 영매를 통해 혹은 정확한 영적 예언을 통해 저 너머의 세상과 조우하게 되면, 일체감과 관련된 '초자연적' 개념을 좀 더 열린 태도로 받아들일 수 있을 것이다.

변화 4: 타인의 견해와 전망을 존중하고 그것에 관심을 보이기

편협한 사고란 자신의 개인적 경험에 지나치게 큰 비중을 두어 다른 사람의 견해와 관점을 무시하는 것을 말한다. 그에 비해 열린 사고란 자신의 믿음과 다른 사람의 믿음 간에 균형을 맞추는 것이다. 누군가의 생각이 당신의 생각과 맞지 않다고 해서 둘 중 하나가 옳거나 그른 것은 아니다. 당신이나 상대방이 단지 서로 다른 시각에서 삶을 바라볼 뿐이다. 인간의 경험은 진정한 집단적 의식만이 이해할 수 있기 때문에, 둘 중 누구도 그것의 완전한 모습을 보았다고 할 수는 없다. 일체감을 받아들이고 더 넓게 생각하는 방법을 선택함으로써, 협소한 시각에 사로잡혀 있을 때는 보지 못했던 총체성에 더 가까이 다가갈 수 있다.

개인적 사고의 반영과 해석에 옳고 그름이 없다지만, 우리는 그에 대해 상당히 예민하게 방어적으로 반응한다. 누구든 자신을 봐주고 이야기를 들어주기를 바라며, 자신의 이론이 다른 사람에게 인정받고 가치 있게 여겨지기를 바란다. 또 더 큰 전체의 일부분인 개인으로서의 핵심적인 역할을 망각하고, 자신이 옳게 보이는지에 집착한다. 일체감은 우리에게 자신감을 부여한다. 그 자신감이 인내심과 다른 이에 대한 존경심을 키우는 것이다. 대화를 하다 보면 다른 사람과 의견이 부딪치는 것조차 자신의 사고를 확장하는 자극으로 받아들이고 즐길 수 있게 된다. 고대 그리스인들과 로마인들이 대화의 기술을 존중하고 대화를 정신적 진화를 위한 기회로 삼았던 이유를 이해할 수 있게 될 것이다. 이들이야말로 철학적 토론의 진정한 대가였다. 이들은 개인적 견해를 표현하고, 상식적 믿음에 대해 질문하고, 지적인 토론을 전개해 나감으로써 인류를 더 높은 진리에 데려다 주었다.

변화 5: 배울 점이 많다는 것을 받아들이기

우리의 마음은 종종 자동 항법 장치와 같아서 현재의 상황을 이해해야 할 때 살아오면서 획득한 정보들을 바탕으로 판단한다. 과거의 경험과 비슷한 상황이나 사람 혹은 사건을 겪게 되면 우리는 친밀감을 느낀다. 하지만 우리는 전체 그림을 보지도 못하고 있고, 새로운 가능성이나 시각을 향해 진정으로 열려 있지도 않다. 셰익스피어의 말을 살짝 바꾸어보자면, 하늘과 땅에는 우리의 철학으로는 상상조차 할 수 없는 많은 것들이 있다. 세상에는 우리가 배워야 할 것들이 정말 많다. 하지만 협소한 생각을 가지고는 배울 수 없다.

불행히도 학교는 개인의 마음을 넓히기보다 사회의 기대에 부응하는 인간을 양성하는 데 더 주력하고 있다. 게다가 경제적 불안감은 젊은이들이 대학에서 인문학이나 예술보다는 좀 더 기술적인 과목들을 배우도록 부추긴다.

이에 더해 사람들은 지적 능력이 부족하다고 불안해하는 나머지, 종종 자신보다 더 영리하거나 지식이 많아 보이는 사람을 피하거나 심지어 적대시한다. 요즘에는 교육받은 이들을 '짝퉁'이나 '엘리트주의자'로 분류하면서 점점 경시하기까지 한다. 이런 세태는 많은 사람들이 공유하고 있는 콤플렉스에 뿌리를 두고 있다. 하지만 의사의 설명이나 경제학자의 복잡한 이론을 이해하지 못한다고 해서 부끄러워할 필요는 없다. 또한 텔레비전이나 보는 대신 더 높은 학위를 받는다거나 책을 읽는다고 해서, 자신이 속한 계급을 저버리고 있다고 느낄 필요는 없다. 방어적 태도로 뒷걸음질 치다 보면, 배움을 얻기는커녕 부끄러움만 가중될 뿐이다.

아무리 똑똑하거나 교육을 많이 받았다고 해도, 지식은 허점을 가지기 마련이고 뒤틀린 자아의 영향을 받기도 한다. 당신 자신의 불안에 대해 생각해보라. 자신의 주장이 논리적이지 않을 가능성에 직면했을 때, 무언가 배워야 할 것이 있다고 느낄 때 당신은 어떻게 반응하는가? 긴장된 태도를 취하며 신경질적인 반응을 보이지는 않는가? 다른 사람의 의견은 듣지도 않으려 하지 않는가? 만일 어떤 주제에 대해 자신보다 더 완전하게 이해한 듯한 사람과 토론하는 중에 자신이 그런 반응을 보인다면, 조용히 스스로에게 말해보라. '이건 내게 좀 부담스러운 주제로군. 괜찮아, 용기를 내어 내 생각의 폭을 넓히면 되지.' 그리고 자신을 너그럽게 대하라. 인내하고 자기애를 가질 수 있도록 다음과 같이 기도해보라. '저의 불안을 치유하고 편견을 없앨 수 있도록 도와주세요.'

새로운 시각에 감사하는 마음으로 가슴이 따뜻해지면, 이런 상황도 더 지혜롭고 열린 생각을 가질 기회로 받아들일 수 있다. 또한 역사와 다른 문화, 예술을 탐구하는 천생의 구도자가 되어 자신이 가진 사고를 확장할 수 있고, 그러지 않았으면 놓쳤을지도 모를 연결고리를 인식할 수도 있을 것이다.

인간은 각양각색이다. 어떤 사람은 지적 능력을 더 계발할 필요가 있고, 또 어떤 사람은 타인에 대한 동정심을 더 가질 필요가 있다. 하지만 냉혹한 자기 판단은 파괴적이다. 자신의 부족함을 배우는 단계에 있다면, 스스로를 사랑과 배려 그리고 솔직함으로 대하기 바란다.

난처한 지적 도전에 직면했을 때는 다음과 같이 스스로에게 말하는 것이 가장 좋다. '잠깐, 내가 조금만 더 시간과 노력을 투자한다면 이 사람이 하는 말을 이해할 수 있을지도 몰라. 내가 이미 알고 있는 것과 연관지을 수도 있을 거야.' 두려움을 없애면, 자신이 배워야 할 것이 아직 많으며 접하지 못한 정보가 아직 산재해 있다는 사실을 인정하기가 훨씬 쉬워진다.

변화 6: 상투적 표현과 축자적인 해석을 넘어서기

이 바쁜 세상에서 우리는 복잡한 생각과 경험을 담지 못하는 짧고 진부한 표현으로 자주 소통한다. 속도를 늦추고 삶의 달콤한 풍요로움을 받아들여, 짧은 소통 대신 더 자세하고 여운을 남기는 대화로 우리의 열린 생각을 표현해야 한다. 생각 없이 오식 사소한 수다만 떨면서 시간을 보낸다면, 자신의 지적 능력을 모독하는 것이나 다름없다.

상투적 표현은 단지 뉘앙스만 부족한 것이 아니다. 중요한 세부 사항을 빠뜨리기 때문에 실제로 상황의 진실을 숨기는 데 일조한다. 그러므로 텔레비전 화면 아래쪽에 나오는 뉴스 제목만 일별함으로써 정보를 얻지 말고, 신문의 1면만 보고서 세상 돌아가는 사정을 다 안다고 생각하지 말라. 그런 정보들은 당신을 지적으로 자극하지도 않고, 더 넓고 완전한 시각을 주지도 않는다. 그보다는 심도 있는 토론에 참여해보라. 당신을 지적으로 고무하는 양서들과 내용 있는 기사를 읽어보라. 문제를 깊이 있게 보려면, 승용차에 붙은 광고 스티커의 문구나 항의 푯말에 적힌 구호 이상을 알아야 한다.

편협한 생각에 빠지면 말을 너무 곧이곧대로 받아들이게 된다. 지난번 내가 언급했던 플라톤의 이론을 기억해보라. 보이는 세계에서 우리는 단지 보이지 않는 세계에 존재하는 무한하고 완벽한 형태의 열등하고 제한된 버전version을 만들어낼 뿐이다. 제한된 인식에 사로잡힌 우리는 돈을 많이 가졌을 때 혹은 특별히 빼어난 몸매나 용모를 가졌을 때만 만족스러움을 얻을 수 있다고 믿는다. 하지만 열린 깨달음을 얻으면, 우리는 정의와 아름다움, 사랑과 풍요, 일체감 등의 완전한 형태에 더욱 가까워지게 된다.

열린 사고를 가지게 되면, 이런 형태들에 관한 우리의 관념이 넓어진다. 그래서 우리가 가진 모든 것들에 감사하게 될 것이다. 운명에 의해 상처받고 부당한 대접을 받는다고 느끼는 대신, 신의 은총을 즐기고 영적 존재의 도움을 깨닫게 될 것이다.

변화 7: 정보를 천천히 받아들이고 소화하기

우리는 점점 더 정보를 쏟아내는 기술에 중독되고 있다. 어떤 것들은 굉장히 유용하고, 어떤 것들은 가치가 제한적이며, 또 어떤 것들은 그저 아무 쓸모가 없다. 이 모든 것들은 너무나 빨리 우리에게 다가오므로, 우리는 얼른 받아들이고 소화해야 한다고 느낀다. 음식을 제대로 씹어 삼키려면 시간이 필요하듯이, 정보를 받아들이는 속도를 늦춤으로써 아무 정보나 우리 마음속에 들어와 의식의 한 부분이 되지 않도록 막아야 한다. 우리는 두려움을 유발하는 의미 없고 해롭기까지 한 정보에 휘둘리기 쉽고, 때로는 집착하기까지 한다. 그것이 뇌에 어떤 나쁜 영향을 미치는지 우리는 잘 모르고 있다.

우리는 말 그대로 정보의 바다에서 매일 헤엄치고 있다. 하지만 우선순위를 정하고 가치를 분별하는 능력이 부족하다 보니, 정보에 압도당하기 쉽다. 극히 소수만이 인터넷으로 연결된 이 시대의 소음을 걸러내고, 자신의 의견을 알리려는 사람들의 편견을 뚫고 나갈 수 있다. 여기서 우리가 할 수 있는 최선은 수많은 정보가 왜곡되어 있다는 사실을 직시하고, 진실을 밝히기 위해 얻은 정보를 심도 깊게 파헤치는 것이다. 그렇게 하면 자신만의 이해를 바탕으로 다른 사람들의 관점을 검토할 수 있게 된다.

사건 보도에서 속도 경쟁을 하는 매체의 뉴스를 접하지 말고, 시간을 두고 사태를 **올바로** 파악하는 단체와 주기적으로 소통하는 것이 좋다. 언론 매체들은 급한 나머지 종종 거짓인 뉴스나 두려움을 부채질하는 뉴스를 내보내기도 하고, 별것 아닌 일로 밝혀진 일들을 우려 섞인 뉴스로 내보내기도 한다. 속도를 늦추라. 그리고 당신이 접하는 것들에 대해 일단 의심해보라. 또한 매일 순간순간의 뉴스를 접하기보다 주간, 월간 혹은 연간 단위로 정보를 접해보라.

이 모든 정보를 '소화'하는 데 도움을 주는 것이 있다. 인간의 자아에 상처를 주지 않고 부정적인 감정이 없는 토론에 참가하는 것이다. 사람들이 각자 서로의 이름을 함부로 부르며 반대편을 멍청하거나 무식하다고 매도하는 토론이라면, 배울 점이 전혀 없다.

또한 복잡한 관념을 즉각 이해하고 그것에 대해 자신의 의견을 피력해야 한다는 믿음을 버리기 바란다. 무식해 보이면 안 된다는 불안감은 당신을 초조하게 하고 사고 과정을 왜곡한다. 최근 논점이 된 어느 정치인의 정치적 발언에 대해 모른다고 해서 전혀 이상할 것이 없다. 산더미 같은 정보의 바다에서 정신을 놓고 사는 것은 삶에 보탬도, 해도 되지 않는다. 이 우주의 지혜에 보탬이 되지 않는 가치 없는 것들은 일체감의 요소와는 거리가 멀다.

당신의 의견과 생각을 발전시키기 위해 속도를 늦추기 바란다. 또한 새롭고 색다른 시각에 마음을 열어두기 바란다. 누가 가장 먼저 중요한 무언가를 해결했는지는 중요하지 않다. 오히려 당신이 마주하는 것들로부터 지혜와 이해심을 발전시켜가는 일이 더 중요하다.

변화 8: 대가를 기대하고 지혜를 제공하는 이들을 경계하기

많은 이들이 이기심이라고밖에 볼 수 없는 이유로 우리에게 지식을 제공하려 한다. 길을 잃고 지혜에 목말라하는 우리의 마음을 이용해 이익을 취하려는 것이다. 결국 우리는 이들의 가르침에서 오류를 발견하고 실망하게 된다. 누군가가 권력과 부 그리고 명예를 많이 가지면 가질수록, 그 사람의 자아는 점점 더 커지고 그는 자신의 진정한 동기를 점점 노출하게 된다.

누군가가 개인적으로 잘사는 법에 대해서만 충고할 뿐 더 큰 세상에 대한 책임감을 가르쳐주지 않는다면, 그것은 당신의 자아에만 호소하는 그릇된 지혜다. 우리 모두 '나'에게서 주의를 돌려 '나'**뿐만 아니라** '우리'에게로 시선을 옮겨야 한다.

변화 9: 진정한 회의주의 실천하기

얼마 전에 한 고객이 나에게 전화를 걸어 자신은 영매나 영적 능력을 믿지 않는다는 이야기부터 꺼냈다. 나는 그의 솔직함에 감사하고 건강한 회의주의에 대해서는 긍정적으로 생각한다고 답했다. 그리고 최근에 죽은 그의 부인

(독특한 그녀의 이름까지)에 대해 이야기하고, 오직 그와 의사만이 아는 죽음의 원인과 함께 부인의 모습을 묘사했다. 그 고객은 내 말을 시인하고 계속 이야기해달라고 했다. 나는 그의 과거에 대해서도 이야기를 시작했는데(고객의 삶의 방식을 객관적으로 보여주기 위해 종종 내가 사용하는 방법이기도 하다) 그는 중간에 내 말을 끊더니 이렇게 말했다. "인터넷으로 저에 대한 정보를 얻을 수도 있지요."

나는 내가 한 이야기는 너무나 세세해서 인터넷에서 찾을 수 없다고 답했고, 그는 마지못해 이에 동의했다. 또한 그가 나에게 전화한 시간과 실제로 상담한 시간 사이에 10분 남짓밖에 차이가 없었는데, 만약 그동안 그 많은 정보를 다 찾았다면 나는 인터넷 검색의 천재가 아니겠느냐고 말했다. 그는 내 말에 일리가 있다고 하면서도 다시 이렇게 말했다. "어떻게 그걸 다 아셨는지 모르겠지만…… 전 정말로 하나도 못 믿겠어요." 나는 한편으로는 화가 나기도 했지만, 한편으로는 이런 완벽한 사례가 또 있을까 하고 웃을 수밖에 없었다. 우리가 신성하고 치유력을 지닌 연결고리(우리를 죽은 사람들, 낯선 사람들, 과거와 미래 등에 결속시켜주는 일체감)를 얼마나 갈망하는지, 하지만 우리가 얼마나 제한되고 편협한 생각에 가로막혀 있는지를 보여주는 것만 같았다.

영매나 심령술사에 대하여 어떤 이들은 어떻게든 자신들을 속이려 드는 사기꾼이라는 생각을 버리지 않는다. 회의론자란 뜻의 skeptic이란 단어는 그리스어 skeptikos에서 온 것인데, 원뜻은 '반성하는 사람'이다. 하지만 오늘날 회의론자라고 자칭하는 사람들은 자신들의 생각을 열린 마음으로 점검하려 하지 않는다. 만약 기시감이나 예지몽, 정신적 세계와의 교감을 경험해본 적이 없는, 미래를 예언하거나 처음 보는 사람의 과거를 직감적으로 파악할 능력이 없는 올바른 회의주의자라면, 다음과 같이 말할 것이다. "그게 뭔지는 잘 모르겠어. 한번 연구해봐야겠으니 판단은 잠시 유보해두겠어." 자신이 동의하지 않는다고 해서 혹은 객관적인 과학적 잣대에 맞추어 검증을 거치지 않았다고 해서, 다른 사람의 의견이나 경험을 무시하는 것은 제한적이고 편협한 사고이며, 이는 진정한 회의주의라고 할 수 없다.

내가 이해할 수 없으면(내가 설명하거나 예측하거나 통제할 수 없으면) 아무런 가치가 없다는 식의 태도를 취한다면, 세상은 점점 더 협소해질 뿐이다. 나는 과학자들이 초자연적인 현상을 접할 때 더 많은 호기심을 가지기를, 배우고 연구하는 자세로 대하기를 바란다. 사회과학자들은 전 세계의 역사와 문화에서 공통적으로 볼 수 있는 이러한 현상을 검토해서 "이러한 경험이 사람들의 인식과 행동에 어떤 영향을 미치는가?"를 물어보아야 한다. 생각이 편협해지면 우리의 삶을 풍요롭게 해주는 열린 사고가 불가능해진다. 건강한 회의주의는 비록 다른 사람의 문화와 믿음을 공유하거나 받아들이지는 않더라도, 그것을 존중한다.

종종 사람들은 자신이 힘이 있고 중요한 사람처럼 보이려는 목적으로 냉소적이고 회의적인 태도를 취한다. 때로는 상처받고 불안한 마음을 숨기기 위해 그러기도 한다. 이런 사람들을 연민 어린 마음으로 대하고, 쓸데없이 당신의 자아를 내세우지 말라. 세상에 대해, 자신의 경험에 대해 열린 자세와 호기심을 유지하라.

창의성과 호기심

모든 진화는 창의성이라는 에너지로부터 동력을 얻고, 창의성은 호기심 가득한 마음에서 비롯된다. 그러므로 우리 주위의 것들에 대해, 삶의 방식들에 대해, 그 삶의 방식들을 어떻게 개선할지에 대해 항상 의문을 품어야 한다. 우리는 호기심이라는 선천적인 본성을 지니고 태어났지만, 그것의 혁신적인 능력은 편협한 생각에 의해, 부정적인 태도에 의해, 정신적인 고뇌에 의해, 건강하지 못한 습관에 의해 그리고 불행하게도 일상의 고단함에 의해 제약을 받는다. 주위 환경에 제약을 받고 있다고 느끼면서 어떻게 열린 사고가 가능하겠는가? 우물 안 개구리로 살고 있으면서 어떻게 우물 밖을 사고할 수 있겠는가? 그 해답은 우리의 생활과 꿈을 분리하는 데 있을 것이다. 이성과 직관을 함께 사용함으로써 호기심도 가지면서 경이로움도 만끽하는 것이 필요하다. 미래에 무엇이 가능할지 생각하면서, 과거를 돌아보고 잃어버린 지혜를 되찾아야 한다.

현대 문명은 창의적 사고를 가진 이들 덕분에 이만큼 발전할 수 있었다. 그들은 현재에만 집착하는 대부분의 평범한 사람들과 달리 위대한 야망을 품고 있었다. 우리 또한 무한함에 대한 꿈을 키우고 그 꿈을 이루기 위해 무엇을 해야 할지 생각해보아야 한다. 우리가 지닌 창의력을 다시금 발견해야 하는 것이다. 창의성이라는 개념이 현실의 안정성과 멀게 느껴져 겁이 날 수도 있다. 하지만 창의성과 안정성은 서로 가까운 사이다. 사실 우리 발밑은 항상 위험투성이이므로, 유연하고 혁신적이고 용감하지 않으면 자신이 찾는 안정성을 얻기 어렵다. 유연성이야말로 당신의 힘이다.

예수님은 이렇게 말씀하셨다. "이르시되 진실로 너희에게 이르노니 너희가 돌이켜 어린아이들과 같이 되지 아니하면 결단코 천국에 들어가지 못하리라."(마태복음 18:3) 나는 내 목적에 맞게 '천국에 들어가지 못하리라'라는 표현을 '일체감과 평화 그리고 힘을 경험하지 못하리라'로 바꾸고 싶다. 우리는 아이처럼 되려고 노력해야 한다. 아이들이야말로 호기심덩어리이자 창의력덩어리이기 때문이다. 아이들은 세상의 악에 물들지 않고, 냉소나 비관이나 편협한 사고에 사로잡혀 있지도 않다. 또한 특정한 사고에 고집스레 매달리지도, 한정된 삶의 방식에 갇히지도, 부모님의 편견을 그대로 따르지도 않는다.

아이들은 자연스럽게 매일 사고를 확장해 나간다. 아이들은 끊임없이 질문하고, 엄마가 열면 안 된다고 말한 상자를 열어젖히고, 영리한 관찰과 성찰로 우리의 생각이 얼마나 편협하고 진부한지 상기시킨다. 이런 식으로 우리도 호기심덩어리인 아이들을 본받으려 애써야 한다.

하지만 불행하게도 어른들은 불의를 목격하고, 상실에 아파하고, 인간이 지닌 최악의 본성을 경험했다. 그래서 지친 나머지 냉소적으로 되어버렸다. 우리가 겪고 목격한 비극적인 사건들 때문에, 우리는 점점 편협한 마음을 지니게 된 것이다. 인류는 스스로를 구원할 수 있다는 믿음을 잃어버렸지만, 지금이야말로 그 어느 때보다 진정한 변화를 위해 사고의 폭을 넓히고 희망을 가져야 할 시기다. 그것이 진정한 변화의 첫 단계다. 그런 다음 생각을 확장해 우리의 삶을 다르게 그려볼 수 있어야 한다. 호기심과 경이로움, 관용과 수용, 유연함과 의지를 향해 마음의 문을 열어야 한다. 그럼으로써 새로운 것을 시도해야 한다. 그래야만 우리는 미래를 새롭게 빚어낼 수 있을 것이다.

일체감을 받아들이기 위해 사고의 폭을 넓히는 법

관찰

자신이 어떤 식으로 사고하는지 잘 관찰해보라. 당신이 두려움이나 불안을 느낄 때, 자신감을 잃어버렸을 때 사고방식은 어떤 영향을 받는가? 당신이 가장 호기심을 느낄 때, 마음이 열려 창조적이고 낙관적이 될 때는 언제인가? 무엇이 당신을 냉소로부터 탈출시켜 희망으로 인도하는가? 무엇이 당신 내면의 창의력과 경이를 일깨우는가?

평소의 사고방식을 성찰하면서 무엇이 당신의 사고를 속박에서 확장으로 이끄는지 알아보라. 언제 이러한 변화가 일어나는가?

이에 대한 답을 일기에 기록하고, 나중에 자신이 적은 것을 다시 관찰해보라.

기도

투명한 마음을 가지게 해달라고 신에게 기도하라. 두려움과 자아에서 비롯되는 방어적인 태도를 버리고, 지식을 넓히고 분석 능력을 발전시킬 수 있도록 도와달라고 기도하라. 자신의 편견을 깨닫고 편견과 공포, 슬픔과 분노를 내려놓을 용기를 달라고 기도하라. 모든 측면에서 더욱 열린 마음과 더욱 큰 상상력을 발휘할 방법을 발견하게 해달라고 기도하라. 새로운 개념과 이론을 배우면서 시각을 확장하고 마음을 단련할 수 있는 길을 보여달라고 기도하라.

지도자들이 사고의 폭을 넓히고 좀 더 창의적이 되게 해달라고 기도하라. 또한 분노와 두려움을 쉽게 느끼는 사람, 제한된 관점을 지닌 사람을 보게 되면, 그 사람이 그런 감정을 치유하고 보다 열린 생각을 할 수 있게 해달라고 기도하라.

행동

커다란 열정을 가지고 배움에 임하라. 교육의 필요성을 느끼면 언제라도 실천하라. 역사와 다른 문화 그리고 혁신적인 생각에 대해 더 많이 눈뜨고, 최근 논란이 되는 쟁점에 대해 관심을 가져보라. 갖가지 주제에 관한 책을 읽고, 강연에 참석하고, 다큐멘터리와 교육적인 영화를 시청하라. 또 새로운

> 언어를 공부하고, 외국 영화를 보고, 다른 나라에서 출간된 책들을 읽어보라. 자신에게 익숙한 것들과 새롭게 접하는 것들이 얼마나 다른지 성찰하라.
> 수준 높은 책을 읽도록 당신에게 동기를 부여하는 독서 모임이나 보다 창의성을 자극하는 토론에 참여하라. 당신이 알지 못하는 독특한 믿음과 경험을 지닌 사람들과 함께하며, 이들의 생각에 귀 기울여보라. 무엇보다 배움에서 즐거움을 찾는 것이 중요하다.

사고의 폭을 넓히다 보면 자아의 방어적인 태도를 버리는 것, 다른 사람을 이해하는 것, 공통의 지반을 찾는 것이 훨씬 쉬워진다. 또한 다른 사람을 변화시키려 하지 말고 그대로 받아들이는 것이 쉬워진다. 세상을 치유하는 일은 다른 사람을 당신이 원하는 대로 생각하고 인식하도록 강요하는 것을 의미하지 않는다. 내부로부터 스스로 변화해서 투쟁적인 태도를 버리고 준비된 사람들에게 긍정적인 영향을 줄 때, 세상은 비로소 치유될 수 있다. 이 같은 사실을 깨달아야 한다. 누군가를 '변화'시키려는 태도를 버리면, 그 사람이 일체감을 깨닫고 두려움에서 벗어나는 데 더 큰 힘이 될 수 있다.

머지않아 인간의 인식은 거대한 변화를 겪을 것이다. 편협한 마음과 편견 그리고 미움은 점차 줄어들 것이다. 의식과 인간 경험의 진화에 동참하게 되면서, 당신은 보다 더 참을성 있고 애정 넘치는 사람으로 변화할 것이다.

그다음에 당신은 자아의 두려움과 방어적 태도를 부추기는 사람들, 당신을 일체감에서 멀어지게 하는 사람들과 소통하는 최선의 길이 무엇인지도 알게 될 것이다. 다른 사람을 통제하고 변화시키려는 유혹을 받겠지만, 일체감을 경험하고 모든 존재의 치유에 동참하려면 넘치는 사랑으로 그러한 태도를 지양해야만 한다.

11장 일체감 그리고 타인과의 관계

> 우리는 해야 할 일을 가지고 이 지구에 태어났다. 그리고 관계는 그 일이 이루어지는 실험실이다.
>
> —매리언 윌리엄슨Marianne Williamson

　추상적으로 생각할 때 다른 사람을 사랑하기는 쉽다. 하지만 도저히 사랑하기 어려운 사람을 어떻게 사랑하겠는가? 예수님은 "나는 너희에게 이르노니 너희 원수를 사랑하며 너희를 박해하는 자를 위하여 기도하라"(마태복음 5:44)라고 하셨지만, 정확히 어떻게 해야 원수를 사랑할 수 있을까?

　모든 인간은 조건 없는 사랑을 추구하며, 세상의 모든 종교도 그와 같은 개념을 포함하고 있다. 하지만 불행하게도 우리는 그런 이상에 도달하지 못한다. 자신이 베푸는 만큼 자신에게 사랑과 존경과 친절을 베풀지 않는 사람을 어떻게 사랑해야 할지 도저히 모를 때 우리는 냉소적으로 될 수밖에 없다. 이기적이고 잔인한 사람을 어떻게 사랑할 수 있겠는가?

　부정적인 감정과 편협한 사고 탓에 우리는 종종 의도치 않게 무의식석으로 사랑을 제한적으로 받아들인다. 한 고객은 내게 이렇게 말한 적이 있다. "그 사람을 용서할 수 없어요. 나에게 너무나 끔찍한 상처를 준 사람이라고요. 내가 예수라도 되나요?" 완전한 용서와 우리가 가능하다고 느끼는 용서 사이의 간극은 엄청나게 넓다. 하지만 일체감을 받아들이면 무조건적인 사랑이 **가능하다**는 것을 깨닫게 된다. 그러면 우리는 용서할 수 있게 되고, 업이 해소되어 자연스럽게 가해자와 자신 모두가 치유될 것이다.

사랑받지 못할 행동을 하는 사람을 사랑하는 일이 어떤 것인지 한 번도 경험해보지 못했다면, 가슴을 열고 일체감을 받아들여보라. 그러면 곧 평화와 용기를 가슴 깊이 느낄 수 있을 것이다. 당신은 자신의 나약함을 넘어 신과의 신성한 연결고리를, 이 세상에 존재하는 모든 사랑을 느낄 수 있을 것이다. 당신이 환희와 놀라움 속에서 '도대체 이 믿을 수 없는 사랑의 힘은 어디에서 올까?'라고 궁금해하는 동안 자아는 저절로 물러날 것이다. 그리고 곧 당신은 감각의 세계를 초월하는 신성한 근원에서 그 힘이 솟아난다는 사실을 깨달을 것이다. 영성이 아니고서는 그토록 순수한 감정이 당신에게서 우러날 수 없다.

분노에 미쳐 날뛰거나 경멸스럽게 당신을 대하는 사람의 눈을 보고도 무조건적인 사랑을 느낀다면, 그 사람의 행동이 당신의 영혼을 해치거나 자아의 반응을 자극하지 못한다는 사실을 깨닫게 될 것이다. 당신은 혼자가 아니라는 것을, 당신이 내딛는 걸음에 천사가 함께한다는 것을, 매 순간 신의 사랑이 충만하다는 것을 알게 될 것이다.

모든 사람에게는 이런 것들을 느낄 수 있는 능력이 있다. 일체감을 받아들이면서 당신은 이 놀라운 경험을 겪게 될 것이다. 그리고 신성한 연결고리의 치유력에 대한 믿음이 지금까지 한 번도 상상하지 못한 방식으로 커져가는 것을 느낄 수 있을 것이다. 신의 사랑이 당신을 빛덩어리로 변화시킬 것이고, 분노와 두려움, 슬픔의 굴레로부터 해방시킬 것이다. 이 사랑 덕분에 이성의 더 높은 정신이 깨어날 것이고, 다른 이의 고통이 느껴질 것이고, 대가를 기대하는 마음 없이 베풀게 될 것이다. 그러면서 자신의 도움을 열린 마음으로 받아들이지 못하는 이들과 당신이 다르다는 사실을 느끼게 될 것이다.

당신은 무조건적으로 사랑하는 법을 배워야 하며, 다른 이들을 변화시키려는 자아의 갈망을 넘어 그들을 있는 그대로 받아들여야 한다. 긍정적이고 순수한 감정은 사람들의 마음을 열어 변화로 이끌기 때문이다.

기억할 것이 있다. 당신의 영향이 즉시 나타나지 않을 수도 있고, 당신의 사랑이 생각지도 못한 사람의 마음에 닿을 수도 있다. 하지만 사랑의 효과는 언제나 실제적이며 강렬하다. 자신을 변화시켜라, **그리고** 인류의 진화 과정에 참여하라. 그러다 보면 냉소와 두려움은 어디론가 사라져버리고, 당신이 가는 길을 사랑이 환하게 비추며 따라올 것이다.

일체감을 향한 여섯 가지 도전

이제 우리는 일체감을 추구하는 과정에서 직면하게 될 여섯 가지 도전에 대해 알아보겠다. 지금까지 무조건적인 사랑에 대해서 이야기했지만, 이는 당신이 터득해야 할 여러 요소 중 하나일 뿐이다. 다음은 당신이 마주치게 될 여섯 가지 도전이다.

- 다른 사람을 바꾸거나 구원하려는 욕구를 버리기

- 무조건적으로 사랑하고 그 대가를 기대하지 말기
- 사랑으로 소통하기
- 열린 마음과 열린 가슴으로 듣기
- 자신과 다른 이들에게 솔직해지기
- 자신과 다른 이들을 참을성 있게 대하기

이런 도전들을 받아들이면서 기억해야 할 것이 있다. 낯선 사람과의 간단한 대화를 비롯해 모든 상호작용은 내적 변혁의 기회를 줄 것이다. 또한 자신의 에너지와 행동을 다르게 변화시켜 더 큰 전체를 변화시킬 기회도 줄 것이다. 그러므로 당신은 도전들에 부딪힐 때마다 이러한 목적을 이룰 기회를 얻었다는 점을 잊지 말아야 한다. 신성한 연결고리를 경험하면 늘 깨어 있을 수 있다. 이 상태로 당신이 해야 할 일을 실천하라. 신의 시험대를 통과해야 한다. 어떤 상황에서도 동정심을 보여야 한다.

이제 여섯 가지 도전들을 자세히 살펴보자.

도전 1: 다른 사람을 바꾸거나 구원하려는 욕구를 버리기

문제를 보면 달려들어 고치고 싶어지는 것은 당연하다. 하지만 당신이 다른 사람을 구원할 수 있다는 순진한 생각은 상대방에게 상처와 적대감을 불러일으키기 쉽다. 물론 다른 사람을 돕는 행위는 좋다. 하지만 그에게도 자유의지가 있으며, 궁극적으로는 본인이 결정을 내려야 한다는 사실을 받아들여야 한다.

자아는 모든 사람이 개별적이고 독립적인 존재라고 인식하면서도 개인주의라는 렌즈를 통해 세상을 바라본다는 점을 기억해야 한다. 따라서 당신의 자아도 당신이 특정한 누군가에게 직접적으로 영향을 줄 능력만을 가지고 있다고 믿는다. 무슨 뜻인가 하면, 보이지 않는 세계에서 일어나는 나비효과 같은 현상은 받아들이기 어려워한다는 말이다.

당신의 행동이 유형의 결과로 바로 나타나지 않을 때, 당신의 자아는 그 에너지가 허공으로 사라져버렸다고, 모든 노력이 수포로 돌아갔다고 생각한다. 선업을 쌓으면 자신에게, 더 나아가 전체에 좋은 영향을 미친다는 사실을 자아는 깨닫지 못한다. 그러므로 다른 사람과의 관계에서 자아를 중심으로 결정을 내리는 것을 피하라. 자신이 쌓은 선업의 힘을 믿어보라.

세상에는 애정 어린 당신의 행동에 영감을 받아 선업을 쌓기 위해 노력하는 침묵의 증인들이 있을지도 모른다. 당신 친구 중 누군가가 당신의 힘과 용기에 대해 이야기하면, 그 말을 들은 사람이 벅찬 감동을 받아 또 다른 사람에게 그 이야기를 해주고, 그 이야기에 힘입은 사람은 또 용기를 내어 주위에 무조건적인 사랑을 베풀지도 모른다. 당신은 이러한 연쇄반응을 전혀 눈치채지 못할 수도 있다. 보이지 않는 세계의 작동 원리에 무지한 자아는 이런 선업을 만들어내는 기적 같은 놀라운 효과를 믿지 않으려 한다.

착하고 애정 넘치는 가슴을 지닌 당신은 자신이 가진 정보나 재주를 다른 이들을 위해 사용할 수 있다. 어느 순간 사람들의 문제에 대해 당사자보다 더 나은 식견을 가지게 되었다고, 자신의 지혜를 나누어야겠다고 느낄 수도 있다. 하지만 그때 자신의 자아에 지나치게 사로잡혀, 상대방이 원하지도 않은 충고를 해주거나 남의 문제에 자신의 문제인 양 나설 필요는 없다. 당신이 틀릴 수도 있고, 상대방에게 무엇이 최선인지 당신 자신이 모를 수도 있다. 하지만 자아는 그런 가능성에 눈을 감아버리기도 한다. 아마도 상대가 바라는 것은 충고가 아니라 자신의 행동을 변화시킬 용기를 불어넣는 애정 어린 관용일 것이다.

가까운 사람이 고통받기를 바라는 사람은 아무도 없겠지만 고통은 우리 삶의 한 부분이다. 이 사실을 진정으로 받아들인다면, 다른 이를 바로잡고자 하거나 정치 시스템을 뜯어고치고자 하는, 세상을 구원하고자 하는 자아의 욕망을 변화시킬 수 있다. 그리고 다른 사람이 자신을 변화시키는 **과정**에 동참하는 일이 얼마나 중요한지 깨닫게 된다. 당신의 애정 어린 행동이 전체에 강력한 영향을 미친다는 것을, 당신의 고통이 헛되지 않으리라는 것을 믿어야 한다.

고통스러운 상황에 처한 사람, 자기가 저지른 행동의 결과에 괴로워하는 사람을 구하려 하다 보면, 그 사람이 자신의 업을 스스로 푸는 것을 방해하는 우를 범할 수 있다. 사실 그가 괴로움을 스스로 극복함으로써 내면의 성장을 이룰지도 모르기 때문이다. 어느 순간 한발 물러나야만 하겠지만, 그 전까지 당신이 할 수 있는 일은 아주 많다. 대신 그저 도움을 주고 격려를 아끼지 말아라. 그리고 그 사람으로 하여금 각자에게는 자신만의 길이 있고 그 길이 인류의 더 큰 여정의 한 부분이라는 사실을 받아들이게 하라. 그럼으로써 자신의 자유의지를 표현할 수 있도록 도우라.

일체감을 받아들일 때 당신은 평화와 에너지를 경험할 것이다. 창조의 완전함을 간절하게 믿는 한, 평화와 에너지는 당신의 열정에 균형을 부여해 다른 이들의 행복에 기여할 것이다. 선업이 세상에 미치는 신비로운 영향을 경험하다 보면 다른 사람의 삶을 개선하고자 하는 당신의 열정도 차분해질 것이고, 그 열정은 자신이 도울 수 있는 곳에 도움을 주겠다는 마음가짐으로 대체될 것이다. 문제를 해결할 수 있는 사람이 반드시 당신이 아닐 수도 있다는 사실을 받아들이자.

예수님과 그 제자들도 어느 마을에서 사람들에게 지혜를 전하는 데 성공하지 못하자, 신발을 털고 다른 곳으로 가신 적이 있다. 우리도 다른 사람들에게 억지로 높은 의식에 도달하라고 강요하기보다, 그 에너지를 더 긍정적인 데다 쏟는 편이 낫다는 것을 깨달아야 한다.

도전 2: 무조건적으로 사랑하고 그 대가를 기대하지 말기

무조건적인 사랑을 베풀 때, 상대에게서 어떤 대가를 받겠다는 기대를 하지 말자. 순수한 사랑을 베풀었을 때 느끼는 내면의 기쁨은 그 자체로 충분한 가치가 있다.

하지만 무조건적인 사랑을 베풀기는 쉽지 않다. 불안정한 우리의 자아는 감사의 표현이나 대중적 명예 같은 어떤 구체적인 보상에 대한 약속도 없이 다른 사람에게 주기만 하는 것을 두려워한다. 자아는 우주가 언제나 베풀기만 한다는 사실을 믿지 않는다. 다른 사람에게 사랑을 베풀다 보면, 결핍과 두려움(자신을 돌보는 데 필요한 돈이나 시간 혹은 에너지가 충분하지 않다는 것에 대한 두려움)도 사그라든다.

만약 당신이 무조건적인 사랑이 넘치는 곳에서 이 세상으로 온 것이라면, 베푸는 일에 시간과 인내심과 감정적 에너지가 많이 소모되더라도 의기소침해지기보다는 힘이 샘솟을 것이다. 신성한 사랑의 에너지를 받아 당신의 영혼도 새로운 활력으로 가득 차기 때문이며, 영적 존재로부터 받은 그 선물 덕분에 관대함이 영혼에 쌓여 있기 때문이다. 휴식이 절대적으로 필요해 식사와 숙면, 몇 시간의 묵상으로 원기를 회복해야만 할 때, 당신은 내면의 소리를 듣고서 몸과 마음, 영혼의 욕구에 집중할 수 있다. 자신이 얼마나 좋은 부모인지, 착한 아들딸인지, 유능한 직원인지, 훌륭한 배우자인지 증명해야 할 필요성이 정말 절실하고 두려울지도 모른다. 하지만 그런 필요성을 느껴 베푸는 것이 아니기 때문에, 당신은 내면의 소리를 들을 수 있는 것이다. 베푸는 것은 당신 자신과 다른 사람 모두를 위해서다.

우리 사회에는 도움의 손길을 기다리며 울부짖는 사람들이 가득하다. 이웃의 슬픔을 보고 연민을 느끼면서도 선뜻 도와주려 나서지 못하기 때문에, 많은 사람들은 죄의식을 느끼며 산다. 연민의 마음을 느껴 자선단체에 기부하고 청원에 서명하고 정치인들에게 편지를 쓰는 등 고귀하고 의미 있는 행동을 하는 사람들도 많다. 순수한 마음에서 우러나 베풀다 보면, 기쁨을 느끼고 계속 베풀 수 있는 에너지가 생겨난다.

고귀한 실천을 할 기회는 어디에나 있다. 인터넷 검색창에 자신의 지역이나 도시와 '자원봉사 활동'이란 단어를 치기만 해도 수많은 가능성이 발견될 것이다. 소심해서 새로운 사람들을 만나기가 꺼려진다면 다른 사람과의 사회적인 소통이 그다지 필요 없는 자원봉사 활동부터 시작하는 것도 좋다. 그러다 보면 봉사 활동이 너무 재미있었던 나머지, 어느 날에는 다른 누군가를 내근 사무실에 남겨두고 낯선 이를 만나거나 여행 가이드를 하는 자신의 모습을 발견하고는 놀랄 것이다. 두려움을 놓아버리고 가슴으로 모든 것을 대하다 보면, 자신과 관심 분야가 비슷한 새로운 친구를 만나게 되고 그 일의 가치를 느끼게 된다.

무조건적인 사랑과 베풂은 더욱 중요한 핵심이다. 우울함과 분노 그리고 절망에 빠져 있는 이들에게 희망적이고 색다른 전망을 제시해보라. 불안과 걱정에 싸여 있는 사람이 있다면 희망이 얼마나 큰 힘을 지녔는지 보여주는 증거를 그 사람과 공유하라. 그리고 그가 더 나은 상황을 위해 노력하는 동안 당신이 모든 지원을 아끼지 않겠다고 전하라. 비관에 빠져 있는 사람이 있다면 기분을 유쾌하게 해주는 영화와 비디오, 힘을 불어넣는 책을 추천하거나 당신이 자원봉사를 하는 단체에 합류하라고 권유해보는 것도 좋다. 냉소가 삶의 의욕을 빼앗는다는 것을 따끔하게 충고해주고 다음과 같이 말해보라. "이런 상황이 닥치면 너무 심란해하는군요. 혹시 제가 도울 일은 없을까요? 우리 둘이 힘을 합치면 문제를 풀 수 있을지도 몰라요." 이런 격려는 상대방에게 일체감의 힘을 느끼게 해주는 원동력이 된다.

가능하다면 다른 사람을 위해 시간을 내보라. 외롭다고, 단절되어 있다고 느끼는 사람들은 종종 아무도 자신에게 신경 쓰지 않는다고 생각한다. 일이 끝나고 나서 소파에 드러누워 몇 시간이나 텔레비전을 시청하는 대신, 외로움과 싸우고 있는 지인들에게 전화해보면 어떨까? 그것도 좋지만 직접 그 사람을 만나는 편이 더 좋겠다. 오늘날 시간은 아주 소중한 선물이다. 도움이 필요한 사람을 위해 한 시간이라도 애를 쓴다면, 그것은 바로 위대한 친절을 베푸는 행위다. 힘겨워하는 사람에게는 자신의 말을 들어주기 위해 걸어오는 친구보다 더 힘이 되어주는 것은 없다.

이야기를 경청해서 상대방을 돕는다면, 그 사람의 불평을 들어주는 것도 좋지만 더 밝은 쪽으로 시선을 돌릴 수 있도록 길을 보여주는 것이 낫다. "오늘 일어난 일 중 좋은 일을 한 가지만 들려주세요"라고 얘기해보라. 피곤한 하루 중 아주 사소한 일에 불과하더라도 그 일을 곱씹도록 북돋아주면 좋다. 만약 당신이 신의 사랑으로 가득 차 있다면 그리고 신성한 연결고리를 느낄 수 있다면, 다른 사람이 하는 말에 같이 분노하거나 우울해하지 않고서도 귀 기울여 듣기가 쉬울 것이다. 당신이 거리낌 없이 베푸는 관용과 용기가 당신의 친구에게는 더 낙천적인 마음가짐으로 변화시켜주는 치료제가 될 수 있다.

게다가 다른 사람을 도움으로써 당신 자신이 느끼던 외로움과 자기 비하, 불평의 감정도 눈 녹듯 사라질 것이다. 또한 당신이 다른 사람을 돕듯이 다른 이들도 당신을 도우리라 확신하게 된다. 또한 선업을 베푸는 행위는 상쾌한 산책과 같아서 힘을 불어넣고 평화롭게 숙면에 들도록 해준다.

도전 3: 사랑으로 소통하기

서로 관계를 맺고 소통할 때는 늘 사랑으로 소통하라. 어떤 사람을 마음에 품게 되면, 우리는 그 사실을 상대방이 불쾌하게 받아들이지 않도록 어떻게 전달할지 고심한다. 하지만 당신에게 상처를 주는 사람에 대해서는 그런 고민을 하지 않는다. 부끄러움이나 슬픔, 적대감은 당신을 마비시킬 수 있다. 그래서 자아는 그것을 위협 상태로 인식하고, 서둘러 자기 방어적 행동을 취한다.

하지만 상대에게 반응하기에 앞서, 당신에게 고통을 준 사람을 총체적으로 바라보도록 노력해보라. 어쩌면 그 사람의 행동은 당신과 상관없이 그 자신의 불안함에서 비롯되었을지도 모른다. 그러다 보니 감정을 표출할 곳이 절실해 당신을 표적으로 삼았을 수 있다.

당신과 주변 사람들 사이의 사랑을 강화할 수 있는 힘을 찾아보라. 당신과 상대방 양쪽 모두가 빛에 둘러싸여 있는 모습을 상상해보고 스스로에게 물어보라. '이 사람은 왜 나에게 지금 친절과 존경을 베풀지 못할까? 이 사람의 내면에 내가 치유를 도와주어야 할 아픔이 있기 때문은 아닐까?'

앞에서도 말했듯이 당신에게 다른 사람의 문제를 해결해주어야 할 책임은 없다. 하지만 자아의 두려움을 넘어 다른 이에게 연민을 느끼게 되면 당신도 새로운 힘을 얻게 된다. 고통에 찬 비명을 한참 지르는 와중에 부드럽고 이해심 넘치는 당신의 목소리를 들으면 그 사람도 놀랄 것이다. 이런 반응으로 그 사람의 자아는 누그러질 것이며 어떤 경우에는 즉시 그렇게 되기도 한다.

일체감은 당신이 올바른 표현을 사용할 수 있도록 평정을 가져다준다. 다른 사람의 말에 기계적으로 '하지만……'을 덧붙이지 말고, "당신의 말을 전적으로 이해해요. 하지만 제 생각도 들어보세요"라고 답한 다음에 당신의 의견을 피력하라. 혹은 "죄송하지만 잘 이해가 안 되는군요"라고 답한 다음에 그 사람이 하고자 하는 말을 이해할 수 있도록 구체적인 질문을 던져보라.

"너무 서두르시는 것 같네요"라고 말하고 참을성 있게 물러나면, 당연히 누군가가 다른 사람들을 제치고 앞으로 나서게 될 것이다. 그 사람이 사과하고 자기 차례를 기다리지는 않겠지만, 적어도 그는 떠날 때 자신의 부당한 행동에 대해 당신이 얼마나 부드럽고 친절하게 지적했는지 한 번쯤 생각해볼 것이다. 기억하라, 무조건적인 사랑은 단숨에 눈에 띄는 결과로 나타나지는 않는다.

누군가의 파괴적 행동과 그 때문에 형성되는 악업에 정면으로 대결하지 않고도 그 사람에게 주의를 주는 방법은 여러 가지다. 개인적으로 나는 정면 대결이라는 단어를 좋아하지 않는다. 왜냐하면 정면 대결은 언제나 논쟁거리를 수반하기 때문이다. 그저 단순히 이렇게 물어보면 어떨까? "문제에 대해 이런 식으로 접근하는 게 좋다고 생각하세요?" "이 상황에 대해 힘들어하고 있군요. 제 말이 맞나요?" 아니면 "상황을 바꾸고 싶은가요? 그렇다면 어떤 생각을 하고 계세요?"

만약 상대방이 아주 재빨리 방어적인 태도를 취한다면, 그도 자신의 행동이 옳지 않다는 것을 알고는 있지만 바꾸기를 두려워하거나 어떻게 해야 할지 모른다는 뜻이다. 이때 그 사람에게 가장 필요한 것은 자신의 행동과 사고 그리고 감정을 변화시킬 수 있다는 믿음이며, 그 과정에서 도움의 손길이 늘 함께하리라는 확신이다. 당신이 할 수 있는 방식으로 도움을 주되, 그 사람을 꾸짖거나 어떻게 하라고 강요하지 말라. 인간은 이렇게 해야 한다는 말을 들으면, 본능적으로 반대의 행동을 하고 싶어한다. 누군가가 나를 대신해 해결책을 제시하는 것을 자아는 좋아하지 않는다!

만약 상대가 당신에게 충격이나 분노를 불러일으키는 말을 하더라도 화를 내지 말라. 그 사람은 그저 자신의 자아에 휘둘리고 있을 뿐이니 싸움을 피하는 것이 상책이다. 만약 침착함을 유지하기 어렵다면 그 순간 대화를 멈추고 잠시 자리를 피하는 편이 낫다. 잠깐의 기도나 명상으로 냉정을 되찾고 나서 다시 돌아와, 사랑의 마음으로 소통을 계속하라. 때에 따라서는 다시 대화를 시작하기까지 며칠이나 몇 주가 걸릴 수도 있다. 당분간 거리를 두고 서로가 직접적인 대면을 피한다고 해서 그것이 반드시 부정적이라고만 볼 수는 없다. 사람마다 자아가 진정되는 속도는 다르다. 열띤 논쟁 뒤에는 연민의 효과가 나타나 자신이 비이성적이고 성급하게 반응했다는 것을 깨닫기까지 시간이 제법 걸릴 수도 있다.

누군가와의 갈등이 예견된다면 그 사람과 이야기를 시작하기 전에 참을성과 자비심을 달라고 기도해보라. 적절한 표현을, 침착함을, 사랑을 그리고 힘을 발견하게 해달라고 신에게 요청하라. 긍정적이고 생산적인 대화를 미리 상상하고 그것을 실현하기 위해 노력하라.

모든 갈등은 화합의 기회를 제공한다. 그 속에서 당신과 상대방은 자신의 사고를 더욱 확장하고 일체감을 경험할 수 있다. 당신이 끝까지 공손하게 대하고 존경 어린 단어와 어조를 유지한다면, 상대방은 성급하고 화를 잘 내는 자신의 업에 대해 반성할 기회를 갖게 될 것이다. 또한 자신이 왜 효과적으로 소통할 수 없는지를 반성하는 시간을 가질 수도 있다. 어쩌면 그 사람이 앞으로 소통 방식을 개선하는 데 중요한 교훈이 될 수도 있을 것이다. 한 사람의 총체성을 깨닫고 그 사람이 소심함과 두려움, 분노에서 벗어나 동정심과 협동심을 찾을 수 있도록 도움을 베풀어보라.

도전 4: 열린 마음과 열린 가슴으로 듣기

당신의 생각에 반대하는 사람의 말을 듣고 있기란 쉽지 않다. 그렇지만 자신의 개인적 견해를 설명하는 사람 앞에서 화를 낸다는 것은 당신이 자신의 생각에 지나치게 집착하고 있다는 뜻이다. 당신이 해야 할 일은 자신의 지평을 넓히고 일체감을 받아들이는 것이니, 잠시만이라도 당신의 믿음에 대한 집착을 거두어보라. 그 사람의 의견이 당신과 반대된다고 해서, 그 사람이 틀렸고 그걸 고쳐야 하는 것은 아니다.

두 사람 사이의 의견 일치도 멋지지만, 믿음이 다양하다는 것도 그만큼 더 아름답다. 그 사람의 말에 담긴 가치를 발견하고, 그가 말하는 내용을 넘어서 그 사람이 느끼는 것을 함께 느껴보라. 이 사람은 당신과 전혀 다른 삶을 경험해오지 않았던가? 그렇다면 당신은 그에게서 무엇을 배워야 하는가? 어떻게 하면 그 사람에 대한 생각을 확장할 수 있을까? 어떻게 하면 그 사람과의 대화에서 무조건적인 사랑을 표현할 수 있을까?

자신의 반응을 솔직하게 점검해보라. 혹시 상대방의 논리가 당신의 호기심을 자극하거나 당신의 위치를 불편하게 할지 몰라 방어적인 반응을 보이지는 않는가? 반응을 보이는 주체는 더 높은 의식이라기보다 당신의 자아가 아닌가?

당신과 사고방식이 완전히 다르거나 당신이 이해하고 수용하기 어려운 방식으로 살아가는 사람과 대화하기를 두려워하지 말라. 바로 당신의 자아가 다른 사람에 대한 '공포'를 부추기는 것이며, 그저 대화를 나누는 와중에도 공격받고 있다고 느낀다면 그것은 당신의 자아 때문이다. 어떤 집단이 당신에게 두려움을 안겨준다면, 그중 한 사람에게 다가가 예의 바르게 당신의 생각을 밝히라. 그러면서 동시에 그 사람과 자신 간의 공통점을 찾으려 애써보라. 앞에서도 말했지만, 서로의 생각을 교환하고(즉, 순서를 정해 차례대로 질문하고 그에 답하고) 멋진 결론을 이끌어내는 것은 지고의 진리에 이르는 길이자 일체감을 구현하는 길이다.

일체감을 이상으로 가슴에 품고 나면, 당신과 당신 주위의 사람들 사이에서 공통점을 찾기가 훨씬 쉬워진다. 당신과 다르게 보이는 사람을 이해하기 위해 실천해야 할 시간에 세상의 온갖 문제를 직접 해결하기 위해 끙끙대며 시간을 허비하지 말라. 남보다 먼저 일어나 편안한 삶의 보금자리를 박차고 나가 다른 사람을 포용하라.

도전 5: 자신과 다른 이들에게 솔직해지기

솔직해짐으로써 당신은 다른 사람들과의 관계에서 건강한 경계를 긋고 안전함을 느낄 수 있다. 그러므로 만약 다른 사람이 당신을 모욕적으로 대한다면 그것에 대해 이야기하라. 자신의 행동이 얼마나 부적절한지 그 사람은 인식하지 못하고 있을 수도 있다. 만약 그 사람에게 변화할 능력이 없다면 혹은 당신을 배려하고 존중할 능력이 없다면, 그 사람은 스스로 노력해야 한다. 자신이 무엇을 잘못했는지 이해하고 깨닫는 데는 시간이 걸린다. 그러나 그를 위해 단호하지만 부드럽게 자신의 느낌을 표현할 필요가 있다.

몇 년 동안 말도 나누지 않던 가족이나 한때 가까웠다가 멀어진 친구가 다시 관계를 잇기 위해 당신에게 연락해온다면, 자신의 심장이 시키는 대로 하라. 그 사람이 변화했다고 믿을 만큼 열린 자세가 되었는가? 아니면 먼저 당신의 상처부터 아물게 하는 것이 필요하지는 않은가?

아무리 사과하는 자세로 다가온다 하더라도 그 사람은 생각만큼 새로 시작할 준비가 되어 있지 않을 수 있다. 사람들은 종종 변화에 대해 지나치게 기대하는 경향이 있다. 힘든 상황이 오면 옛 버릇이 다시 나올 수도 있으니 조심스럽게 접근해야 한다. 상대를 사랑하는 것은 좋지만, 그 사람이 당신을 제대로 대접하지 않을 조짐이 보이면 다시 관계를 숙고해보는 편이 좋다. 만약 당신이 자신과 그 사람을 조건 없이 사랑한다면, 단호하게 경계를 정하고 과거의 관계로 돌아가지 않는 편이 오히려 사려 깊은 행동일 수 있다. 당신에게는 자신의 건강과 안전이 가장 중요하며, 또다시 상처받는 것을 자신이 감당하지 못할 수도 있다. 그 사실을 인정하는 것은 결코 부끄러운 일이 아니다.

당신과 그 사람이 살아 있는 동안 평화로운 관계를 회복할 수 있을지와 무관하게, 일단 당신이 죽어서 보이지 않는 세계에 속하게 되면 고통과 분노와 적대감은 당신에게서 사라질 것이다. 어쩌면 그 사람과의 관계를 다음 생에서 풀어야 할 수도 있고, 다른 사람과의 관계에서 상처를 치유할 수도 있다. 어떤 식으로 업이 쌓였든 간에, 현재의 관계를 유지하기 위해 타협하거나 다른 사람이 당신을 모욕적으로 대하도록 허용해서는 안 된다. 서로가 얼마나 변화했는지에 대해 솔직해져야 한다.

특별한 친구나 배우자 혹은 가족들과의 사이에서 쌓인 업은 당신이 사는 동안 풀어가야 하겠지만, 그렇다고 굳이 당사자와 풀 필요는 없다. 치유의 길을 계속해서 걸으며, 다른 사람과의 관계에서 생기는 감정적인 문제를 얼마나 잘 조절할 수 있는지에 대해 자신에게 솔직해지라. 삶에서 마주치는 모든 사람과의 업을 푸는 일도 중요하지만, 사람을 놓아주는 것도 그만큼 중요하다.

도전 6: 자신과 다른 이들을 참을성 있게 대하기

인간이라는 동물이 보여주는 온갖 종류의 단점을 관찰하기는 쉽다. 추악한 행동과 잔인함이 우리를 에워싸고 있는 상황에서, 진화하고 변할 수 있다는 가능성만을 믿기란 쉽지 않다. 사람은 극적인 변화를 맞이할 수 있지만, 그렇다고 **당신**이 상대를 한번에 바꿀 수 있는 것은 아니다. 당신이 할 수 있는 일은 솔직하고 친절하게 상대를 대해서 그 사람이 자신의 방식과 속도로 문제를 해결해갈 수 있도록 참을성 있게 지켜보는 것이다.

우리는 다른 사람이 우리의 충고나 통찰력을 그대로 받아들여 즉시 감사와 이해로 화답하기를 바라지만, 그것은 비현실적인 바람일 뿐이다. 감정적, 정신적 변화는 즉시 일어나지는 않는다. 선업은 **적당한 시기에** 사람들에게 영향을 준다. 자신의 상황이 어떤지에 대한 진실을 받아들이는 데 몇 년이 걸리는 사람도 있다.

솔직함과 사랑을 담아 다른 이에게 말을 건네는 것은 좋지만, 당신이 한 말을 듣고 즉시 반응을 보이기를 바라는 것은 좋지 않다. **변화할 운명이라면 그렇게 되겠지만, 우선 상대방이 변화의 필요성을 깨달아야 한다.**

나는 언젠가 좋은 친구이기도 했던 이를 상담해준 적이 있다. 상담하던 도중 몇 년간 사귀었던 그녀의 남자 친구가 변심했다는 사실을 알게 되었고, 진실을 이야기해주어야겠다고 느꼈다. 말하기 어려운 사안이었지만 친구를 위해 최선을 다해야겠다는 생각이 들었다. 친구는 그 말을 듣고 무척 화를 내며 나와 거의 3년 동안 연락을 끊었다. 내가 자신과 남자 친구의 관계를 망치기 위해 거짓말했다고 하며, 그 말을 자신에게 한 것도 완전히 실수라고 했다.

하지만 친구는 결국 내 말이 모두 진실이라는 것을 알게 되었다. 물론 그 충격을 받아들이기까지 시간이 걸렸지만 결국 친구는 평정을 되찾았다. 어느 날 친구는 나에게 전화를 걸어 그동안 있었던 일을 이야기했다. 그러면서 내가 예전에 자신에게 해준 말이 선의였음을 알게 되었다며 용서를 구했다. 물론 나는 친구를 용서했고 앞으로도 결코 거짓말을 하거나 상처를 주지 않겠다고 약속했다. 이런 경험을 겪고 나서 우리는 전보다 더 가까워졌고, 서로를 더 깊이 믿을 수 있게 되었다.

인내심을 가지고 다른 사람을 대하기란 쉬운 일이 아니다. 특히 솔직하다는 이유로 우리를 멀리하는 친구라면 더욱 그렇다. 하지만 우리는 고통스러운 진실을 받아들일 시간이 필요하다. 누군가의 행동이 당신이나 다른 누군가에게 실제로 해가 될지라도 인내와 사랑을 버리지 말아야 한다. 잘못을 다짜고짜 지적하며 비난하는 것은 그 사람이 자신의 업을 치유하는 데 별 도움이 되지 않는다. 그렇게 하면 그 사람은 오히려 폐쇄적이 되어, 스스로를 방어하고 부정하는 자아의 반응 뒤로 숨어버릴지도 모른다.

고통과 불편함이 있을시라도 자신에 대해 인내심을 가져보라. 선업이나 악업을 택한 결과로 당신의 삶이 얼마나 진화했는지 혹은 퇴보했는지 당신은 잘 모를 수 있다. 자신의 문제에 집착하기가 얼마나 쉬운지 그리고 자신의 생각이나 행동을 변화시키기가 얼마나 어려운지도 우리는 잘 알고 있다. 자아의 성급함에 영향받지 않기를 바란다. 자존심 때문에 쓰디쓴 말다툼에 휘말렸다면, 자신을 용서하고 다음번에는 더 지혜롭게 행동할 수 있을 거라고 믿어보라. 변화에 대한 관용과 절제가 필요하다는 사실을, 시간이 지나면 당신의 삶에 꽃이 피리라는 사실을 당신의 정신은 잘 알고 있다.

피곤하거나 지쳤을 때, 애정 어린 행동을 하기 어려울 때 인내심을 달라고 기도해보라. 영적 존재와 우리를 굽어보고 있는 모든 존재들에게 나 자신을 더 깊이 사랑하게 해달라고, 신성한 연결고리의 힘을 느끼게 해달라고 기도하라. 기도하고 명상하는 동안 아마 좌절로 가득 찬 당신의 마음이 가벼워지는 것을 느낄 수 있을 것이다. 또한 자신에 대한 믿음을 발견하게 될 것이고, 때때로 험난한 관계의 바다를 잘 헤쳐갈 수 있는 능력을 깨닫게 될 것이다. 당신의 자아는 차분해질 것이고 신적 존재가 자신을 뒷받침하고 있다는 생각에 부담을 덜 수 있을 것이다. 또한 더 쉽게 웃고, 집착하지 않고, 더 깊이 사랑할 수 있을 것이다. 우리는 늘 신성한 연결고리에 묶여 있으며 그것이 삶을 변화시키는 힘이 된다는 사실을 기억하라.

다른 사람과의 관계에서 일체감을 실현하기

관찰

누군가가 당신의 말을 들으려 하지 않아 좌절감을 느낄 때는 스스로에게 물어보라. '세상을 내 방식대로 바라보도록 이 사람에게 확신을 심어주는 것이 나에게 왜 그렇게 중요한가? 내가 이 상황을 통제하고 있다고 주장하는 것은 단지 내 자아가 아닐까? 내 태도에는 사랑과 연민이 담겨 있는가? 상대방을 있는 그대로 볼 만큼 내 마음은 평정을 유지하고 있는가?'

어떤 행동을 통해 다른 사람과의 신성한 연결고리를 깨달을 수 있을지 곰곰이 생각해보라. 그리고 나서 좀 더 정기적으로 실천할 수 있는 방법을 생각해보라. 그리고 당신이 속한 공동체의 개인들이 서로를 어떻게 돕고 있는지 관찰해보라. 시간이 나면 서로를 돕는 사람들에 대해 기록해보라. 주위의 사람들을 도울 방법에 대해서도 고민해보라.

또 이러한 관찰을 통해 얻은 생각과 성찰을 일기에 적어보라.

기도

당신의 식탁에 음식을 가져다준 모든 이들에게 감사하라. 식전 기도를 올리고 신성한 연결고리와 당신을 물심양면으로 도와준 사람들(농민에서부터 식료품 가게 주인, 가족들과 친구들 그리고 스스로에 대한 믿음을 가르쳐준 동료들)에게 감사하라.

당신에게 피해를 입히거나 잘못을 저지른 사람을 위해서도 평화를 갈구하는 기도를 하라. 이들이 치유되고 당신도 상처에 대한 두려움을 극복할 수 있도록 기도하라. 당신과 갈등 관계에 있는 사람이 인간애에 눈을 떠 서로의 공통점을 찾고 화해하게 해달라고 기도하라. 가장 고귀하고 사랑스러운 자아로부터 행동할 힘을 얻게 해달라고, 무조건적인 사랑을 베풀 수 있게 해달라고 기도하라.

다른 이들에게 행복감을 주고 그들을 치유할 수 있도록 애정을 담아 행동할 기회를 달라고 영적 존재에게 청하라. 다른 이들이 신성한 연결고리를 느낄 수 있게 해달라고 소망하라. 신은 언제나 이러한 기도에 응답한다. 눈을 크게 뜨면 세상이 다르게 보일 것이다.

> ### 행동
>
> 자신에게 쏟는 시간의 일부를 다른 사람을 돕는 데 쏟아보라. 선업을 쌓고 자신과 다른 이들을 일깨우며 우리 모두가 필요로 하는 치유를 얻을 수 있는 가능성은 무한히 존재한다.
>
> 또한 의사소통 방법에 공을 들여보라. 과거에 그리 솔직하게 대하지 못했던 사람에게 힘들더라도 전화를 해서 고통스러웠던 이야기를 꺼내보라. 사랑과 인내심, 관용의 마음으로 대화하고, 당신의 선의가 언젠가 결실을 맺는다는 것을 믿으라. 어떤 결과가 주어지더라도 상대방과 더 깊은 관계를 맺을 기회를 준 신에게 감사하고, 자신과 상대가 무조건적인 사랑으로 채워질 수 있기를 기도하라.

당신과 다른 모든 이들이 일체감 아래에 연결되어 있음을 깨달으라. 지금 이 세상에 살고 있는 사람들, 앞으로 이 세상에 살아갈 사람들은 모두 서로 형제이고 부모이고 자녀이고 친구이고 사촌이다. 불화는 자아가 만들어낸 환상이다. 당신은 그 불화에 힘을 실어줄 수도 있지만, 사랑으로 그것을 치유할 수도 있다. 모든 씨앗과 모든 생명체와 더 나은 세상을 향한 모든 꿈에 생명력을 부여한 신으로부터 당신에게 흘러나온 바로 그 사랑으로 말이다.

후기 우리는 어디로 가는가

　인류의 현재 상황을 가늠해보면, 사람들 대부분이 점점 내일에 대한 불안과 걱정에 휩싸여가고 있음을 알 수 있다. 우리가 정성 들여 세운 시스템이 오늘날 안정을 잃어가고 점점 제구실을 못하고 있으니, 어찌 보면 당연한 현상이라 할 수 있다. 우리는 상황이 끝으로 치닫고 있음을 이해하기 시작했지만, 여러 측면에서 새로운 시작점에 서 있다는 사실 또한 느끼고 있다. 닥쳐오는 폭풍을 감지하는 동물들처럼, 우리는 내부에서 엄청난 변화와 전복이 시작되려는 조짐을 느끼고 있다.

　인류가 탄생한 이래로 거의 비밀결사나 다름없는 극소수의 사람들 손에 세상의 운명이 좌지우지되어왔다. 실제로 지도자나 정치인의 기분과 의지에 따라 우리의 삶은 이리저리 통제되어왔다. 하지만 미래에는 이런 방식이 더 이상 통하지 않을 것이다. 성경에 나오는 세상의 종말이라든지 마야의 달력에 나오는 인류 최후의 날 같은 고대의 예언이 다가오는 듯 보이지만, 우리가 상상했던 만큼의 극히 파멸적인 결과로 이어지지는 않을지도 모른다. 물론 지구가 지금껏 겪어보지 못한 위기의 한가운데에 있다는 것은 확실하다. 모든 것이 무너져 내릴 듯이 보인다. 말 그대로 영향력 있는 정치인이나 권력의 정점에 있던 개인의 동상이 끌어내려지는 것도 모자라, 자연재해에 휩쓸려 지금껏 쌓아왔던 구조물들도 함께 무너지고 있다.

이런 현상을 총체적으로 깨달을 때 우리는 구제받을 수 있다. 우선 지구상에서 일어나는 이 모든 일들이 우리 모두에게 동일하게 영향을 미치고 있다는 사실을 인정해야 한다. 누구도 무슨 일이 일어날지 알지 못하는 상황에서, 사람들은 너 나 할 것 없이 '거창한 질문들'에 대한 답을 갈구한다. 신은 어디에 있는가? 우리는 누구인가? 왜 이런 일이 벌어졌는가? 다른 행성에도 생명체가 살고 있을까? 근본적인 변화를 모색하는 가운데, 우리라는 존재의 더 큰 범주에 대하여 연구하기 시작했다. 또한 지금의 곤란을 극복하는 데 인류가 동참하지 않는다면 그것이 폭발하리라는 점도 깨닫기 시작했다.

지구에는 70억이 넘는 영혼이 살고 있다는 것을 떠올려보라. 하지만 생태계의 균형은 극단적으로 어지럽다. 지구의 인구가 늘어날수록 천연자원은 줄어들고 인간 때문에 다양한 동물들이 죽어가고 있으며, 환경 변화로 지구는 점점 위험한 지경에 처하게 되었다. 이런 역설이 어디 있는가. 어머니 지구로부터 잉태되어 지구의 건강과 조화를 지켜야 할 우리 인간이 정반대의 일을 하고 있다니, 우리는 지구와 우리 자신에게 해악을 끼치고 있지 않은가.

희망의 근거

이런 부정적 경향에도 불구하고 인간의 정신은 과거 어느 때보다 더 높은 의식을 향해 노력하고 있다. 우리는 평등권을 실현하는 것을 갈망하고 있다. 지상에 얽매이고 속박된 우리의 영혼을 자유롭게 하려는 움직임이 인터넷 통신망을 타고 어느 때보다 강하게 퍼져 나가고 있다.

실제로 어둠의 시대는 **지금** 막을 내리고 있다. 수많은 사람들이 지금이야말로 수천 년 동안 갈망해오던 황금기가 아닐까 생각하고 있다. 반드시 거쳐야 할 질풍노도의 시기를 헤쳐 나와 자신의 정체성을 깨닫기 시작한 10대들처럼 인류는 드디어 성숙 단계에 접어들었다. 성장의 꼭짓점에 이르러 결국에는 더욱 수준 높은 경험과 놀라운 복잡성으로 이루어진 새로운 진화의 영역으로 들어선 것이다. 현존하는 우리의 현실 세계는 곧 어둠의 시대로 희미하게 기억될 것이다. 인류가 일체감의 진실을 깨닫는 바로 그 순간 그리고 모두가 힘을 합치는 바로 그 순간, 지구의 삶은 완전히 변화할 것이다. 우리는 우리 별이 탈바꿈되는 놀라운 순간에 서 있으며 그 속에서 우리 존재의 진실을 깨닫고 진정한 지식의 빛 속으로 들어가게 된다.

새로운 삶을 시작하려면 지금까지 알고 있다고 생각했던 모든 것을 내려놓아야 한다. 인간의 상상을 뛰어넘는 진실을 재발견하기 위한 특별한 모험을 준비하라. 지금까지의 잘못된 의식을 내려놓고, 마음과 영혼을 열어 새로운 미래를 창조하기 위해 당신의 의식을 새롭게 프로그래밍하라. 무엇보다 더 나은 삶을 위해 이 책에 담긴 화합의 메시지를 생각해보라.

우리 모두는 드디어 우주의 신비와 물질에 대한 법칙을 푸는 데 성공했다. 뉴턴 물리학에서부터 아인슈타인의 이론에 이르기까지, 양자물리학의 발견에서부터 비국부적 현상the phenomenon of nonlocality에 이르기까지, 우주에는 우리 모두에게 영향을 미치는 양자 에너지가 존재힌다는 결론에 도달하게 된 것이다. 우리는 모두 이러한 에너지로 만들어진 존재이므로 같은 힘에 의해 영향을 받는다.

우리가 지닌 힘의 핵심은 우리 모두가 하나이며 신의 한 부분이라는 사실을 깨닫는 데 있다. 이 사실을 믿는다면 지금까지 결코 불가능하다고 생각했던 것을 성취할 수 있으며 꿈도 꾸지 못했던 힘을 얻을 것이다. 우리를 관통하는 특별한 에너지가 존재하니, 우리는 이것을 사랑이라고 부른다. 사랑을 멀리하는 것은 우리의 진정한 존재를 부정하는 것이나 다름없다.

2012년 12월 21일

지난 60억 년 동안 우리 은하계의 모든 행성들과 위성들은 **완벽한 일직선**을 이루기 위해 정해진 횟수만큼 공전을 거듭해왔다. 이러한 일직선 현상이 2012년 12월 21일에 일어난다. 이 현상은 마야인들이 계산한 것과 아주 정확하게 일치한다. 태양계의 에너지가 점점 강해지는 것도, 행성이 더 밝아지고 가벼워지고 따뜻하게 느껴지는 것도 바로 이 때문이다. 활발하고 지적인 에너지는 태양계에 영향을 미칠 뿐만 아니라 우리 몸속으로도 들어온다. 우리의 DNA를 활성화하고, 정신을 깨우치고, 한 걸음 더 나아가게 자극을 가한다. 그러면서도 큰 범주에서 정치, 경제, 종교, 사회 분야에 긴장감을 준다.

우리의 인식이 확장되면서 우주 너머에 평행하게 존재하는 진실에 대해 깨닫기 시작했고, 시간이 3차원의 개념을 초월한다는 것을 이해하기 시작했다. 아인슈타인은 시공 연속체space-time continuum라는 개념을 정립했는데, 인간은 곧 3차원 시간을 통과해 이동하는 방법도 밝혀낼 것이다. 즉 영적 공간과 꿈의 공간 그리고 초자연적 공간 속을 움직일 수 있게 된다는 뜻이다.

우리의 행성도 진동을 시작할 것이며, 이는 곧 해방으로 이어질 것이다. 은하계를 통과하면서 지구는 진동의 대大주기로 진입하게 되는데, 그 과정에서 인간의 DNA가 변형되어 믿을 수 없을 정도의 긴 수명을 얻게 될 것이다. 그러는 동안 우리는 삶과 신성을 존중해야 할 필요성을 깨닫게 된다. 인간성이 신성과 결합하는 그 순간이 우리가 진정한 진실을 경험하는 순간이다. 우리가 살고 있는 지구는 새로운 의미와 중요성을 지닐 것이며, 영적 존재와의 접속을 통해 우주적 어둠의 시기는 끝나고 황금기로 들어서게 될 것이다.

향후 인류가 일체감을 받아들일 것이기 때문에 지구상의 생명에 다음과 같은 영향이 미치리라 전망된다.

• 2012년 12월 21일은 지구 종말의 날이 아니다. 그렇지만 우리가 부정적인 삶의 방식에서 벗어나 더 높은 의식을 깨우치지 못한다면 엄청난 고통과 기후변화를 향해 나아가게 **될** 것이다. 우리는 인류 역사의 경로를 바꾸어야만 한다. 2012년의 동짓날은 마야의 달력에 기록된 마지막 날짜이기도 하다. 이날은 11(1+2+2+1+2+0+1+2=11)이라는 에너지를 가지고 있는데, 숫자점 이론에 따르면 11은 해방의 숫자다. 이날은 인간의 역사에서 새로운 시대를 여는 날이며 높은 의식과 위대한 각성을 통해 우리의 신성한 본성을 깨우치는 진화를 시작하는 날이다.

이와 연계되어 지구를 둘러싼 위성들은 2012년 내내 영향을 받을 것이고, 그 위성들은 금융 기구들의 변화를 앞당기는 데 간접적으로 기여할 것이다. 자동적으로 조절되던 위성 시스템이 일시적으로 흔들림에 따라 이를 대신할 시스템을 구축하기 위해 사람들은 허둥댈 것이다.

마야인들이 만든 달력의 마지막 날이 가까워옴에 따라 상황은 더욱 어려워질 것이다. 2011년과 2012년은 상황의 심각성을 알아차리게 될 깨달음의 해다. 2010년에 실제로 지진이 일어난 것처럼 2011년에는 '정치적 지진'이 일어날 것이다. 이집트에서 일어난 것과 같은 정치적 동요를 전 세계에서 볼 수 있을 것이다. 사람들은 깨끗하지 못한 정치 지도자와 낡은 제도에 맞서 거리로 쏟아져 나올 것이다. 많은 독재자들과 압제자들이 지금껏 자신들이 지배하던 사람들에 의해 권좌에서 쫓겨날 것이다.

그리하여 세계의 지도자들은 새로운 경제 시스템을 궁리하고 기후변화와 자연재해에 대처하기 위해 모일 것이다. 더 나아가 미래에는 지구 구석구석까지 하나의 지배 방식이 자리잡을 것이다.

- 앞으로 몇 년 후에는 전 세계 화폐 시스템이 하나로 통합될 것이다. 우리는 노동력을 환산하고 물건을 사고팔 때 사용할 새로운 지불 방식을 찾을 것이다. 우리는 지폐를 대체할 보다 효율적인 화폐가 필요하다는 것을 깨닫고 전자 화폐를 개발해낼 것이다. 그리고 지금껏 존재해온 무수한 은행들은 전 세계에 걸쳐 하나로 합병될 것이다. 항상 그렇듯이 하나의 체제는 더 나은 다른 체제의 태동을 위해 사멸해야 한다.

- 우리가 상상했던 것보다 문제가 더 심각하기 때문에, 경제와 금융시장이 개선되지 않으리라는 사실을 우리는 드디어 깨닫기 시작했다. 유럽 경제가 먼저 쇠퇴의 길을 걷고 이로 인해 세계 경제가 타격을 받을 것이다. 실업률이 높아지고, 흥미롭게도 인터넷을 통해 집에서 일하는 사람들이 점점 늘어날 것이다.

서로 다른 나라에서 행동하는 것만으로는 문제 해결의 희망을 가지기 힘들다. 전 세계에서 수많은 나라가 재정 파탄을 겪는데, 이는 우리 모두가 같은 곤란에 처했음을 의미한다. 그러므로 우리 모두 경제를 바로잡아야 한다.

지금까지 우리는 국지적으로 문제를 다루어왔지만, 이제부터는 전 지구적인 방식으로 문제에 접근해야 한다. 전 지구적으로 하나의 금융 시스템을 발전시키면 우리의 경제는 온전하게 치유되며, 돈은 더 이상 악의 근원으로 불리지 않을 것이다.

- 전 세계는 혼돈 상태를 헤쳐 나가야 할 것이다. 이는 발전을 위해서 꼭 필요하지만, 그리 오래 걸리지 않을 것이다. 특히 강력하고 자연 발생적인 우주적 현상을 겪을 것이다. 우주 복사열이 점점 강해지고 전 세계 곳곳에서 지진과 화산 폭발이 일어나며 태양의 활동이 급증할 것이다. 슈만 공진schumann resonance(대기 중의 전자기파) 활동이 정점에 달하고, 그 결과 물리적 시간이 실제보다 더 빠르게 지나가는 느낌을 받을 것이다. 홍수가 많이 나서 지구를 황폐화하고, 지구의 자전 속도도 느려질 것이다. 기온 변화가 심해져 그것을 예상하기가 점점 어려워지고 그 결과 해양 생물과 해양 동물의 개체수가 줄어들 것이다.

하지만 제도가 붕괴하고 지도자가 몰락하더라도 이는 인류의 발전을 위한 일시적 혼란에 불과하다는 것을 알아야 한다.

- 인간의 DNA는 더 복잡해져서, 정신적 능력과 인지 수준이 높아지리라 생각된다. 우리는 모두 신성한 힘과 연결되어 있다는 진실을 이해하기 시작할 것이다. 또한 모든 생명 형태는 영적 존재의 한 부분이며 그 아래에서 모두 일체화된다는 사실을 깨달을 것이다. 또한 몇 세기 동안 우리를 지탱해온 종교와 신은 미움과 전쟁, 분노와 분리를 극복하기에 더 이상 유효하지 않다는 사실도 깨달을 것이다.

또한 소아 성도착증이나 동성애를 적대하는 태도와 관련해서, 가톨릭교회는 계속해서 문제에 직면할 것이다. 베네딕토 교황은 모든 종교가 하나로 단일화되기 전의 마지막 교황으로 남을 것이다. 인류의 믿음 체계에 광범위한 변화가 시작될 것이고(이미 우리는 공통된 믿음 체계 아래로 모이기 시작했다) 더 많은 사람들이 죽음을 인간의 몸을 벗어나 더 높은 차원의 존재로 향하는 변화의 과정으로 받아들일 것이다. 우리의 관심이 종교에서 영성으로 옮겨감에 따라, 우리는 치유하고 다른 이와 소통하고 긍정적인 에너지를 창조하는 데 자신이 가진 에너지를 사용할 것이다.

- 정치 체제와 관련해서도 인류는 하나로 통합될 것이다. 군주제나 교황제, 대통령제나 독재 같은 구습은 더 이상 살아남지 못할 것이다. 예를 들어 영국에서 엘리자베스 여왕의 뒤를 이어 윌리엄 왕자가 왕위에 오르지만, 그는 영국 왕실의 마지막 왕이 될 것이다. 더 많은 사람들의 믿음이 모여 세상이 하나의 커다란 가족처럼 변할 것이다. 그리하여 우리는 있는 그대로의 모습으로 서로를 받아들이고 지금까지와는 다른 모습으로 서로를 도우며 무조건적인 사랑을 베풀 것이다. 이 모든 이야기가 유토피아적 공상으로 들리겠지만 점점 다가오는 황금기는 지구의 본모습과 같은 천국이 될 것이다.

- 2012년 12월 21일이 되기 전에 지구의 인구는 70억에 달할 것이다. 유엔에서 계산한 바로는 1999년 10월 12일 즈음에 지구의 인구가 60억을 넘었다고 한다. 거의 12년 만에 10억이라는 인구가 증가했다. 숫자점의 관점에서 보면 12란 숫자는 시간의 완전한 주기를 상징한다. 이렇게 생각하면 우리 세계의 현상이 우주의 영적 계산과 일치하는 듯 보인다. 또한 지구의 인구가 70억

이 된다는 것은 신과 우리가 새롭게 연결된다는 의미를 포함한다. 7은 신성한 숫자이며 신의 숫자이기도 한데, 곧 우리 70억의 영혼은 전지전능한 영적 존재와 하나가 될 것이다.

인류는 이제 막 황금기에 들어서 새로운 의식에 눈뜨기 시작했지만, 역설적이게도 지금까지는 그 시기가 올 때까지 기다려야 했다. 그 전에는 서로 이유도 모른 채 죽고 죽이는 일이 되풀이되었다. 왜냐하면 우리는 아직 7이라는 의미심장한 숫자에 도달하는 것이 **허락**되지 못해 진화할 때가 되지 않았기 때문이다. 이제 충분한 지혜와 사랑과 합일에 대한 갈망이 무르익어서 신성한 숫자의 영향 아래 놓일 수 있게 되었다. 우리 인류가 70억이라는 숫자에 도달하는 순간, 우리는 서로를 죽이는 일을 멈출 것이다.

- 의학 분야에서 노화를 방지하고 젊음을 되찾는 방법이 개발되어 우리 인간은 훨씬 더 장수를 누리게 될 것이다. 그 결과 우리는 서로 간의 조화, 자연과의 조화 속에서 더 건강하고 의미 있으며 평화로운 삶을 살 수 있을 것이다. 인간은 약에 덜 의존하게 될 것이고, 육체적 고통과 두려움을 그리 많이 겪지 않을 것이다.

우리의 수명도 여러 가지 이유로 길어질 것이다. 여기서 가장 중요한 것은 우리의 DNA가 변화하고 있다는 사실이다. 인간의 육체를 이루는 가장 중요한 요소인 탄소 12는 탄소 7로 변화할 것이다. 현재 탄소 12는 양성자 6과 중성자 6 그리고 전자 6을 포함하는데, 이는 6-6-6으로 이어지는 에너지 흐름을 상징한다. 이는 성경의 요한계시록에서 말하는 '짐승의 숫자'다. 지금까지는 자연 세계에 탄소 12가 가장 많았기 때문에 우리는 이 숫자의 영향에 지배되었으며, 이는 인간의 역사에서 전쟁과 미움, 살해와 파괴의 경향으로 구체화되었다.

하지만 곧 우리 DNA 속의 탄소 12 성분은 양성자 6과 중성자 1 그리고 전자 6으로 변화되며, 이는 6-1-6이라는 에너지 흐름을 만들어 탄소 7을 이룰 것이다. 탄소 12가 우리의 DNA에 부정적인 영향을 준 것과 같은 이치로, 탄소 7은 우리에게 긍정적인 영향을 미칠 것이다. 우리의 유전자에 일어나는 이런 변화는 다차원적인 사고를 확장시키고, 더 높은 차원의 이해로 우리를 이끌 것이다. 그리하여 우리는 죽음이 다른 존재로 전환하는 과정임을 깨닫고 사후의 삶에 대한 신비를 해독할 수 있게 된다.

인간의 역사는 이러한 흥미로운 요소를 여러 가지 상징으로 암시해왔다. 메타트론 큐브metatron's cube 개념은 13개의 똑같은 원형을 표현하고 있다. 중앙에 있는 원 1개를 6개의 원이 정육각형으로 둘러싸고 있으며, 거기서 똑같이 방사형으로 뻗어 나간 곳에 다른 6개의 원이 놓여 있다. 또한 레오나르도 다 빈치의 '최후의 만찬'이라는 그림을 보면, 예수님은 양쪽에 각각 6명의 제자를 두고 그 사이에 앉아 있다.

인간의 수명을 연장하는 또 다른 요인은 세포 활동에 관한 의학 분야의 발전이다. 우리는 암과 여러 자가면역 질환을 그 근원, 즉 세포의 이상 기능이라는 원인을 제거함으로써 치유할 수 있게 될 것이다. 또한 세포를 서로 묶어주는 훌륭한 매개체를 발견할 것이다. 이러한 현미경적 발견은 의학계에 혁신을 불러와 세포들이 서로 관계하는 방식, 세포가 외부의 영향에 반응하는 방식을 긍정적인 방향으로 조절할 수 있을 것이다.

- 여성 에너지는 점점 강하고 힘이 세져서 모든 이에게 합일과 치유를 가져다줄 것이다. 또한 나라의 지도자로 여성들이 더 많이 활동할 것이다. 신성

한 여성 에너지가 각기 다른 성 에너지 사이에 합일과 조화를 이뤄줄 것이다.

- 버락 오바마는 단임 대통령에 그칠 것이다.

- 다음 세대는 더욱 풍부한 지식을 가지게 될 것이고, 특히 자연과의 교감이 더욱 커질 것이다. 지구의 아이들은 자연에 의존하고 자연을 존중하게 될 것이다.

- 의학의 미래는 건강한 음식과 마음, 가벼운 치유와 에너지의 조화 그리고 세포조직의 치유 같은 자연치유법에 의존하게 될 것이다. 인간은 의학 분야에서 놀라운 발견을 목격할 텐데, 특히 육체의 총체적 온전성을 이해함으로써 지금처럼 몸을 절개하는 수술을 덜 하고도 획기적인 의학적 성과를 거둘 수 있게 될 것이다. 또한 복제 기술을 통한 배아 줄기세포 생산이 미래의 치료법과 결합될 것이다.

- 더 많은 인간이 우주를 여행할 것이며, 더 먼 미래에는 우리 모두 자가용 비행기를 소유하게 될 것이다.

- 다른 은하계의 생명체가 우리를 방문할 텐데, 이들은 영화에서 보던 무서운 존재는 아닐 것이다.

- 우리는 다른 행성을 발견하고 우주를 더 잘 이해하게 될 것이다. 특히 인간 자신을 위해 무엇을 어떻게 해야 할지 알게 될 것이다. 하지만 이러한

실천은 파괴적이지 않은 방식으로 이루어질 것이다. 또한 외계 행성이 태양계를 지나감에 따라, 아주 신비하고 초자연적인 현상이 일어날 것이다.

- 다른 행성에 사는 생명체를 발견할 것이다. 또한 지축 변화가 일어난 뒤에는 다른 행성으로 이주하기도 할 것이다. 하지만 이런 현상이 잦아들면 다시 지구로 돌아올 것이다.

- 우리는 뇌의 능력을 더 많이 사용할 것이고, 다른 차원과 연결해주는 기계를 발명할 것이다. 그 차원은 육체 없이 영혼이 존재하는 영속적인 시간의 영역일 것이다.

- 텔레파시나 순간 이동, 직관은 서로를 연결할 것이며, 앞으로 일어날 재해를 방지하는 수단으로 더 많이 사용될 것이다.

이러한 변화의 결과로 지구는 더욱 조화롭고 평화로운 공간이 될 것이다. 물론 현재의 시각으로는 이러한 세계를 상상하기 어렵다는 것을 안다. 하지만 우리는 사고를 진화시키고 한계를 넘어서려 하고 있다. 미래를 바라보며 함께하는 존재로서 우리 자신을 바라보자. 어두운 시대의 기억에 지나지 않는 부정적 예언은 잊어버리고 앞날을 축복하자. 빛을 향해 한걸음 내디뎌보자. 바로 일체감 속으로!

감사의 말

이 책은 내 영혼의 자매인 콜레트 베이런-리드Colette Baron-Reid의 도움이 없었다면 절대로 빛을 보지 못했을 것이다. 나는 그녀의 놀라운 영혼과 너그러움에 깊이 감동받았음을 고백한다. 또한 리드 트레이시Reid Tracy에게도 무한한 감사를 느낀다. 덕분에 해이 하우스Hay House의 작가가 될 수 있었다. 또한 훌륭한 비전과 재능을 갖춘 편집자 질 크레이머Jill Kramer에게도 어떻게 감사를 전해야 할지 모르겠다.

나에게 일체감을 가르쳐준 나의 엄마 산다, 아버지 빅토르, 나의 멋진 남편 버질과 딸 카르멘과 플로리나 그리고 이 프로젝트를 마치기 위해 나와 함께 수고해준 재능 넘치고 아름다운 나의 딸 알렉산드라, 이 모든 이들에게 이 책을 바친다.

마지막으로 나의 멋진 친구이자 편집자인 낸시 페스크nancy Peske의 빛나는 노력이 없었다면 이 책은 절대로 결실을 맺지 못했을 것이다.

카르멘 하라Carmen Harra

옮긴이의 말

우리는 모두 어느 정도 각자가 만들어낸 환상 속에서 살아간다. 하지만 우리들 대부분이 공유하고 있는 환상이 있다면 그것은 자신이 다른 존재와 따로 떨어진 고유하고 유일한 존재라는 생각이 아닐까? 남들과 차별되고 더 뛰어나고자 하는 마음이나 다른 사람들을 넘어서서 독보적인 위치에 오르고자 하는 욕망도 그 때문에 생겨난다. 그리고 그것이 마음대로 되지 않을 때 우리는 괴로워한다. 그렇다면 이 욕망과 괴로움으로부터 벗어날 수 있는 방법은 없을까?

오래전부터 지혜로운 이들은 이에 대해 성찰해왔고, 인간은 우주나 초월적 존재와의 교감을 통해 개별적 존재로서의 고통을 넘어설 길을 찾아왔다. 그래서 인간 세상에는 불어난 욕심이나 한계만큼 그것을 경계하고 뛰어넘고자 하는 노력도 같이 이어져왔다. 세계의 각 지역과 문화에 맞게 발달되어온 종교도 그 노력과 시도의 결과가 아닐까 싶다. 하지만 종교를 받아들여 더 자유롭고 더 열린 세계를 얻기보다는 오히려 더 편협하고 자기 종교 중심적인 사고에 사로잡히는 딜레마에 빠지는 경우가 많다. 이렇기에 우리는 일체감이라는 개념을 진정으로 이해할 필요가 있다.

이 책의 지은이인 카르멘 하라Carmen Harra는 미국의 유명한 치료 심리학자이며 심리 치료사다. 유년 시절을 정통 가톨릭 신자로 보내고 성인이 되어 미국으로 건너와 새로운 문화와 종교를 접하면서, 하라도 갈등을 경험했다. 이전까지 살아온 보수적이고 안정적인 종교와 문화 환경이 새롭고 복합적인 문화 환경과 충돌한 것이다. 또한 가난하지만 공동체 의식이 살아 있던 옛 동구권 문화와 물질 중심적인 자본주의 미국 사회의 차이에 혼란과 놀라움을 겪기도 했다. 하지만 특유의 유연하고 열린 감수성과 영적 에너지로 일견 모순되고 전혀 어울리지 못할 듯한 두 세계의 충돌을 넘어서 모든 인간과 문화, 사고가 조화를 이루고 합일되는 진정한 세계를 향한 여행을 시작한다. 그 세계의 한가운데에 바로 일체감이라는 개념이 있다.

일체감을 이야기하려면 우리는 먼저 자신 속의 욕심과 탐욕, 무지를 이야기해야 한다. 몇 년 전부터 심화되어온 세계경제의 위기는 사실 우리 인간의 욕망이나 무지와 불가분의 관계에 있다. 자신이 속한 세계의 전체성과 조화를 생각하지 않고 오로지 자신의 이익만을 좇는 개인들과 단체들 그리고 그들이 이끄는 탁류 속에 휩쓸려 허우적대는 대다수의 사람들, 그 끝은 분명 무간지옥이나 총체적 혼란일 것이다.

하지만 다행히도 카르멘 하라는 인간이 만들어낸 이러한 욕망의 소용돌이에 분명히 끝이 있으며, 우리 인간이 일체감을 깨닫고 거룩한 본성을 자각하는 순간 인류에게도 새로운 시대가 오리라고 예언한다. 일체감은 개별성과 대비되는 개념이며 유한성, 고통이나 괴로움 같은 부정적 감정과도 반대되는 개념이다. 우리 인류가 지금까지 고통과 투쟁의 역사를 거듭해온 것은 무한하고 한없는 빛으로 가득 차 있으며 긍정적인 에너지 그 자체인 일체감의 세계를 깨닫지 못하고 있기 때문이라고 그녀는 이야기한다. 그리고 지금, 바로 이 순간 그러한 한계를 넘어설 수 있는 전환점에 서 있다는 것을 거듭 일깨워준다. 그녀는 위기의 순간이야말로 역설적으로 가장 희망적인 순간이기도 하다는 사실을 거듭 우리에게 주지시킨다.

타고난 영적 예지력과 명쾌하고 깊이 있는 철학적 통찰을 더한 이 책을 읽다 보면, 불화와 결핍에 상처 입고 욕망에 일그러진 우리의 마음이 따뜻한 위로와 격려로 치유되는 기분을 느낄 수 있다. 또한 나 자신이 고립되고 외로운 우주의 미아가 아니라 모두 하나의 그물로 연결된 거대하고 순수한 전체의 일부분이라는 사실에 큰 힘과 안정감을 얻는다. 무엇보다도 통제할 수 없는 우리 욕망의 질주를 멈추기 위해 내가 할 수 있는 일이 무엇인지 진지하게 성찰하게 한다. 지나치게 사변적이거나 진지한 어투로 쓰인 책이 아니기에, 그녀가 전하는 편안한 성찰과 긍정의 에너지가 모든 독자들에게도 전해지리라 믿는다.

2011년 12월
옮긴이 이덕임